Schicksale

Baldur Haase

Briefe, die ins Zuchthaus führten

Orwells „1984“ und die Stasi
DDR-Erinnerungen 1948–1961

Schicksale

Baldur Haase

Briefe, die ins Zuchthaus führten

Orwells „1984" und die Stasi
DDR-Erinnerungen 1948–1961

Herausgegeben von Jürgen Kleindienst

JKL Publikationen

Soweit keine Quellenangabe vermerkt ist, stammen die im Buch veröffentlichten Fotos und Dokumente aus dem Privatbesitz des Autors. Dokumente mit dem Stempel „BStU“ stammen aus dem Archiv der Bundesbeauftragten für die Unterlagen des Staatssicherheitsdienstes der ehemaligen Deutschen Demokratischen Republik.

Kontakt und weitere Informationen zum Autor im Internet unter www.antsta.de

Bibliografische Information Der Deutschen Bibliothek
Die Deutsche Bibliothek verzeichnet diese Publikation in der Deutschen Nationalbibliografie; detaillierte bibliografische Daten sind im Internet über http://dnb.ddb.de abrufbar.

Reihe ZEITGUT, Schicksale
Verlag: JKL Publikationen GmbH, Berlin
Klausenpaß 14, 12107 Berlin
Telefon 030 - 7 41 04 624, Telefax 030 - 7 41 04 626
eMail: info@zeitgut.com
www.zeitgut.com
Herausgeber: Jürgen Kleindienst
Umschlaggestaltung: Maria Herrlich, Berlin
Druck: Ebner & Spiegel GmbH, Ulm
Printed in Germany
ISBN 3-933336-32-5

Inhalt

Prolog

Als ich kürzlich durch eine Jenaer Buchhandlung schlenderte, bemerkte ich einen jungen Mann, der in einem Buch blätterte. Beim Nähertreten erkannte ich, daß er ein Exemplar des utopischen Romans „1984“ von George Orwell in den Händen hielt. Beinahe hätte ich mir ein Herz gefaßt und ihn angesprochen.

„Entschuldigen Sie bitte“, wollte ich sagen, „1959, als ich etwa so alt war wie Sie heute, wurde ich hier in Thüringen zu mehr als drei Jahren Zuchthaus verurteilt, weil ich mich mit diesem Buch beschäftigt hatte.“

Ich tat es nicht, sondern ging schweigend weiter. Womöglich hätte der junge Mann nur ungläubig den Kopf geschüttelt, und mich für verrückt erklärt. Vielleicht hätte er mich aber auch gebeten, zu erzählen, wie es dazu kam.

20. März 1959: Vor dem 1. Strafsenat des Bezirksgerichtes Gera muß sich ein Neunzehnjähriger verantworten. Er ist angeklagt, die DDR durch das Verbrechen „Staatsgefährdende Propaganda und Hetze“ angegriffen zu haben.

Der Richter wirft ihm vor, daß er sich das Buch „1984“ aus Westdeutschland besorgt, es gelesen und weiterverbreitet habe. Es werde als utopischer Roman bezeichnet, von einem George Orwell geschrieben. Aus dem vorliegenden Schriftgutachten des Deutschen Instituts für Zeitgeschichte, das seit 1949 in Ostberlin zeitgeschichtliches Material sammelt, ergebe sich jedoch, daß „der Inhalt des Buches staatsfeindliches, besonders gegen die Sowjetunion und alle sozialistischen Länder gerichtetes Hetzmaterial darstellt“.

Der nicht vorbestrafte junge Mann wird zu drei Jahren und drei Monaten Zuchthaus verurteilt.

Dieser junge Mann war ich. Ich war nicht der einzige, der wegen der Beschäftigung mit George Orwells Büchern in der DDR die Freiheit verlor.

2. Juli 1975: Das Bezirksgericht Karl-Marx-Stadt verurteilt einen Studenten (nicht vorbestraft) aus Freiberg in Sachsen

wegen „mehrfacher staatsfeindlicher Hetze“ zu drei Jahren Freiheitsentzug. Er hatte unter anderem Fotokopien aus Orwells „Farm der Tiere“ angefertigt und verbreitet. Staatsanwalt und Richter bezeichnen das Buch als „antikommunistisches Pamphlet, in dem die Große Sozialistische Oktoberrevolution in der Sowjetunion verunglimpft“ werde.

Mai 1978: Auf der Anklagebank des Kreisgerichtes Karl-Marx-Stadt sitzt ein junger Theologe. Ihm wird vorgeworfen, in seiner Privatwohnung mit Bekannten Lese- und Diskussionsstunden veranstaltet zu haben. Gegenstand der Beschäftigung war das Buch „1984“.

Dieses „Machwerk“ diskriminiere die staatlichen, politischen und ökonomischen Verhältnisse der sozialistischen Gesellschaftsordnung. Mit zwei Jahren und vier Monaten mußte der „Übeltäter“ dafür büßen.

Der bekannte ostdeutsche Historiker Stefan Wolle schreibt in seinem Buch „Die heile Welt der Diktatur – Alltag und Herrschaft in der DDR 1971 bis 1989“:

> ... Zensur und kalte Bücherverbrennnung im Leseland DDR – Insbesondere das gedruckte Wort sah die SED-Führung als Gefahr an. Die an Dämonisierung grenzende Ehrfurcht vor der „schwarzen Kunst“ trug deutlich atavistische Züge, denn dem Einfluß des westlichen Rundfunks und Fernsehens stand sie vollkommen machtlos gegenüber.

Gab es in der DDR wirklich eine „kalte Bücherverbrennung“ oder könnten damit ungerechtfertigte Assoziationen mit der barbarischen Bücherverbrennung der Nationalsozialisten geweckt werden?

Für wen war Orwell gefährlich?

Nicht nur in Großbritannien, wo Orwell, so das Nachrichtenmagazin DER SPIEGEL, der „meistgelesene englische Schriftsteller des 20. Jahrhunderts“ war, sondern in der ganzen Welt werden Literaturfreunde im Jahr 2003 des 100. Geburtstages des Autors von „Farm der Tiere“ und „1984“ gedenken. Er starb nach schwerer Krankheit bereits 1950.

Dem am 25. Juni 1903 im indischen Motihari (Bengalen)

als Eric Arthur Blair geborenen Sohn eines britischen Kolonialbeamten gelang es, sich nach einem wechselvollen Leben mit seinen beiden letzten Werken in die Reihe der Autoren moderner Weltliteratur einzureihen.

Nach fünfjährigem Dienst hatte er 1927 freiwillig seinen sicheren Posten als Kolonialoffizier in Burma aus Protest gegen Methoden der britischen Kolonialverwaltung aufgegeben, und sich in ein unsicheres Leben gestürzt. Stark engagiert für benachteiligte Bevölkerungsgruppen, u.a. Bergarbeiter und Obdachlose, sympathisierte er mit sozialistischen Ideen, denen er bis zu seinem Tod treu blieb – übrigens entgegen anderslautenden Behauptungen, die aus ideologischen Gründen in die Welt gesetzt wurden.

1937 kämpfte er ein halbes Jahr im Spanischen Bürgerkrieg gegen die Franco-Faschisten, allerdings auf der Seite der Trotzkisten. Damit zog er sich den Haß der Anhänger Stalins zu, die ihm dort nach dem Leben trachteten.

Auch diese Erlebnisse prägten sein literarisches Schaffen. Mit „Farm der Tiere“ schuf er 1945 ein Werk, in dem Anhänger des orthodoxen Kommunismus, die Justiz der SED inbegriffen, ein Verächtlichmachen der Großen Sozialistischen Oktoberrevolution zu erkennen glaubten.

Sein letztes größeres Werk, der Roman „1984“, erschien 1948, und löste im Lager der Linken unterschiedliche Reaktionen und Interpretationen aus. Gewiß kann man in *Big Brother*, dem *Großen Bruder*, von der Beschreibung her äußerliche Merkmale Stalins erkennen, und auch die Schilderung des fiktiven totalitären Staates *Ozeanien* erinnert an Ereignisse unter dem Stalinismus. Vorwürfe, er wolle damit grundlegende Ideen des Sozialismus beschädigen, wies er zurück.

Nach eigenem Bekenntnis wollte er seine Leser vor jeder Spielart des Totalitarismus warnen, ganz gleich ob von links oder rechts. Warnen wollte er vor braunen wie roten Diktaturen, die im 20. Jahrhundert ihre Schrecken – Kriege, millionenfache Verbrechen und blutige Spuren bisher unbekannten Ausmaßes – in Europa und anderen Teilen der Welt hinterlassen hatten. Waren ihre Ideologien auch gegensätzlich, so waren doch ihre Mittel und Methoden gleich oder ähnlich, ob Holocaust oder Gulag.

Es wäre leichtsinnig, zu glauben, daß die von Diktaturen ausgehenden Gefahren für die Demokratie ein für allemal gebannt seien. Und deshalb bleibt Orwells Werk aktuell.

Daran soll auch das vorliegende Buch erinnern. Ich habe dafür meine persönlichen Stasiakten ausgewertet: Operativ-Vorgang „Hetzer“ 22/58 bzw. den Untersuchungsvorgang AU 9/59 bei der Behörde des/der Bundesbeauftragten für die Unterlagen des Staatssicherheitsdienstes der ehemaligen DDR, Außenstelle Gera.

Für weitere Informationen und Unterlagen danke ich der Zentralen Beweismittel- und Dokumentationsstelle der Landesjustizverwaltungen Salzgitter, dem Museum der Justizvollzugsanstalt Waldheim in Waldheim, Sachsen, Frau Greti Klemt, Rio de Janeiro und Herrn Bernd Lippmann, Berlin.

Baldur Haase
Jena, im September 2002

„Umsiedlerkind" in Thüringen 1948 – 1955

Meine Eltern, meine acht Jahre ältere Schwester Sieglinde und ich waren als Heimatvertriebene – ein in der DDR als revanchistisch angesehener Begriff – 1946 aus Nordostböhmen im Sudetenland zunächst nach Klein-Daberkow in Mecklenburg gelangt. Mein Bruder Siegfried lag, vielleicht verscharrt in einem Soldatengrab, seit dem Sommer 1944 in russischer Erde.

Im Zusammenhang mit einem Wohnungstausch übersiedelten wir 1948 nach Thüringen, wo unsere Eltern bessere Arbeits- und Verdienstmöglichkeiten vorfanden und das Landschaftsbild dem der verlassenen Heimat näherkam als in Mecklenburg.

Mein Vater war gelernter Fleischer, meine Mutter Weberin, aber sie hatten während der letzten Kriegsjahre eine kleine Landwirtschaft in der Nähe der Kreisstadt Trautenau (Trutnov) gepachtet. Der Vater war vom Militärdienst freigestellt, da er in einem Betrieb arbeitete, in dem kriegswichtige Ausrüstungsgegenstände aus Leder für die Wehrmacht hergestellt wurden.

Die Gemeinde Unterwellenborn, in der wir seßhaft wurden, liegt etwa fünf Kilometer östlich der Kreisstadt Saalfeld an der Saale, unweit der Ausläufer des Thüringer Waldes. Im Süden, am Roten Berg, lärmte zu DDR-Zeiten die Maximilianshütte, kurz „Max" genannt und spie ununterbrochen Rauch, Gase und Feuer in die Atmosphäre. Die Frauen hatten deshalb ihre Not beim Trocknen der Wäsche, und im Winter war der Schnee schon nach einem Tag nicht mehr weiß.

1873 war hier der erste Hochofen angeblasen worden, und am 4. Februar 1946 war es wieder der erste dieser Art, der nach dem Krieg auf dem Gebiet der sowjetischen Besatzungszone betrieben wurde. Zwei Jahre später erhielt die Maxhütte den Status eines Volkseigenen Betriebs (VEB) und wurde zu einem Zentrum der Stahlherstellung in der DDR.

Im Jahr 1958, in dem die Geschichte meiner politischen Verfolgung beginnt, lebten hier 3770 Einwohner. Wir wohn-

Abb. 1: Ortsteil Röblitz der Gemeinde Unterwellenborn, wo ich von 1948, mit Unterbrechung durch die Haftzeit, bis 1964 lebte.

ten im Ortsteil Röblitz, in der Dorfstraße Nummer 7, direkt an der im 13. Jahrhundert erbauten Wehrkirche mit ihrer fünf Meter hohen Mauer. Hier hatten wir bis 1956 einen Bauernhof und fühlten uns bald wie zu Hause, denn wir besaßen Ställe und Scheunen und konnten Vieh halten: Kaninchen, Hühner, Enten, Gänse, Ziegen und Schweine. Ein Garten und ein kleiner Streifen Pachtland bewahrten uns während der schlechten Jahre nach dem Krieg vor dem Hunger.

Unsere Eltern bewirtschafteten den Hof neben ihrer beruflichen Tätigkeit, es blieb ihnen wenig Freizeit, aber in der lasen sie hauptsächlich Bücher. Diese Leidenschaft hat sich auf mich übertragen, das Lesen wurde auch für mich zu einer

Abb. 2: Als Dorfjunge 1950 im Alter von elf Jahren.

Liebhaberei. Zu Weihnachten und zu Geburtstagen ließ ich mir schon als Kind am liebsten Bücher schenken. Ich war stolz darauf, bereits mit zwölf Jahren eine eigene kleine Bibliothek zu besitzen und darüber eine Kartei anlegen zu können. Mein späterer Beruf: Bibliothekar, Buchdrucker (und in fernerer Zukunft vielleicht sogar Schriftsteller) schien damit bereits vorgezeichnet zu sein.

Weil zu jener Zeit das Fernsehen in der DDR noch in den Kinderschuhen steckte, war Radiohören eine weit verbreitete Freizeitbeschäftigung. Dabei waren die Sendungen des DDR-Rundfunks auch in unserer Familie weniger beliebt. Das lag an der einseitigen ideologischen Beeinflussung durch die Propaganda der Partei- und Staatsführung, die es darauf abgesehen hatte, ihre Politik auch in die Privatsphäre hineinzutragen. Etwas „Unpolitisches“ gab es in den Augen der Funktionäre nicht. „Auch Brotessen ist Politik!“, war eines ihrer Argumente, und wer es wagte, von sich zu behaupten, er interessiere sich nicht für Politik, mußte sich Belehrungen durch den Kaderleiter – eine Art Personalchef – oder den Parteisekretär seiner Arbeitsstelle anhören.

Wer sich über andere Meinungen zu Ereignissen in Deutschland und der Welt informieren wollte, war gezwungen, „Westsender“ zu hören. Das wurde vom Staat zwar verteufelt, konnte nach den geltenden Strafgesetzen aber nicht verfolgt werden, solange man den Worten und der Musik des westdeutschen „Klassenfeindes“ in den eigenen vier Wänden lauschte, keine fremden Personen hinzuzog und das Gehörte für sich behielt. Wer dies nicht beachtete, geriet in Gefahr, wegen „Verbreitung staatsfeindlicher Hetze“ bestraft zu werden. Und das war zumeist mit einer empfindlichen Freiheitsstrafe verbunden.

Wir empfingen zuhause hauptsächlich den Bayerischen Rundfunk, den RIAS, gelegentlich den Hessischen Rundfunk und die deutschsprachigen Sendungen von BBC London. Ich selbst interessierte mich nicht nur für Kinder- und Jugendsendungen, sondern auch für aktuelle Meldungen der verschiedensten Art, Nachrichten und Kommentare. So erfreute ich mich unter anderem an der Kindersendung „Onkel Tobias im RIAS“, den kabarettistischen Einlagen von „Pinsel und Schnorchel“ und „Pieckewitz“, womit der Staatspräsident der DDR, Wilhelm Pieck, gemeint war. In Erinnerung sind mir auch noch die „Insulaner“ mit ihrem Song: „Der Insulaner verliert die Ruhe nicht.“

Der Satz: „Das war ein Kommentar von Egon Bahr aus Bonn“ ist mir noch im Gedächtnis, und daß der von vielen als „Spitzbart“ belächelte und verspottete Parteichef Walter Ulbricht einmal von einem Kommentator als „Popanz von Moskaus Gnaden“ bezeichnet wurde.

In den fünfziger Jahren war es auch üblich, daß Propagandisten der SED regelmäßig an den Haustüren klingelten und ins Haus kamen. Sie warben für die „Politik von Partei und Regierung“, so wie man es täglich aus den DDR-Medien erfahren konnte, verfluchten den imperialistischen Westen und malten als Schreckgespenst die westdeutsche Adenauer-Regierung an die Wand. Diese betreibe eine Remilitarisierung mit Atomwaffen und bereite im Bunde mit anderen kapitalistischen NATO-Staaten einen Angriffskrieg gegen die DDR und die anderen sozialistischen Länder vor. Dieser Gefahr, die vom gesetzmäßig untergehenden Imperialismus ausgehe, könne nur durch den weiteren erfolgreichen Aufbau des Sozialismus begegnet werden. Von derartigen Phrasen ließ sich in unserer Familie niemand einlullen, wobei ich einräume, daß meine Mutter und meine Schwester sich nur für Politik interessierten, sofern sie die unmittelbaren Lebensverhältnisse betraf wie Preise für Konsumgüter, Reisemöglichkeiten zu Verwandten in der ČSR und der Bundesrepublik.

Der politische Zwang war täglich spürbar, trotzdem empfand ich meine Schulzeit als gar nicht so unerträglich, sondern eher als freizügig, obwohl sie größtenteils in die Stalin-Ära fiel.

Uns Schulkindern wurde die materialistische, sogenannte wissenschaftliche Weltanschauung des Marxismus-Leninismus, die damals noch vom Stalinismus geprägt war, als die einzig wahre These von der Entstehung des Lebens und der Entwicklung der menschlichen Gesellschaft gelehrt, aber mich hinderten kein Lehrer und keine Pionierleiterin daran, den Religionsunterricht der katholischen Kirche zu besuchen. Vormittags wurde ich über die Klassenkämpfe belehrt, hörte vom bevorstehenden Untergang des Imperialismus in der Welt, von der Abschaffung der Ausbeutung des Menschen durch den Menschen, vom Sieg der sozialistischen Produktionsverhältnisse, dem Aufbau des Sozialismus und dem verheißungsvollen Endziel: dem Kommunismus.

Nachmittags hörte ich unseren Pfarrer F., der uns Geschichten aus dem Alten und Neuen Testament erzählte und davon, daß der liebe Gott die Erde und das Leben darauf erschaffen habe. Wenn tatsächlich die Menschen vom Affen abstammten, dann müßten sich ja heutzutage auch noch Affen in Menschen verwandeln. Das war eines seiner Argumente

Abb. 3: Als Schüler an der Kurt-Löwenstein-Schule in Unterwellenborn, 1950 (X).

gegen die Behauptungen unseres Geschichtslehrers. Mit dieser gegensätzlichen weltanschaulichen Meinungsbildung, die ja unter demokratischen Verhältnissen ein individuelles Suchen und Auswählen ermöglicht, ging ich zur christlich-katholischen Kommunion und Firmung, aber auch zur staatlichen Jugendweihe.

Meine Eltern versuchten nicht, mich in eine bestimmte Richtung zu drängen. Sie ließen mir freie Wahl, wiesen mich aber auf Parallelen zur Nazi-Diktatur hin, deren Auswüchse ich als Vorschulkind noch nicht bewußt erlebt hatte. Mein Bruder Siegfried sei ein begeisterter Pimpf und Hitlerjunge gewesen und das Heute erinnere fatal an das Gestern, nur die Parolen hätten sich geändert. Bald mußte ich ihnen recht geben. Nachdem ich im Sommer 1952 aus einem Ferienlager der Jungen Pioniere im Kyffhäusergebirge zurückgekommen war, konnte ich mich für Fahnenappelle, Marschieren im Gleichschritt und kriegerische Geländespiele nicht mehr so recht begeistern. Nie wieder fuhr ich in ein derartiges Lager, obwohl ich dort Mademoiselle Berthe V. aus Paris kennengelernt hatte; für mich der erste Mensch, der eine andere Sprache sprach als ich.

Auch das Tragen der Pionieruniform – blaues Halstuch, weißes Hemd, roter Balken am linken Ärmel als Zeichen meiner Dienstgradstellung als Lernaktivleiter – machte mich nicht mehr froh und stolz. Ich empfand die Uniform bald als Last, deretwegen ich mich schämte.

Wenn unser Pfarrer nicht nur bibelfest, sondern auch ein besserer Psychologe und zu uns Kindern weniger grob handgreiflich gewesen wäre, hätte aus mir auch ein guter Katholik werden können.

Der 17. Juni 1953

Jener denkwürdige Tag hatte es mir angetan. In der Familie lauschten wir gebannt den Meldungen westlicher Rundfunksender von den Arbeiteraufständen überall im Land. Ich erinnere mich noch daran, daß ich hinunter auf den Platz am Dorfteich rannte, wo ich auf eine aufgebrachte Menschenmenge hoffte. Ich wäre mitgezogen, mit einer abgerissenen Zaunlatte in der Faust und hätte Parolen gerufen wie: „Freiheit!" und „Weg mit Ulbricht und seiner Sippschaft!"

Als ich zum Teich kam, schnatterten mich nur ein paar Gänse an, und eine Schar Enten putzte ihr Gefieder. Die einzigen Geräusche, die sich wie ein Protest anhörten, ertönten von der Wiese des Bauern R. herüber. Aber es waren nur ein paar Schafe, die sich gegenseitig anblökten.

Nach Hause zurückgekehrt, wollte ich meine Begeisterung für die Revolution wenigstens mit Sieglinde teilen, die jedoch kein Verständnis dafür aufbrachte. Für Gewalt und Blutvergießen habe sie nichts übrig, sagte sie. Nach Nationalsozialismus und Krieg, woran sie sich aus ihrer Zeit beim BDM, dem „Bund Deutscher Mädel", besser erinnern konnte als ich, vertrat sie die Auffassung, daß Probleme auf der Welt friedlich gelöst werden müßten.

In Unterwellenborn und der Maxhütte mit ihren rund achttausend Beschäftigten war es tatsächlich zu keinen Protestdemonstrationen gegen Partei und Staat oder nennenswer-

Abb. 4: 1953 als 13jähriger Schüler.

ten Arbeitsniederlegungen gekommen. Gründe dafür waren wohl, daß hier das städtische Milieu fehlte und der größte Teil der Arbeiter nicht hier, sondern in der weiteren Umgebung wohnte und die Leute es vorzogen, nach Hause in ihre Dörfer zu fahren und dort den Sommertag zu genießen.

Während der nächsten Tage meldeten die DDR-Zeitungen und der Rundfunk, daß der von Westdeutschland aus organisierte „faschistische Putschversuch" niedergeschlagen worden sei. Einen Anteil daran hatten zweifellos die sowjetischen Truppen, wobei von DDR-Seite verschwiegen wurde, daß einige „Rotarmisten“ wegen Befehlsverweigerung standrechtlich erschossen worden waren.

Bei uns ernteten die Maxhütten-Kumpel allgemein Lobeshymnen, weil sie sich ihrer Arbeiterehre bewußt gewesen und Treue zur DDR und SED als führende Partei der Arbeiterklasse bekundet hätten. Sie stünden fest auf der Basis der marxistisch-leninistischen Weltanschauung und zur sozialistischen Entwicklung im Land.

Diese Einschätzung traf auf mich, den Schuljungen, der gerade die Daten der Französischen Revolution von 1789 büffeln mußte, nicht mehr zu. „Freiheit, Gleichheit, Brüderlichkeit“ – auch in der DDR?

Meine Lieblingsfächer waren Geschichte, Erdkunde und Deutsch. Die Vergangenheit faszinierte mich, weil ich wissen wollte, wie die Menschen vor Jahrhunderten gelebt hatten. Das Fach Erdkunde gefiel mir, weil ich dadurch meine Neugier befriedigen und Interessantes über Länder in anderen Erdteilen, ihre Bewohner und ihr tägliches Leben, über Fauna und Flora erfahren konnte.

Deutschstunden hatte ich deshalb gern, weil ich viel las und mich im Schreiben kleiner Gedichte und Kurzgeschichten zu üben begann. Bei Frau O., unserer Deutschlehrerin, hatte ich bald einen Stein im Brett, und sie las meine Aufsätze als beispielhaft vor. Heimlich fühlte ich mich als angehender kleiner Poet oder wenigstens als Redakteur einer Tageszeitung oder eines Blattes für Briefmarkensammler.

Zu Weihnachten 1953 hatten mir meine Eltern einen Globus geschenkt, was genau so schwierig gewesen war wie ein Fahrrad oder eine Reiseschreibmaschine zu ergattern. Mein Vater hatte einmal ein Rad über ein Sonderkontingent der Maxhütte erhalten, da dieser Betrieb zu den wichtigsten in der DDR zählte und die Beschäftigten gelegentlich mit Mangelwaren bevorzugt beliefert wurden.

Am Globus konnte ich mir die Zeit stundenlang allein vertreiben, während Schulkameraden bei Nachbarn über die Gartenzäune stiegen und Äpfel stahlen. In Sekundenschnelle flog ich nun über Ozeane hinweg in andere Erdteile, schlug mich mit einer Machete durch tropische Urwälder, schleppte mich mit letzter Kraft durch glühende Wüsten, bestieg Vulkane, überquerte unübersehbare Seen mit einem Floß, setzte mich in einem winzigen Kanu den Stromschnellen auf reißenden Gebirgsflüssen aus und hoffte im ewigen Packeis der Antarktis auf Rettung vor dem Erfrieren. Man müßte, dachte ich, wenn man schon nicht wirklich dorthin reisen kann, wenigstens Bekannte haben, mit denen man im Briefwechsel steht.

Da kam mir eines Tages der Zufall zu Hilfe. In einer Sendung des RIAS warb der Ansager für einen internationalen Klub von Brieffreunden mit der Bezeichnung „Pen friends club“. Bewohnern der „Ostzone“ riet er aus Sicherheitsgründen, nicht an den Sender zu schreiben, sondern an eine private Anschrift, eine Deckadresse in Westberlin. Ich war sofort begeistert, wandte mich an eine Familie im Stadtteil Britz und erhielt eine Broschüre mit unzähligen Angaben zu Brieffreunden in aller Welt. Noch am selben Tag setzte ich mich an den Schreibtisch meines Vaters und suchte mir Partner aus, die in kapitalistischen Ländern lebten. Sozialistische Länder interessierten mich weniger, da ich ja selbst in einem lebte und außerdem Verwandte in der Tschechoslowakei hatte. Fremdartiges reizte mich mehr.

Bald landeten Luftpostbriefe und Ansichtskarten, auf denen bunte Marken mit exotischen Motiven klebten, in unserem Briefkasten. Feste Verbindungen, die teilweise über Jahre hinweg hielten, waren geknüpft: mit einem Elektrogerätehändler im französischen Strasbourg, einem Seemann im niederländischen Den Helder, einem Postbeamten in Neu Delhi, einem chinesischen Studenten in Djakarta (Indonesien), einem Professor und Konsul in Cordoba (Argentinien), einem Farmer in Rio Grande do Sul (Brasilien), einem Briefmarkensammler in Kalifornien, einer Gastwirtstochter aus der Toskana und anderen Schreiblustigen. Vor allem an den Couverts aus Übersee schnupperte ich begierig und versuchte, fremdartigen Gerüchen auf die Spur zu kommen. In meiner naiven Begeisterung ahnte ich nicht, daß andere geheime Mächte im dunklen Hintergrund bereits ihre Nasen daran rieben und sich damit bald nicht mehr zufrieden geben würden.

Noch aber waren meiner Phantasie keine Grenzen gesetzt. Ich wälzte Lexika und Atlanten, suchte in der Bücherei des Kulturpalastes der Maxhütte nach Literatur und freute mich,

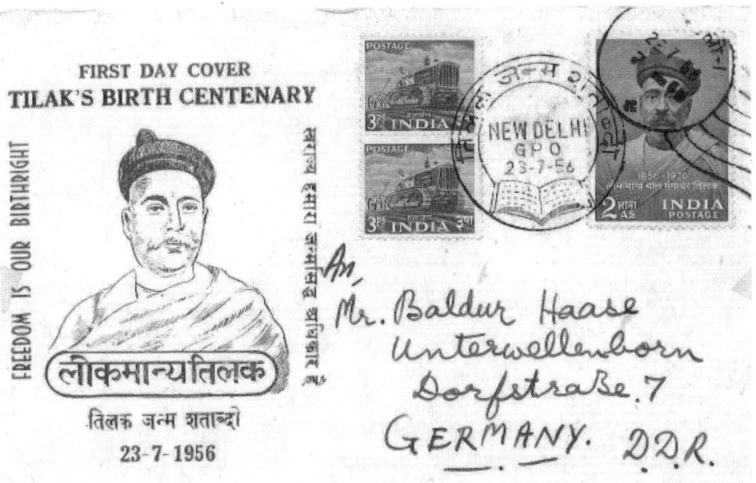

Abb. 5: Post aus Indien

wenn ich von alteingesessenen Dorfbewohnern Material aus der Vorkriegszeit bekommen konnte.

Durch diese direkten Kontakte mit der weiten Welt reifte in mir der Wunsch, eines Tages auszuwandern. Dem Professor in Argentinien gestand ich es in einem meiner Briefe, und er riet mir, mich zuvor intensiv mit der spanischen Sprache zu befassen, denn man müsse die Landessprache beherrschen, wenn man in einem anderen Staat leben wollte.

Neben Reisebeschreibungen gehörten zu meiner bevorzugten Lektüre aber auch historische Romane und Abenteuerliteratur. Meine Lieblingsautoren waren damals Friedrich Gerstäcker und Karl May. Was letzteren betrifft, so waren seine Bücher in der DDR zwar nicht direkt verboten, jedoch verpönt und galten als wirklichkeitsfremd, religiös-sentimental und mit nationalistischen Tendenzen durchsetzt. Ich hatte fast alle Karl-May-Bücher gelesen. Ein Zufall hatte dies ermöglicht. In unserer Nachbarschaft wohnte das Ehepaar H., das ebenfalls aus dem Sudetenland stammte und bei der Flucht seinen wertvollen Schatz hatte retten können. Alfred H. erwähnte häufig, daß er persönlich auf dem Schoß des großen

Abb. 6: Post aus Argentinien

Schriftstellers gesessen habe, so um 1910 herum, als er noch ein kleiner Junge war. Seine Eltern besaßen damals in Außig an der Elbe (Usti nad Labem) ein Gasthaus, in dem May gelegentlich verkehrte. Ich konnte mir, wenn ich in einem der Bücher las, vorstellen, daß der Schöpfer dieses Werkes es persönlich in der Hand gehalten hatte, um es seinen Gastgebern zu überreichen. Das Lesen weckte in mir den Wunsch, einmal in Amerika oder wenigstens im „Wilden Kurdistan" nach dem zu suchen, was Old Shatterhand, Winnetou oder Kara Ben Nemsi an Spuren hinterlassen hatten. Der Sohn von H. war nach Kanada ausgewandert, ein weiterer Grund, sie häufig zu besuchen, um mir Briefmarken und Ansichtskarten von dort anzusehen. Wenn Alfred H. doppelte Marken besaß, so schenkte er mir sie für meine Übersee-Sammlung. Ich fühlte mich wohl bei ihnen, sie waren streng katholisch, und wir sahen uns sonntags beim Gottesdienst.

Alfred arbeitete im Hüttenwerk und schimpfte noch häufiger als mein Vater auf die Kommunisten: Sie verdürben alles, was in der Welt an Gutem entstanden sei und wollten die Menschheit in eine schlimme, gottlose Zukunft führen. Er schaltete in meinem Beisein politische Sendungen des RIAS und des Londoner Rundfunks ein und fragte, ob auch wir zu Hause diese Sender hörten. Selbstverständlich, sagte ich, die DDR-Sender könne man doch vergessen, was die brächten, glaube doch kein Mensch. Und immer nur Politik, wenig Spaß und Unterhaltung, das hänge einem ja zum Halse heraus. Er pflichtete mir bei, und es hätte wohl nicht viel gefehlt, daß er mir seine wütenden Äußerungen über die SED-Bonzen und die Ulbricht-Regierung aus dem Fenster nachgerufen hätte.

Als beide 1956 in den Westen gingen, verstand ich zwar ihre Beweggründe, war aber nicht froh darüber, denn ich hatte nun einen mir lieb gewordenen Anlaufpunkt verloren. Bereits im Sommer des darauffolgenden Jahres besuchte ich sie in Köln, wo sie eine neue Heimat gefunden hatten. Alfred pries nun die Vorzüge des Westens gegenüber der kommunistischen Diktatur in der DDR in den höchsten Tönen: die Freiheit und Demokratie, das Warenangebot und die unbeschränkten Reisemöglichkeiten. Auch danach waren wir noch mehr als zwanzig Jahre in Briefkontakt miteinander, lediglich unterbrochen durch meine Haftzeit. Er schickte mir Ansichtskarten mit lieben Grüßen von seinen Reisen aus ganz Westeuropa und Nordamerika. Erst 1993, Jahre nach seinem Tod, erfuhr ich aus meinen Stasiakten, daß ich im August 1957 den „republikflüchtigen GI ‚Triola'" besucht hatte. („GI" – Geheimer Informator der Staatssicherheit hieß erst nach 1968 „IM" – Inoffizieller Mitarbeiter.) Alfred H. war ein Spitzel der Staatssicherheit, der mit seinem Verhalten die politischen Ansichten in unserer Familie ausspionieren sollte!

1955 führte die DDR die Jugendweihe ein. Sie berief sich dabei auf Traditionen der deutschen Arbeiterbewegung. Vor 1933 hätten Mitglieder freireligiöser Vereinigungen entsprechende Weihen für ihre schulentlassenen Kinder abgehalten. Das entsprach nicht ganz der historischen Wahrheit, denn bereits 1852 hatte im thüringischen Nordhausen der freireligiöse Pfarrer Eduard Balzer die Jugendweihe begründet. Diese Tatsache paßte wohl nicht in das ideologische Konzept der SED-Führung.

Als auch an unserer Schule Pionierleiter und Lehrer für die Jugendweihe warben, meldete ich mich freiwillig. Wir waren nur ein kleines Häufchen, außer mir waren es vorwiegend Mädchen und Jungen aus kommunistischen Elternhäusern. Zu diesem Entschluß hatte mich nicht etwa eine feste politische Überzeugung bewegt, ich hatte eher gar keine und schwankte noch hin und her mit meinen gegensätzlichen Ansichten, Wünschen und Idealen. Da war einerseits die verschwommene Vorstellung, einmal nach Übersee auszuwandern. Andererseits schwebte mir vor, in einer Abendschule oder auf der ABF, der Arbeiter- und Bauernfakultät, einen höheren Schulabschluß zu erreichen, um einmal zu studieren. Ich wußte, daß ich als Arbeiterkind dazu privilegiert war. Wenn man sich solche Wünsche erfüllen wollte, war es ratsam, sich nicht aus allem herauszuhalten.

Der eigentliche Grund, die Jugendweihe nicht abzulehnen, war jedoch materieller Natur. Ungern sah ich mit an, wie Gleichaltrige, die der evangelischen Kirche angehörten, konfirmiert und beschenkt wurden. Bei mir lagen Firmung und Kommunion schon lange zurück, und ich wollte gegenüber den Protestanten nicht benachteiligt sein. Da unterwarf ich mich bereitwillig den Vorbereitungsritualen, den „Jugendweihestunden", bei denen die Politik wieder eine große Rolle spielte. Wir reisten als Gruppe in die Gedenkstätte des ehemaligen Konzentrationslagers der Nationalsozialisten in Buchenwald bei Weimar, wo 1944 Ernst Thälmann ermordet worden war, und hörten uns an, was Arbeiterveteranen und ehemalige Widerstandskämpfer gegen den Faschismus dort erlitten hatten.

Der Staat schenkte uns zur Jugendweihe das Buch: „Weltall, Erde, Mensch – ein Sammelwerk zur Entwicklungsgeschichte von Natur und Gesellschaft". Im Vorwort schrieb Walter Ulbricht:

> ... Die Schöpfer der Geschichte sind die revolutionären Volksmassen; denn sie sind es, die durch ihren Kampf die fortschrittlichen Veränderungen im gesellschaftlichen Leben herbeiführen. ... Gleichzeitig wird der Kampf gegen Aberglauben, Mystizismus, Idealismus und alle anderen unwissenschaftlichen Anschauungen geführt....

Und Erich Honecker, damals Vorsitzender des Zentralrats der Freien Deutschen Jugend:

URKUNDE
ZUR JUGENDWEIHE
1955

Laßt uns pflügen,
laßt uns bauen,
lernt und schafft
wie nie zuvor,
und der eignen Kraft
vertrauend
steigt ein
frei Geschlecht empor.

Haase, Baldur

Abb. 7: Urkunde der Jugendweihe. Gehörte auch ich einem „frei Geschlecht" an, das emporstieg? Oder hatte ich mich abgenabelt?

... Für jeden jungen Menschen ist dieses Buch ein Rüstzeug für sein persönliches Fortkommen, für den Kampf um den Sieg des Neuen, des Fortschritts, gegen das Alte und Rückständige.

Zur Jugendweihefeier waren Verwandte, Bekannte und Nachbarn gekommen und hatten Geschenke mitgebracht. Nun fühlte ich mich den Evangelischen gegenüber nicht mehr zurückgesetzt.

Im Jahr 1955 gab es noch ein anderes Ereignis in unserer Familie. Sieglinde heiratete im Sommer den gleichaltrigen Walzwerker Wolfgang Z., der in Saalfeld wohnte. Sie hatte ihn in der Maxhütte kennengelernt, wo sie in der Verwaltung als Bürokraft ihr Geld verdiente. Bereits Monate vor der Eheschließung ging er in unserer Wohnung ein und aus, übernachtete bei uns und wurde deshalb bereits vor der Trauung als ein festes Familienmitglied angesehen.

1952 hatte Wolfgang die Facharbeiterprüfung als Walzwerker abgelegt. Es war allgemein bekannt, daß er in Berlin studiert, aber das Studium nicht beendet hatte, weil er von der Humboldt-Universität exmatrikuliert worden war. Er hatte dort zwei Jahre zuvor an der Arbeiter- und Bauern-Fakultät eine Sonderreifeprüfung abgelegt und sich als Student der Eisenhüttenkunde einschreiben lassen. Im Oktober 1953 holte er sich in Westberlin Lebensmittelpakete ab, die der dortige Senat an Studenten aus Ostberlin abgab. Die Sache wurde der Universitätsleitung durch Denunzianten hinterbracht, und da Wolfgang bereits in der Vergangenheit wegen gelegentlicher Einkäufe im Westteil der Stadt aufgefallen war, mußte er die Universität verlassen.

Was ich damals nicht wußte: Weil er in Ungnade gefallen war, sah er keine Perspektive mehr für sich in der DDR. Er hatte deshalb die Absicht, sich nach Westberlin abzusetzen. Am 19. März 1954 war er in seiner Studentenbude gerade mit dem Packen seiner Habseligkeiten fertig, da griff beim Verlassen des Hauses ein Verhaftungskommando der Staatssicherheit zu. Die Vernehmer beschuldigten ihn, mit der Westberliner „Agenten- und Spionageorganisation Kampfgruppe gegen Unmenschlichkeit“ (KgU) in Kontakt zu stehen. Das konnten sie ihm zwar nicht nachweisen, dafür aber andere sogenannte Straftaten, nämlich die Mitwisserschaft an Verbrechen gegen die DDR und das Unterlassen einer Anzeige. Er hatte zu einem Freundeskreis von Studenten gehört, aus dessen Mitte ein Mädchen aus politischen Gründen verhaftet worden war. Nachdem die Gruppe erfahren hatte, daß sie sich wegen einer Erkrankung in einem Haftkrankenhaus befand, beschlossen sie, ihre Kommilitonin zu befreien. Sie nahmen an, daß dies dort leichter zu bewerkstelligen wäre als im berüchtigten Stasi-Bunker Hohenschönhausen, der Untersuchungshaftanstalt des MfS. Durch Spitzel bekam die Staatssicherheit Wind davon.

Wolfgang Z. mußte während der Verhöre zugeben, von all dem gewußt, es aber nicht angezeigt zu haben, wie es seine Pflicht gewesen wäre. Das reichte aus, um ihm Untersuchungshaft, ein Ermittlungsverfahren und einen Prozeß anzudrohen, in dem er zu einer mehrjährigen Zuchthausstrafe hätte verurteilt werden können. Am 23. März 1954 verpflichtete er sich schriftlich zur inoffiziellen Mitarbeit und nahm als Geheimer Informator den Decknamen „Otto Oelmann“ an. Seine Registriernummer war: 1352/54.

„Wir stellten ihm frei, für uns zu arbeiten oder er geht in den Kahn“, heißt es in einem Bericht der Hauptabteilung V/4/D des Staatssekretariats für Staatssicherheit vom 22. Oktober 1954. Während der Erpressung zur Spitzeltätigkeit wurde er gezwungen, eine Quittung als Faustpfand zu unterschreiben, wonach ihm das Staatssekretariat 50 Ostmark ausgehändigt habe.

Nach seiner Verpflichtungserklärung wurde er von der Universität exmatrikuliert und zur Bewährung und Wiedergutmachung seines DDR-feindlichen Verhaltens in die Produktion geschickt.

Im Sommer 1956 stellte der Berliner Staatssicherheitsdienst fest, daß es wegen der beträchtlichen Entfernung zwischen Berlin und Saalfeld, etwa 300 Kilometer, zunehmend uneffektiv geworden war, sich mit „Oelmann“ zu treffen, um dessen Berichte entgegenzunehmen. Zudem konnte er nicht, wie vorgesehen, an Kreise herangeführt werden, die verdächtigt wurden, für die KgU zu arbeiten. Deshalb übernahm ihn die Kreisverwaltung Saalfeld und setzte ihn in „Richtung III“ (Sicherung der Industrie) ein. Er genoß jedoch kein Vertrauen bei den Genossen. In einem Schreiben aus Berlin an die Abteilung V der Bezirksverwaltung Gera vom 5. Mai 1954 heißt es, daß man nicht ausschließen könne, es mit einen Doppel-

Abb. 8: Meine Eltern Mitte der 50er Jahre vor unserer Wohnung. Meine Mutter trägt Uniform, sie war bei der Reichsbahn beschäftigt.

agenten zu tun zu haben, der auch für die KgU arbeitete. Seine fortschrittliche und DDR-freundliche Gesinnung könnte geheuchelt sein, denn von einem gefestigten sozialistischen Bewußtsein sei er weit entfernt. Die Sicherheitskräfte im Bezirk und Kreis waren somit vor ihm gewarnt und aufgefordert, ihn zu überwachen. Dazu gehörten eine inoffizielle Postkontrolle, die Beobachtung durch andere Spitzel und eingehende Ermittlungen in seinem Wohnumfeld, im Familien-, Freundes- und Bekanntenkreis. Das bedeutete, daß auch wir, da er ja damals mit uns unter einem Dach lebte, durch Mielkes Geheimpolizei mit erfaßt und konspirativ beobachtet wurden. Wir waren alle ins Visier des Geheimdienstes geraten, sogar Verwandte und Bekannte, die in anderen Bezirken der DDR wohnten und von denen einige sogar „Partei und Staat treu ergeben" waren.

1966 beendete die Stasi ihre Zusammenarbeit mit Wolfgang, weil er sich stets geweigert hatte, seine Berichte schriftlich zu verfassen. Er begründete seine Handlungsweise damit, daß er befürchte, bei einem erneuten 17. Juni könne es ruchbar werden, was er getan habe. Damit bewies er erstaunlichen Mut. Seine Führungsoffiziere hatten jedoch seine mündlichen Aussagen in schriftliche Form gebracht, und somit liegen Beweise für seine Spitzeltätigkeit aktenkundig vor.

Nach dem Tod meiner Schwester 1975 sah ich Wolfgang nur noch selten, und nachdem auch meine Eltern verstorben waren, 1979 bzw. 1986, erlosch mein Kontakt zu ihm gänzlich. Von seiner GI-Tätigkeit erfuhr ich erst 1993 aus meinen Stasiakten. Das teilte ich ihm schriftlich, in sachlicher Form mit, erhielt aber keine Antwort. Er verstarb 1999.

Lehrjahre 1955–1958

Die Schulentlassung nahte, und damit wurde die Frage aktuell, welchen Beruf ich erlernen wollte. Darauf gab es für mich nur eine Antwort: er sollte mit Büchern zu tun haben. Zunächst wünschte ich mir eine Tätigkeit im graphischen Gewerbe. Meine Bewerbung als Schriftsetzer schlug jedoch fehl, da neben guten bis sehr guten Kenntnissen in der deutschen Sprache auch ebensolche auf mathematischem Gebiet verlangt wurden.

Im VEB Vereinigte Abziehbilderwerke Saalfeld war eine Ausbildungsstelle zum Stein- und Offsetdrucker frei, die ich annahm. Der Lehrvertrag sah vor, daß ich die ersten beiden Jahre im Lehrkombinat der polygraphischen Industrie „Heinz Kapelle“ in Pößneck zu verbringen hatte und das letzte Jahr im Saalfelder Betrieb. Zum Buchdrucker umschulen kannst du später immer noch, dachte ich.

Am Morgen des 1. September 1955, es war ein Donnerstag, bestieg ich den Personenzug, der aus Saalfeld kam und mich in die zwölf Kilometer entfernte Kreisstadt Pößneck brachte. Hier war ein Zentrum der Druckindustrie der DDR angesiedelt. Der frühere Vogel-Verlag war eines der größten Verlags- und Druckhäuser Deutschlands gewesen. Das Unternehmen hieß nun „Karl-Marx-Werk“ und war ein Volkseigener Betrieb, ebenso wie das Lehrkombinat. Den Buchdrucker Heinz Kapelle (1913-1941) hatten die Nazis 1941 wegen seines Widerstandes gegen ihre Diktatur hingerichtet.

In Pößneck lernten Hunderte von Mädchen und Jungen aus dem ganzen Land und sogar aus der Bundesrepublik. Jene, die von weither kamen und nicht täglich nach Hause fahren konnten, waren im Internatsgebäude untergebracht, einem roten Backsteinbau. Er erinnerte an eine Kaserne, und die Lehrlinge nannten ihn spöttisch „Kartause“. Ich war froh, daß ich täglich nach Hause fahren konnte.

Der erste Lehrtag begann damit, daß wir uns gegenseitig bekannt machten, in organisatorische Dinge eingewiesen und im Betrieb herumgeführt wurden. Wir acht männlichen Lehrlinge waren erstaunt, daß sich ein Mädchen unter uns befand, denn der Beruf des Druckers verlangt bei bestimmten Tätigkeiten an Geräten und Maschinen größere Kraftanwendungen. Sie hieß Iris, reichte mir mit ihren kastanienbraunen Löckchen kaum bis zur Schulter, hatte ein spitzbübisches Gesicht mit einem Stupsnäschen, lebhafte Augen und war trotz ihrer zierlichen Gestalt und ihrer fünfzehn Jahre bereits eine frauliche Erscheinung. Sie gefiel mir auf den ersten Blick, ich war fasziniert von ihr, beobachtete sie heimlich und nahm die Erklärungen des Lehrausbilders, der unsere Gruppe betreute, nur mit halbem Ohr wahr.

In den ersten Wochen der Lehrausbildung mußten wir uns mit den handwerklichen Techniken des Offsetdrucks beschäftigen. Die Grundlagen dieses Flachdruckverfahrens hatte Alois Senefelder in München 1796/97 mit seiner Erfindung der Lithographie und des Steindrucks geschaffen. Damals hatte er Kniehebelpressen benutzt, um von zentnerschweren Platten aus Solnhofer Kalkschiefer, denn nur dieser eignet sich dazu, künstlerische Druckerzeugnisse herzustellen. Mit einem derartigen Gerät, das aus Senefelders Druckerei hätte stammen können, mußten wir uns noch im 20. Jahrhundert herumplagen. Ansonsten erschien mir der Altmeister aber als Vorbild, war er doch ursprünglich Schriftsteller und Theaterdichter gewesen.

An unserer Steindruckpresse waren keinerlei technische Hilfsmittel angebracht, keine Keilriemen, kein Motor. Ohne Muskelkraft bewegte sich nichts. Der eiserne, in die Höhe ragende Hebel mußte, wenn man den Druckvorgang auslösen wollte, gepackt und nach unten gedrückt werden, womit der Kraftakt noch nicht beendet war. Es galt nun, mit Einsatz des ganzen Körpers, die Handleier zu drehen, damit sich der Tisch bewegte, auf dem die Druckplatte lag. Das waren Verrichtungen, die man einem stämmigen Bauernburschen hätte zumuten können, nicht aber einem Mädchen wie Iris. Sie zappelte, wenn sie den Hebel ergriffen hatte, wie ein Fisch an der Angel, gab es schließlich auf und sprang auf den Boden zurück. Die anderen Jungen amüsierten sich, wenn sich dabei unter ihrer Bluse etwas bewegte. Ich beobachtete das ebenfalls nicht ungern, aber sie tat mir letztlich leid. Deshalb half ich ihr, trotz spöttelnder Bemerkungen der anderen, das mädchenfeindliche Gerät zu bedienen und ein ordentliches Druckerzeugnis herzustellen. Sie belohnte mich stets mit einem Augenaufschlag, bei dem es mir heiß den Rücken hinunterlief. Kein Wunder, daß sie mir nachts in meinen pubertären Träumen erschien.

Gegensätze ziehen sich angeblich an. Sie war ein kesses, temperamentvolles Mädchen, dem dauernd der Schalk im Nakken zu sitzen schien. Ich war dagegen ein verträumter, zurückhaltender Junge mit niedrigem Blutdruck, deshalb wohl auch etwas langsam in meinen Bewegungen und Reaktionen und keiner von der Sorte, die gleich jedem Mädchen nachrennt. Bald erzählte ich ihr von meinen Interessen und Neigungen, daß ich gern las und schrieb, und zeigte ihr bunte Briefe aus meiner Sammlung. Nun nutzte ich jede Gelegenheit, in ihrer Nähe zu sein und mich mit ihr zu unterhalten und sprach dabei auch über meine Absichten, einmal nach Übersee auszuwandern. Sie war begeistert von dieser Idee, und wir begannen, Pläne für eine gemeinsame Zukunft zu schmieden. Im Frühjahr 1956 wollten wir einen Englisch-Kurs an der Volkshochschule besuchen. Gelegentlich gab es Hänseleien von Mitlehrlingen, aber das störte unser Verhältnis nicht. Gefahr ging von einer anderen Seite aus, von unserem Lehrausbilder, den wir wegen seiner untersetzten Gestalt Napoleon nannten. Er bedachte Iris und mich stets mit finsteren Blicken und achtete darauf, daß wir Abstand hielten und keine Gespräche führten.

Zu dieser Zeit sprach im Lehrkombinat ein Staatsanwalt über Rechtspflege und warb für Nachwuchs in seinem Beruf. Auch nicht schlecht, sagten wir uns, wir müßten, wenn wir ausgelernt hätten, in einem Sonderlehrgang die Hochschulreife erwerben und dann in Potsdam Staats- und Rechtswissenschaft studieren. Damit könnten wir uns eine sichere Existenz als angesehene und gut bezahlte Staatsdiener schaffen, was womöglich einem ungewissen Leben in der argentinischen Pampa oder in einer kalifornischen Großstadt vorzuziehen wäre.

Zu Hause erzählte ich davon. Mein Schwager hörte zu und meinte, wir sollten uns das gut überlegen, denn wenn es wieder einmal „anders herum“ käme, dann würden solche Leute in Ungnade fallen und müßten mit Nachteilen rechnen.

Iris und ich waren im stillen davon überzeugt, einmal Mann und Frau zu werden, obwohl ich ihr noch keinen Heiratsantrag gemacht hatte. Gegenwärtig waren wir noch nicht einmal ein richtiges Liebespaar. Die Schuld daran hatte ich mir allein zuzuschreiben, denn ich war schüchtern und viel zu zurückhaltend, obgleich es Gelegenheiten für eine körperliche Annäherung gegeben hätte.

Es wurde keine Liebe mit einem happy end. Bei einem Rendezvous im Jahre 1957 – Iris arbeitete inzwischen in Leipzig – gestand sie mir, daß sie einen festen Freund habe, sagte aber: „Laß uns Freunde bleiben!“

Trotz meiner Naivität verstand ich, daß da ein kleiner Unterschied bestand zwischen dem Freund, den sie hatte und dem Freund, der ich bleiben sollte. Für mich aber waren die Gedanken daran qualvoll, daß sie sich mit mir zwar freundlich unterhalten, mit dem anderen aber schlafen würde.

Es gäbe ja noch andere Mädchen, sagte sie. Damit wollte sie mich trösten. Wir reichten uns zum Abschied die Hände und sagten einander „Auf Wiedersehen“ – aber wir sahen uns nie wieder.

Mit dem Ende meiner ersten Liebe war für mich eine Welt zusammengebrochen. Iris stieg in ihren Zug, und mir schoß plötzlich die Idee durch den Kopf, mich vor die Lokomotive zu werfen. Ich glaubte, daß nun alles sinnlos geworden sei. Ich kam mir verloren vor. Was sollte ich ohne sie in Amerika oder Australien anfangen?

Unter dem Eindruck eines unersetzlichen Verlustes konnte ich mich selbst während der Reise im August 1957 in die Bundesrepublik, um die mich mein Schwager und mancher aus meinem Bekanntenkreis beneidete, kaum einmal aus meinen depressiven Grübeleien befreien. Das quirlige Treiben, das Geglitzer des westdeutschen Wirtschaftswunders, das mich noch im Jahr zuvor in München fasziniert hatte, beeindruckte mich nun in Frankfurt und Köln fast gar nicht mehr. Ich sah von Brücken hinunter in den Main und dann in den Rhein, und ich dachte daran, einfach hinunterzuspringen. Hübsche Mädchen in wippenden Petticoats gingen an mir vor-

Abb. 9: Im Sommer besuchte ich Iris in einem Ferienlager in Thüringen. Erhalten ist nur dieses Foto, das sie von mir anfertigte.

bei, aber ich blickte ihnen nicht nach. Ich ärgerte mich selbst darüber, aber ich konnte es nicht ändern, daß ich nicht der Kerl war, mich mit anderen Mädchen zu trösten. Ständig mußte ich an Iris denken, obwohl ich mich täglich dazu zwingen wollte, es nicht mehr zu tun. Fotos von ihr, die sie mir im Laufe der Zeit geschenkt oder die ich selbst von ihr gemacht hatte, hatte ich verbrannt, weil ich es nicht ertragen konnte, das Abbild eines Mädchens zu sehen, das nun in den Armen eines anderen lag.

Auf dem Weg zum Staatsverbrecher 1958

Im September 1957 begann ich mein letztes Lehrjahr im VEB Vereinigte Abziehbilderwerke Saalfeld. Nur zur theoretischen Ausbildung fuhr ich noch einmal im Monat nach Pößneck ins Lehrkombinat in die Berufsschule. In Saalfeld war ein kleinerer Betrieb, und zu den angenehmen Seiten gehörte auch das kollegialere Verhältnis zu den erwachsenen Beschäftigten, den Facharbeitern und Meistern. Um nicht ständig an Iris zu denken und um mich abzulenken, fiel ich auf eine andere Versuchung herein: Ich begann mich für die Freie Deutsche Jugend zu interessieren. Also doch wieder Politik und Propaganda, die ich doch eigentlich ablehnte. Im Lehrkombinat war es mir gelungen, mich herauszuhalten, so gut es ging. Das war mir dort in der Masse der Jugendlichen nicht schwergefallen. Nun aber war ich hier einer von wenigen Lehrlingen. Die Mitglieder der Partei- und Betriebsleitung suchten fast verzweifelt nach jungen Leuten, die bereit waren, die am Boden liegende FDJ-Betriebsgruppe wieder zu aktivieren, um damit in gesellschaftspolitischer Hinsicht nach außen glänzen zu können. Die Auswahl der in Frage kommenden Jugendfreunde war nicht groß, kaum zehn waren es, und ich mußte daran denken, daß sich eine vorbildliche gesellschaftliche Mitarbeit auch positiv auf meinen Facharbeiter-Abschluß auswirken könnte. Mein gesellschaftliches Bewußtsein hatte allerdings noch nicht den Stand erreicht, das man es hätte „sozialistisch“ nennen können. Wenngleich ich grundlegenden Lehren nicht völlig ablehnend gegenüberstand, hätte mir bei einer näheren Betrachtung der zuständige Kaderleiter kaum eine gefestigte marxistisch-leninistische Weltanschauung bescheinigt. Nicht einmal die unterste Stufe der FDJ-Auszeichnung „Abzeichen für gutes Wissen“ hatte ich erreicht und war deshalb nie in den Genuß gekommen, mir die bronzene Medaille an mein Blauhemd stecken zu lassen. Das Abzeichen für gutes Wissen wurde seit 1950 in Gold, Silber und Bronze verliehen. Voraussetzung war, daß man am FDJ-Studienjahr teilnahm oder sich das Wissen selbst erarbeitete.

Ein Prüfungsthema für den Erwerb des Abzeichens war die Frage, wodurch sich der Mensch vom Tier unterscheide. Ich hatte geantwortet, daß der Mensch denken könne und das Tier nicht, Tiere handelten instinktiv. Die Prüfungskommission zeigte sich entsetzt wegen meiner Unwissenheit und entgegnete mir, der Unterschied bestehe darin, daß der Mensch arbeite, das Tier aber nicht. Durch Arbeit habe sich der Mensch aus dem Tierreich gelöst. Ich fragte daraufhin die Jungendfunktionäre, ob sie schon einmal etwas von indischen Arbeitselefanten gehört oder Ameisen, Bienen und Brauereipferde bei ihren Schuftereien beobachtet hätten. Sie warfen mich hinaus, räumten mir aber die Chance ein, die Prüfung zu wiederholen, worauf ich jedoch verzichtete, denn ich befürchtete wiederum eine derartige Fangfrage.

Dieser Mißerfolg wirkte sich aber auf meine Karriere als kleiner FDJ-Funktionär nicht negativ aus. Die Anzahl der jungen Leute, die bereit waren, ehrenamtliche Funktionen zu übernehmen, war gering. Deshalb griff man auf weniger geeignete Kandidaten, wie ich einer war, zurück.

Es gelang mir halbwegs, die Betriebsgruppe wieder auf die Beine zu stellen, die Mitglieder wöchentlich zu versammeln, über aktuelle politische Ereignisse zu sprechen und die Mitgliedsbeträge regelmäßig zu kassieren. Zu Hause hörte ich nach wie vor westliche Rundfunksender, las Zeitungen, Illustrierte und Romanhefte, die von Bekannten und Nachbarn aus dem Westen mitgebracht und untereinander, wie in einem Lesezirkel, ausgetauscht wurden.

Westreisen waren bis zur dritten Änderung des Paßgesetzes im Dezember 1957 ohne größere Einschränkungen möglich. Ich selbst war im Sommer 1956 zum ersten Mal nach drüben gefahren, zu Verwandten, die in der Nähe von München wohnten. Dort erlebte ich vierzehn Tage den sprichwörtlichen „Goldenen Westen“, wogegen mir dann meine DDR recht trist vorkam.

Im darauffolgenden Jahr besuchte ich im hessischen Hanau meinen Schulfreund Joachim G., der mit seinen Eltern Republikflucht begangen hatte. Von dort fuhr ich zu unserem ehemaligen Nachbarn Alfred H. nach Köln.

Um die Ausreiseformalitäten zu erledigen, hatte ich beide

Male in der Menschenschlange vor dem Schalter im Volkspolizei-Kreisamt Saalfeld angestanden, meinen Personalausweis abgegeben und dafür eine Bescheinigung erhalten, die mich berechtigte, in den Interzonenzug zu steigen. Beide Reisen hatten meinen Plänen neue Nahrung gegeben, der DDR einmal den Rücken zu kehren.

Aus Köln hatte ich mir ein Exemplar des Magazins „hobby“ mitgebracht, in dem ich die Anzeige eines Verlages fand, der Autoren suchte, die für Filmproduzenten und Theater Texte schrieben. Davon war ich sofort begeistert und schickte ein Schreiben an die angegebene Adresse. Eine Antwort habe ich nie erhalten, denn die Stasi hat meinen Brief abgefangen und archiviert. Er befand sich bis 1999 in meinen Stasiakten. Nach 42 Jahren erhielt ich ihn zurück.

Ungeliebte Tätigkeit: Propagandist

Nachdem ich mitgeholfen hatte, daß die FDJ-Betriebsgruppe wieder zu arbeiten begann, wurden die hauptamtlichen Funktionäre der FDJ-Stadt- und Kreisleitung auf mich aufmerksam und luden mich zu Beratungen und Schulungen ein, die sie für ehrenamtlich leitende Kader, wie ich nun einer geworden war, veranstalteten. Auch in besondere Aktionen wurde ich einbezogen. Eine solche war der Einsatz zu Weihnachten 1957 in einem Waisenheim in der Kleinstadt Ranis bei Pößneck. Am geschmückten Weihnachtsbaum standen die elternlosen Kleinen und fieberten der Bescherung entgegen. Sie mußten lange darauf warten, denn unser FDJ-Chef hatte es nicht eilig damit. Die eigentliche Feier, zudem eine mit verpöntem christlichen Charakter, war ihm nebensächlich. Und so predigte er nicht vom Jesuskind und von Bethlehem, sondern von Marx und Engels und von Lenin und Moskau. Nicht das Evangelium, sondern der Siegeszug der kommunistischen Ideen um die Welt waren das Thema. Obwohl ich mich darüber ärgerte, fiel ich ihm aber nicht ins Wort und begann auch nicht, die Päckchen an die Kinder zu verteilen. Dieses Erlebnis bestärkte mich aber in meinen Ansichten, daß man so mit Menschen nicht umgehen dürfe.

Mit dem Beginn des Jahres 1958 geriet ich immer häufiger

Abb. 10: Umschlag des 1957 von der Stasi einbehaltenen Briefes in meinen Akten.

in die Einflußsphäre der Propaganda, die mir zunehmend widerwärtiger wurde. Bei einem mehrtägigen Lehrgang, der „Stadtjugendschule" genannt wurde, ging es darum, uns davon zu überzeugen, daß jeder seinen persönlichen Beitrag zur Stärkung der Verteidigungskraft der DDR zu leisten habe. So lernte ich das Marschieren im Gleichschritt, das Anschleichen und Tarnen im Gelände und das Schießen mit Kleinkaliberwaffen. Anfangs bereitete es mir sogar einigen Spaß und ich besann mich auf meine Liebhabereien und fing an, das Fotografieren und Schreiben mit einzusetzen und mich als Reporter zu betätigen.

Anfang des Jahres wurden wir darüber informiert, daß zu Ostern in Erfurt ein Treffen der Arbeiterjugend Deutschlands stattfinden sollte, zu dem die besten FDJler delegiert würden. Ende Januar, während einer Versammlung im Saalfelder Jugendklubhaus, verlas Lothar S. eine Liste mit den Namen von Jugendfreundinnen und Jugendfreunden, die für würdig befunden wurden, nach Erfurt zu fahren. Ich war erstaunt, daß er auch meinen Namen nannte. Nun begann eine hekti-

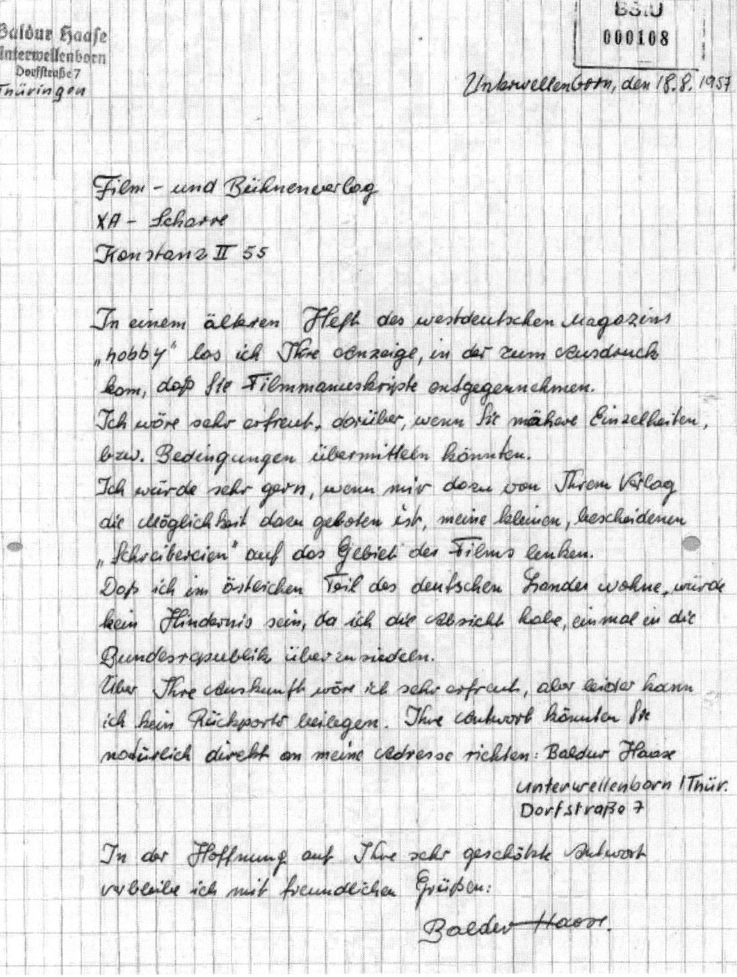

Baldur Haase
Unterwellenborn
Dorfstraße 7
Thüringen

BStU
000108

Unterwellenborn, den 18.8.1957

Film- und Bühnenverlag
XA - Scharre
Konstanz II 55

In einem älteren Heft des westdeutschen Magazins „hobby" las ich Ihre Anzeige, in der zum Ausdruck kam, daß Sie Filmmanuskripte entgegennehmen.
Ich wäre sehr erfreut, darüber, wenn Sie nähere Einzelheiten, bzw. Bedingungen übermitteln könnten.
Ich würde sehr gern, wenn mir dazu von Ihrem Verlag die Möglichkeit dazu geboten ist, meine kleinen, bescheidenen „Schreibereien" auf das Gebiet des Films lenken.
Daß ich im östlichen Teil des deutschen Landes wohne, würde kein Hindernis sein, da ich die Absicht habe, einmal in die Bundesrepublik überzusiedeln.
Über Ihre Auskunft wäre ich sehr erfreut, aber leider kann ich kein Rückporto beilegen. Ihre Antwort könnten Sie natürlich direkt an meine Adresse richten: Baldur Haase
Unterwellenborn / Thür.
Dorfstraße 7

In der Hoffnung auf Ihre sehr geschätzte Antwort verbleibe ich mit freundlichen Grüßen:

Baldur Haase

Abb. 11: Brief mit der verfänglichen Formulierung: „Daß ich im östlichen Teil des deutschen Landes wohne, dürfte kein Hindernis sein, da ich die Absicht habe, einmal in die Bundesrepublik überzusiedeln."

sche Zeit. Wir, die Delegierten des Kreises, wurden von einer Versammlung in die andere gehetzt, wo uns Funktionäre der Partei und des Jugendverbandes das notwendige ideologische Rüstzeug vermitteln sollten. Ich gewann den Eindruck, daß auch mir die Rolle eines Propheten zugedacht wurde. Auch ich sollte die westdeutschen Teilnehmer davon überzeugen, daß der DDR, dem ersten Arbeiter-und-Bauernstaat auf deutschem Boden, die Zukunft gehörte und nicht dem kapitalistischen Westdeutschland. Die Westdeutschen sollten endlich erkennen, wie glücklich wir leben und mit welcher Begeisterung wir den Sozialismus aufbauen. Sie müßten begreifen, daß der Kapitalismus dem Untergang geweiht sei und sie der kriegslüsternen Adenauer-Regierung in den Arm zu fallen hätten. Von einem durch die DDR organisierten revolutionären Umsturz war allerdings nicht die Rede. Die Bevölkerung Westdeutschlands, so wurden wir unterrichtet, müsse unter Führung der fortschrittlichen Arbeiterklasse ihre Geschicke selbst in die Hand nehmen und, wenn die Zeit reif sei, eine Veränderung der gesellschaftlichen Verhältnisse herbeiführen. Wie sehr die SED in der damaligen Zeit davon überzeugt war, daß in der Bundesrepublik eines Tages ein Sozialismus wie in der DDR herrschen würde, zeigt ein Beispiel aus dem Jahre 1958:

In der Zeitung „Volkswacht“, dem Organ der SED-Bezirksleitung Gera, schrieb am 25. Juni 1958 ein Peter Prieß in einem Beitrag über den VEB Carl Zeiss Jena: „Es kommt der Tag, an dem die Werktore in Oberkochen die Aufschrift tragen: VEB Carl Zeiss Jena – Fertigungsstätte Oberkochen.“

In Oberkochen, Baden-Württemberg, siedelten sich nach 1945 die weltberühmten Carl-Zeiss-Werke aus Jena an. Nachdem Thüringen im Juli 1945 zur sowjetischen Besatzungszone kam und 1949 zur DDR, war das Jenaer Stammwerk ein VEB geworden. Eine Ironie der Geschichte ist, daß mit der Wiedervereinigung Deutschlands nahezu das Gegenteil dessen eintrat, was ideologische Fanatiker der SED voraussagten.

Am 25. März 1958, einem Freitag, war um 15 Uhr Arbeitsschluß angesagt, obwohl die offizielle Arbeitszeit täglich erst um 16.30 Uhr endete. Wir, die Werktätigen unseres Betriebes, über hundert Frauen, Männer und Jugendliche, durften aber nicht nach Hause gehen, sondern mußten uns auf dem Hof der Druckerei versammeln und zu einem Marschblock formieren. Dann gab der Parteisekretär das Kommando: „Ohne Tritt Marsch!“

Abb. 12: Ein Foto, auf dem ich 1957 anläßlich einer Familienfeier mit Angehörigen aus der Verwandtschaft meines Schwagers zu sehen bin.

Unsere Kolonne bewegte sich zum Saalfelder Marktplatz. Plötzlich waren wir nicht mehr allein. Aus allen Himmelsrichtungen strömten die Massen mit Fahnen, Transparenten und Spruchbändern her. Auf dem Transparent, das mir unser Kaderleiter in die Hand gedrückt hatte, stand zu lesen: „Weg mit der Bonner Adenauer-Regierung!“

Ich mußte es mit beiden Händen umklammern, damit es mir der aufkommende Westwind nicht entriß und womöglich einem anderen Mitläufer auf den Kopf schlug. Dabei dachte ich an Adenauer, der manchmal in der Wochenschau im Kino zu sehen war und der so ein schlimmer Mensch sein sollte. Voriges Jahr im Sommer hätte ich ihm in Bonn persönlich begegnen können, als ich durch die Straßen irrte, um die Jugendherberge zu suchen. Und als Besucher aus der Ostzone hatte ich mir 15 Mark Begrüßungsgeld im Rathaus von Hanau abholen dürfen – auch eine Aufmerksamkeit Adenauers! Hätte er sehen können, wie undankbar ich mich jetzt erwies, würde er wohl noch mehr auf die „Soffjetzone“ schimpfen.

Unser FDJ-Chef hatte kürzlich behauptet, daß die DDR-Regierung diesen „verfluchten Kerl“ gar nicht zu Gesprächen in die DDR einladen könne, denn unsere Menschen würden ihn lynchen, wenn sie ihn zu Gesicht bekämen. Einen solchen Unsinn hatte ich lange nicht gehört, wußte aber, daß jeder Widerspruch sehr gefährlich werden könnte.

Auf dem Marktplatz hatten Zimmerleute eine Tribüne errichtet, auf der sich schon ein paar Leute um die Mikrophone scharten. Ich erkannte nur den ersten Sekretär der FDJ-Kreisleitung Kurt R., die anderen waren, wie man sich denken konnte, Funktionäre der SED. Dicht gedrängt standen die Demonstrierenden, in der Mehrzahl Thüringer Protestanten, mit zumeist gleichgültigen Mienen auf dem Pflaster und ließen die Schimpfereien geduldig über sich ergehen. Sie waren daran gewöhnt. Nur Genossen, die ich an ihren Parteiabzeichen erkannte, schienen aufmerksam zu lauschen und zustimmend zu nicken. Oder verstanden es einige, gut zu schauspielern?

Zum Glück waren wir bei unserem Eintreffen von Ordnungskräften an die rechte Randzone eingewiesen worden, wo mehr Bewegungsfreiheit war. Um 16.30 Uhr, pünktlich zu Beginn des Feierabends, ertönte der letzte Aufruf aus den Lautsprechern: „Nieder mit der Adenauer-Regierung und ihren Atomkriegsplänen!“

Am nächsten Tag veröffentlichte die VOLKSWACHT zwei Fotos mit einer Bildunterschrift. Eine Aufnahme war von einem erhöhten Standpunkt und die andere aus der Vogelperspektive vom Rathaus oder dem Turm der Johanniskirche hinunter gemacht worden. Darauf sah man den Markt voller Menschen. Der Text dazu lautete:

> Tausendfacher Protest gegen Atombomben-Politik.
> 10000 Saalfelder protestierten am vergangenen Freitag auf dem Marktplatz gegen die atomare Aufrüstung in Westdeutschland.

Nachdem alles vorbei war, eilte ich zurück zum Betrieb, denn ich mußte dort mein Protestschild wieder abliefern. Es hätte zu komisch ausgesehen, wenn ich auf die Idee gekommen wäre, es zum Bahnhof und in mein Zugabteil mitzunehmen. Womöglich hätten mich ein paar aufgebrachte Fahrgäste an die frische Luft gesetzt.

Das Erfurter Jugendtreffen

Die SED-Führung hatte das christliche Osterfest am 5. und 6. April dazu bestimmt, in der „Thüringenhalle“ in Erfurt eine gesamtdeutsche Arbeiterjugendkonferenz abzuhalten. Gleichzeitig fand das „Treffen der Arbeiterjugend Deutschlands“ statt, zu dem ich mit 100 Teilnehmern aus dem Kreis Saalfeld fuhr. Dieser Massenaufmarsch Zehntausender junger Menschen aus Ost- und Westdeutschland sollte sich nach dem Willen der Partei- und Staatsführung zu einer Manifestation ihres politischen Kampfes und zu einem Aufschrei gegenüber der Politik des Westens gestalten. Zielscheibe war wieder die „Bonner Adenauer-Regierung“, ständig beschimpft als ein Hort der Imperialisten, Militaristen, Klerikalfaschisten, ehemaliger Nazis, Kriegstreiber, Atomkriegsstrategen und Revanchisten. Freilich war in der Bundesrepublik eine kritische Auseinandersetzung mit dem Nationalsozialismus nur halbherzig erfolgt, und ehemalige führende Nazis, vor allem aus den Reihen der Justiz und des Militärs, befanden sich wieder in Amt und Würden.

Vom Westen, so konnte man es täglich in den Zeitungen lesen und aus dem Radio hören, gehe die Gefahr eines Überfalls auf die DDR und das gesamte sozialistische Lager aus. Diese Kräfte seien dabei, einen Dritten Weltkrieg zu entfesseln. Die Arbeiterjugend der DDR und Westdeutschlands müsse einig sein im Kampf gegen den Weltimperialismus, den Todfeind des Friedens. Das sozialistische Lager verkörpere das Gute, die kapitalistische Welt dagegen das Böse. Diese Parolen waren nichts Neues für mich, hatte ich sie doch von Anfang an in der Schule täglich gehört. Wir sollten, so ein weiterer Auftrag, den westdeutschen „Klassenbrüdern“ (von „Klassenschwestern“ war nie die Rede) von unserem glücklichen, sorglosen, freien und demokratischen Leben in unserer Deutschen Demokratischen Republik berichten.

Die politische Bedeutung, die dem Ereignis von Partei und Staat beigemessen wurde, läßt sich daran erkennen, daß der Generalsekretär der SED, Walter Ulbricht, den Kongreß mit einer Ansprache eröffnete. Ulbricht wurde ohnehin als der

Erste Mann im Staat gehandelt und nicht mein Berufskollege, der frühere Buchdrucker, einstige SPD-Mann und jetzige Ministerpräsident Otto Grotewohl.

Alle von der FDJ nach Erfurt delegierten Mädchen und Jungen wurden zu diesem Zweck neu eingekleidet. Auch ich trug eine der hellgrauen Uniformen, für die ich 70 Mark bezahlt hatte, darunter das Blauhemd mit dem Emblem der aufgehenden Sonne am linken Ärmel. Ich fühlte mich darin nicht unwohl, sondern betrachtete mich beim Ankleiden gern im Spiegel, drehte mich hin und her und gefiel mir recht gut, obwohl die Hosenbeine etwas zu kurz geraten waren und ich mir Bemerkungen anhören mußte wie die, ob ich die letzten Wasserstandsmeldungen verpaßt hätte. So stieg ich wohlgelaunt in den Sonderzug mit der Dampflokomotive, der am Bahnhof in Saalfeld bereitgestellt war.

Es hätte nicht an Gelegenheiten gefehlt, mit Mädchen anzubändeln, wenn es mir nur in den Sinn gekommen wäre. Stattdessen hoffte ich auf den Zufall, daß ich in Erfurt Iris begegnen würde. Es konnte doch sein, daß sie von ihrem Lehrbetrieb auch delegiert worden war. Vielleicht war sie von ihrem Freund enttäuscht worden und wieder solo. Träfen wir hier aufeinander, könnten wir Hand in Hand durch die von jungen Leuten belebten Straßen schlendern. Ich träumte von unseren Küssen und stellte mir vor, wie ich ihr respektlos die FDJ-Uniformbluse aufknöpfen würde. Aber so viel ich auch nach kleingewachsenen Mädchen schaute, Iris entdeckte ich nicht. Da siegte, wie so oft, der Pessimist wieder in mir, und ich stellte mir vor, daß sie schwanger sein könnte von einem Draufgänger, der nicht so lange gezögert hatte wie ich. Wäre sie mir plötzlich eng umschlungen mit ihrem Liebsten begegnet, wäre es sicher mein Ende gewesen. Ich hätte mich auf dem Erfurter Hauptbahnhof vielleicht doch noch vor eine Lokomotive geworfen, wozu mir vor einem Jahr in Leipzig der Mut gefehlt hatte.

Während mich solche Gedanken beherrschten, trottete ich inmitten meiner zwanzigköpfigen FDJ-Gruppe über den Erfurter „Anger“ in Richtung Domplatz. Noch hatte sich keine Gelegenheit ergeben, unsere missionarischen Kenntnisse und Fähigkeiten gegenüber den aus Westdeutschland angereisten ideologischen Heiden zu erproben.

Die Stadt war marktschreierisch mit Fahnen, Spruchbändern und Transparenten ausstaffiert. Fanfarenzüge, Agitations- und Propagandagruppen, Musikformationen, Chöre und andere Kulturensembles sorgten im Freien und in Sälen für die geforderte Atmosphäre. Als typischer Einzelgänger, dem jede Art eines Herdenlebens zuwider war, der lieber allein oder zu zweit auf Entdeckungsreise ging, gelang es mir, mich am Samstag nachmittag von meinem Kollektiv abzusondern. Ich sagte zu Ernst, unserem Gruppenleiter, daß mir ein Essen nicht bekommen sei und ich zur Toilette müßte. Ich würde sie wieder finden, ich wüßte ja, wo sie hingingen.

„Beeil dich aber mit deinem Geschäft“, rief er mir zu, dann konnte ich meiner Wege gehen.

Beim Umherschlendern gelangte ich in den Kultursaal eines Volkseigenen Betriebes, in dem gerade ein Wettstreit von Kinder- und Jugendchören aus der DDR und der Bundesrepublik begonnen hatte. Ich setzte mich auf einen Platz neben einen jungen Mann, den ich an seinem bunten Nylonhemd und den Schuhen mit dicken Kreppsohlen als Bundesbürger erkannte. Als er mit einem fotoelektrischen Belichtungsmesser hantierte, fragte ich ihn, ob er auch für den Film in meinem Fotoapparat die richtige Belichtungszeit feststellen könne.

„Mach' ich gern“, sagte er, „mit ganz offener Blende und einer dreißigstel Sekunde müßte es klappen.“

So kamen wir miteinander ins Gespräch. Die Ansagerin auf der Bühne, ein blondes Mädchen mit FDJ-Bluse und sächsischem Akzent, kündigte einen Kinderchor aus dem Rheinland an und meinte dazu, daß es die jungen Laienkünstler aus Westdeutschland schwer hätten, ihrer Liebhaberei nachzugehen. Sie würden nicht vom Staat finanziell unterstützt, wie es in der DDR der Fall sei, sondern die Eltern müßten für die Hobbies ihrer Kinder finanziell bluten. Der Bonner Staat würde sein Geld lieber in die Rüstung stecken, in Atomwaffen, und damit den Frieden bedrohen. Mein Stuhlnachbar flüsterte mir zu, das sei übertriebene Schwarzmalerei. Im Westen gäbe es dafür keine staatliche Reglementierungen, welche Lieder man zu singen habe und welche nicht. Er spielte

Abb. 13: Plakate zum Kongreß und Treffen der Arbeiterjugend Deutschlands zu Ostern 1958 in Erfurt. Foto: Rainer Marggraf.

damit offenbar auf einen weiteren Kommentar der Moderatorin an, die kurz zuvor behauptet hatte, daß die westdeutschen Chöre hauptsächlich sentimentale Volkslieder aus dem 19. Jahrhundert in ihrem Repertoire hätten, die nichts zu den Klassengegensätzen und Klassenkämpfen aussagten, die für die Entwicklungsgeschichte der Menschheit bestimmend seien. Wald-, Wiesen- und Postkutschenromantik gehöre nicht in unsere Zeit. So würden beispielsweise mit dem Lied „Im schönsten Wiesengrunde" die antagonistischen Widersprüche verwischt, indem man verschweige, daß das schöne Tal, das besungen werde, womöglich zu einer Grafschaft oder einem Fürstentum gehörte, in dem die werktätigen Menschen ausgebeutet wurden, was heute im Westen ja noch der Fall sei. Erst im Sozialismus, wie er auch in der DDR aufgebaut werde, sei die Ausbeutung des Menschen durch den Menschen beseitigt. Die Produktionsmittel befänden sich ein für allemal in den Händen des Volkes. Unterschwellig klang heraus, daß sich die Westdeutschen von den singenden Jungen Pio-

Abb. 14: Kongreß und Treffen der Arbeiterjugend Deutschlands zu Ostern 1958 in Erfurt, Stadtzentrum. Foto: Rainer Marggraf.

nieren und FDJlern eine Scheibe abschneiden könnten.

Und da kamen sie auch schon hinter dem Vorhang hervor, die von ihr angepriesenen Mädchen und Jungen, die nun sangen: „Pionier, nütz' die Zeit, sei nicht müßig ..." und „Spaniens Himmel breitet seine Sterne über uns'ren Schützengräben aus ..."

Mein Nebenmann hob wieder seine Kamera ans Auge und fotografierte. Als der Sängerwettstreit zu Ende war, gab es nur einen Sieger und zwar auf ideologischem Gebiet. Die Ansagerin wiederholte am Schluß propagandistische Phrasen, und der Westdeutsche fragte mich: „Sag mal, geht das immer so zu bei euch, daß man hier dermaßen politisch belappt wird? Das ist ja nicht auszuhalten!"

„Ich kenne es nicht anders", antwortete ich, „habe mich schon daran gewöhnt."

Ich fragte den Fremden, ob er Lust habe, mit mir noch eine Weile durch die Stadt zu spazieren. Ich könnte ihm ein paar Sehenswürdigkeiten zeigen, den Teil des historischen Erfurt, der nach den Bombardierungen des Zweiten Weltkrieges noch übriggeblieben war. Er war einverstanden. Wir schlenderten über den Domplatz und die Marktstraße hinüber zur Krämerbrücke und unterhielten uns. Der junge Mann war einen halben Kopf größer als ich und kräftig, kam aus Duisburg, war gelernter Tischler und wollte Pädagogik studieren. Zur Zeit arbeitete er in einer Einrichtung, die sich um die soziale und kulturelle Betreuung von Bergarbeitern im Ruhrgebiet kümmerte.

Er hieß Rainer Marggraf. Aber seine Freunde vom „Wandervogel“ sprächen ihn mit seinem Spitznamen „Hannibal“ an, sagte er. Der Wandervogel sei eine Jugendorganisation, und zu dem Necknamen sei er gekommen, weil er einmal bei einem Lagerfeuer im Teutoburger Wald ganz allein einen Baumstamm herbeigeschleppt hatte.

„Wandervogel?“ fragte ich, „noch nie etwas davon gehört.“

Er erzählte mir, daß dies eine von vielen Jugendorganisationen in der Bundesrepublik sei, wo es unzählige unabhängige Vereine aller möglichen Richtungen gäbe. Der Wandervogel sei schon sehr alt, Jahre vor dem Ersten Weltkrieg entstanden, demokratisch, weitgehend unpolitisch. Er selbst übe eine ehrenamtliche Funktion in der Landesgruppe Nordrhein-Westfalen aus. Mit den „Wandervögeln“ war er schon durch mehrere Länder Europas gereist, Italien, Frankreich, Portugal, Griechenland, Skandinavien, die Schweiz und Österreich.

Ich sagte ihm, daß ich mächtig neidisch würde, wenn ich solche Berichte hörte, denn mein größter Wunsch sei es, auch einmal mehr von der Welt zu sehen. Im Ausland sei ich noch nie gewesen, nicht einmal in einem sozialistischen Land. In einer FDJ-Reisegruppe würde man mich kleines Licht nicht mitnehmen, auch nicht in die Sowjetunion, und Privatreisen seinen so gut wie unmöglich. Überallhin brauche man ein Visum, und das sei schwer zu bekommen. Man müsse Einladungen von Verwandten vorweisen. „Weißt du“, sagte ich, „in Westdeutschland war ich aber schon, zweimal sogar. Dabei habe ich auch Republikflüchtige besucht. Es hauen viele Leute ab aus der DDR, manchmal Tausende in einer Woche. Vielleicht bleibe ich auch nicht mehr lange hier. Im graphischen Gewerbe kann man im Westen gut verdienen. In der DDR bekommt man nur einen Hungerlohn. Es kann sein, daß ich einmal einen meiner Brieffreunde in Übersee besuche und nicht mehr wiederkomme."

Rainer antwortete mir, daß im Westen zwar auch nicht alles Gold sei, was glänze, und daß das Geld nicht auf der Straße läge. Aber der politische Zwang sei nicht so wie in einer Diktatur. Wenn das, was er in der DDR gesehen habe (und er sei schon einmal hier gewesen) Sozialismus sein soll – na, dann: Danke schön! Überhaupt könne man nicht sagen, daß Sozialismus und schließlich Kommunismus der Weisheit letzter Schluß seien. Diese Vorstellungen hätten sich ein paar Menschen ausgedacht – Marx, Engels, Lenin. Stalin habe es dann auf die brutale Art versucht. Aber man dürfe nicht vergessen, daß sich jeder Mensch irren könne. Keiner sei unfehlbar. Die Ideen vom Sozialismus und Kommunismus könnten deshalb auf Sand gebaut sein.

Während unserer Unterhaltung hatte mich eine Frage bedrückt, die ich loswerden wollte. Zu meinen Brieffreunden fehlte mir noch ein Korrespondenzpartner in der Bundesrepublik. Meine Westverwandten waren alle viel älter als ich. Womöglich könnte ich, wenn ein engerer Kontakt zustande käme, ihn eines Tages in Duisburg besuchen. Da rückte ich mit meinem Anliegen heraus. „Also, ich würde gern mit dir – wie soll ich sagen? – die Adressen austauschen."

Rainer hätte, wie er sagte, grundsätzlich nichts dagegen einzuwenden, aber er wollte nicht, daß ich in Schwierigkeiten geriet. Er wisse, daß in der DDR alles ziemlich streng gehandhabt werde.

Es gelang mir, seine Bedenken zu zerstreuen, schließlich korrespondierte ich schon seit fünf, sechs Jahren mit ausländischen Briefpartnern, und mir war deshalb von Seiten des Staates noch nichts in den Weg gelegt worden. Darauf schrieb jeder dem anderen seine Anschrift auf und übergab sie mit dem Versprechen, einmal von sich hören zu lassen. Wir drückten uns die Hände und sagten „Auf Wiedersehen".

So ein Wiedersehen sollte es tatsächlich einmal geben, allerdings erst zweiunddreißig Jahre später.

Die erste Auszeichnung meines Lebens

Am 1. Mai 1958, dem „Internationalen Kampf- und Feiertag der Werktätigen“, fuhr ich, wieder in Uniform, in die Kreisstadt, um zur obligatorischen Demonstration im Marschblock der Freien Deutschen Jugend mitzumarschieren. Vorher war ein Appell angesagt, bei dem vorbildliche Jugendfreundinnen und Jugendfreunde ausgezeichnet wurden. Ich war überrascht, als auch mein Name aus dem Lautsprecher ertönte. Von Hunderten Augenpaaren verfolgt, wie mir schien, ging ich mit weichen Knien zu den Funktionären, die unter der FDJ-Fahne standen und mich mit bedeutungsvollen Blicken musterten. Wenige Minuten später schmückte eine glitzernde Medaille meine Uniformjacke. Eine stämmige FDJlerin hatte sie mir angesteckt und mich dabei in die Brust gestochen. Auf der dazu gehörigen Urkunde wurde mir bestätigt, daß ich für vorbildliche Taten beim sozialistischen Aufbau der DDR mit der Medaille „Für hervorragende Leistungen im Fünfjahrplan“ ausgezeichnet worden sei. Welche Taten das im einzelnen gewesen sein könnten, war mir zwar ein Rätsel, aber ich wußte bereits, daß so mancher eine Auszeichnung erhielt, die er nicht verdient hatte. Darum zerbrach ich mir nicht weiter den Kopf.

Ich konnte mich nur zehn Monate daran erfreuen. Es war die erste Auszeichnung in meinem Leben, und es sollte die einzige bleiben.

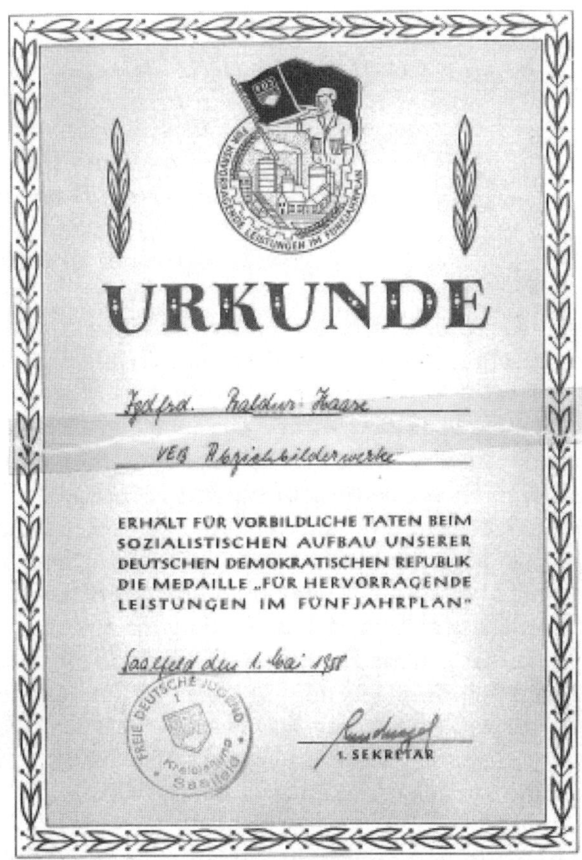

URKUNDE

Jgdfrd. Baldur Haase

VEB [illegible]

ERHÄLT FÜR VORBILDLICHE TATEN BEIM SOZIALISTISCHEN AUFBAU UNSERER DEUTSCHEN DEMOKRATISCHEN REPUBLIK DIE MEDAILLE „FÜR HERVORRAGENDE LEISTUNGEN IM FÜNFJAHRPLAN"

Saalfeld den 1. Mai 1958

FREIE DEUTSCHE JUGEND Kreisleitung Saalfeld

1. SEKRETÄR

Abb. 15: Meine FDJ-Urkunde „für vorbildliche Taten beim sozialistischen Aufbau" zur Medaille „Für hervorragende Leistungen im Fünfjahrplan" vom 1. Mai 1958.

Briefe, die ins Zuchthaus führten

Es war ein offenes Geheimnis,
daß üblicherweise alle Briefe vor der
Zustellung geöffnet wurden.
(George Orwell: 1984)

Ende April 1958 hatte ich den ersten Brief an Rainer nach Duisburg geschrieben und damit unsern Briefwechsel eröffnet, der für mich verhängnisvoll wurde und Monate später ein abruptes Ende finden sollte. Zunächst schrieb ich über meine Familie, unsere Lebensverhältnisse und meine Anstrengungen, meine Facharbeiterprüfung gut zu bestehen.

Rainer schickte mir eine Antwort mit ähnlichem Inhalt und schrieb, daß er an einer kleinen Broschüre mitarbeite, die der Wandervogel über das Erfurter Jugendtreffen herausgeben wolle. Ich antwortete ihm, daß auch ich gern meine Eindrükke und Meinungen über Erfurt – Ostern 1958 niederschreiben und ihm schicken würde, bat aber darum, meinen Namen nicht zu veröffentlichen. Während der letzten zwei, drei Jahre war ich schon öfter von dem Drang erfüllt gewesen, mich in Ruhe zurückzuziehen und einen politischen Artikel zu verfassen.

In der Konsum-Verkaufsstelle von Unterwellenborn lieh ich mir eine Schreibmaschine für eine Gebühr von einer Mark pro Tag aus. Mit dem Bezahlen allein war es aber nicht getan. Die Verkäuferin wollte wissen, zu welchem Zweck ich die Maschine benutzen wollte.

„Na, ganz einfach“, sagte ich, „ich brauche das Ding, weil ich die theoretische Arbeit meiner Facharbeiterprüfung damit abschreiben möchte.“

Das war nicht ganz gelogen, aber hauptsächlich ging es mir darum, die erste journalistische Arbeit meines Lebens in entsprechende Form zu bringen. Ich war allein zu Hause. Ein bunter Frühlingstag lachte zum Fenster herein. Der Apfelbaum in unserem Garten trug noch ein paar verspätete Blüten. In der Nachbarschaft bellte ein Hund, Schafe blökten, und das nahe Hüttenwerk spie seine gelblichen und bläulichen Gase in den Himmel. Wahrscheinlich wurde gerade einer der Hochöfen angestochen. Ich hatte mir meine Baskenmütze aufgesetzt, die ich sonst nie trug, ein rotkariertes Hemd und meine Lederhose angezogen, die ich vor einem Jahr bei einer vom Rundfunk übertragenen Großveranstaltung als Preis erhalten hatte. Auf drei Quizfragen hatte ich die richtigen Antworten gewußt. Alle, die mich kannten, hatten sich gewundert, daß ich plötzlich so mutig gewesen war, auf eine Bühne zu gehen, obwohl Hunderte von Menschen zusahen und Tausende mithörten. Gelegentlich, so auch damals, verspürte ich den Drang, aus meiner Zurückhaltung auszubrechen, etwas Ungewöhnliches, Auffallendes zu machen, damit viele auf mich aufmerksam würden.

In meinem improvisierten Arbeitszimmer vor der Schreibmaschine fehlte mir, damit ich wie ein echter Autor aussah, nur noch eine dicke Hornbrille und eine Tabakpfeife, beides Utensilien, die ich am Platz meines Vaters fand. Ein Blick in den Spiegel: ich war zufrieden. Nun konnte es losgehen. In Anlehnung an Goethes „Osterspaziergang“ aus seinem „Faust“ I. Teil, wählte ich die Überschrift für meinen Artikel: „Auch ein Osterspaziergang“. Über diesen originellen Einfall war ich erfreut und dichtete sogar einige Zeilen für meine Zwecke um. Der große Meister hätte mir dies sicher als Dummenjungenstreich verziehen, eine Toleranz, die ich von Mitarbeitern des Ministeriums für Staatsicherheit später nicht zu erwarten hatte.

Was ich nicht wußte: Sie lasen alles mit, was Rainer und ich uns schrieben, fertigten Fotokopien davon an und verschlossen die Briefe wieder so fachmännisch, wie sie sie geöffnet hatten. Nachdem sie meinen Brief vom August 1957 an den Verlag nach Konstanz beschlagnahmt hatten, warteten sie offenbar darauf, daß ich bald eine noch größere Dummheit begehen würde. Und ich enttäuschte sie nicht. Der gesamte Postverkehr, auch der meiner Eltern, die mit der Sache nicht das Geringste zu tun hatten, wurde ab Mai 1958 durch die inoffizielle Postkontrolle erfaßt.

Mein Bericht über das Arbeiterjugendtreffen in Erfurt:

Auch ein Osterspaziergang

Viele Wochen vor dem Osterfest 1958 konnte man in den Zeitungen die ersten Notizen lesen, die die Aufmerksamkeit nach Erfurt lenkten. Bald darauf brachte die „Junge Welt“ nähere Informationen, und wenige Tage vor dem Ereignis verkündeten die Schlagzeilen: „Die besten FDJler sind in Erfurt dabei ... Ostern 1958 Gesamtdeutscher Arbeiterjugendkongreß ...“

Auch in der sonst so stillen kleinen Kreisstadt wurden die Funktionäre der FDJ aus ihren alltäglichen Sorgen um die Jugendarbeit aufgescheucht, und eine systematische Vorbereitung begann. Alle Sekretäre der FDJ-Grundeinheiten erhielten daraufhin kleine Tüten mit dem Vermerk: „Die verkauften Abzeichen sind bis zum ... abzurechnen.“ Die Anzahl dieser Abzeichen „Kongreß der Arbeiterjugend Deutschlands“ richtete sich nach der Mitgliederzahl und wurde so eingeteilt, daß etwa jeder FDJler ein Abzeichen zum Preis von 50 Pfennig erwerben „durfte“. So wurde meist ein Jugendfreund mit dem Verkauf betraut, der eine große Klappe hatte, denn nur die Kunst der wirkungsvollen Rede konnte den gewünschten Erfolg herbeiführen. Nun ist es zu einer Eigenart in den alltäglichen menschlichen Beziehungen geworden, daß eine finanzielle Ausgabe, selbst wenn sich diese nur auf 50 Pfennig beschränkt, irgendwelche persönlichen Vorteile abwerfen soll. So verschwand oft ein schon gezücktes 50-Pfennig-Stück nach der erhaltenen Antwort wieder in der Tasche des Besitzers. Der Verkäufer sagte: „Nach Erfurt kann leider nicht jeder fahren, es sollen aus jedem Kreis etwa einhundert der besten FDJler sein!“

Gab es einige stumpfsinnige Egoisten, die eine so gute Sache nicht unterstützten, so blieb es dem Talent des Sekretärs überlassen, die restlichen Abzeichen an den Mann zu bringen, denn mit dem Vermerk: Die verkauften Abzeichen sind bis zum ... abzurechnen, war natürlich gemeint, daß alle Abzeichen zu verkaufen sind.

Als Teilnehmer am Kongreß mußte man schon eine durch längere Arbeit errungene Erfahrung aufweisen und das vorbildlichste Bewußtsein besitzen. Betrachten wir uns deshalb näher die Delegierten zum Treffen, die den Kongreß-Delegierten zahlenmäßig weit überlegen waren. Mit der Lupe ausgesucht von den zuständigen FDJ-Leitungen, handelte es sich dabei fast ausnahmslos um Funktionäre der FDJ, die aktiv in der Verbandsarbeit tätig sind. Fast jeder Funktionär hat schon entsprechende Schulen und Kurzlehrgänge besucht, die ihm das Rüstzeug für eventuelle Missionen verliehen. Die „besten Jugendfreunde“ waren also mit Kenntnissen ausgestattet, die falsche Diskussionen (im Sinne der FDJ gesehen) vermeiden sollten. Sehr viele Delegierte zum Treffen trugen bereits das Abzeichen der SED. Kurz vor Ostern wurden die etwa einhundert Auserwählten in der Kreisstadt zusammengerufen, um neben organisatorischen Dingen einige Verhaltensmaßregeln in Empfang zu nehmen.

Bei dem Treffen in Erfurt hatten die Teilnehmer, die sich alle an den gleichen richtungsweisenden Finger gebunden fühlten, eine besondere Mission zu erfüllen. Sie verkörperten die Apostel einer Ideologie, die von sich behauptet, Deutschland, Europa und der gesamten Welt das ewige Glück bringen zu können und die sogar die Zukunft der Menschheit mit Parolen und Transparenten weissagen möchte. Um einer Ideologie, ganz gleich, um welche es sich handelt, den Weg zum Bewußtsein der Menschen zu ebnen, schaltet man das selbständige Denken und Handeln aus. Alle Bestrebungen zu einer freien Meinungsäußerung können die Existenz einer Ideologie untergraben. Deshalb versucht man, aus allen Menschen kleine Rädchen zu zimmern, die in dem Getriebe des Staates zusammenlaufen müssen, denn ein Rädchen, welches sich in eine andere Richtung dreht, könnte den gesicherten Arbeitsablauf stören. Das Denken und Handeln und die Ideale der Menschen schneidet man nach einer bestimmten Schablone zu, die es der Ideologie ermöglichen soll, von dem Wesen der Menschen Besitz zu ergreifen.

Die Worte des Funktionärs, der die Ansprache hält, dringen an die Ohren der Delegierten, und sie alle – jahrelang durch eine einseitige Erziehung – auf vorgeschriebene Bahnen gelenkt, nehmen den Auftrag bedenkenlos entgegen:

„Wir müssen die westdeutschen Freunde von der Richtigkeit unserer Auffassung überzeugen ... wir müssen ihnen sagen, daß nur ein Generalstreik ihre Befreiung herbeiführen kann!“
Aus allen Gegenden der DDR kommend, dampften Sonderzüge mit Tausenden Mädchen und Jungen nach Erfurt. In den Straßen der Blumenstadt herrschte ein buntes Treiben. In einer Schule stellten die FDJler ihr Gepäck unter, und bis abends 18 Uhr wurde freier Ausgang erlaubt. Das Essen war reichlich und gut, denn die Teilnehmergebühr am Treffen hatte 7 Mark betragen. Ohne neue FDJ-Kleidung (70 Mark) durfte niemand am Treffen teilnehmen. Geschlafen wurde dann, auch nur kurze Zeit, in den üblichen Massenquartieren und zum geringen Teil in privaten Wohnungen.
Ein Abendbummel durch eine große Stadt wird zumeist erlebnisreich sein, und so war es dem stillen Beobachter vergönnt, in dem nächtlichen Erfurt tiefgehende Eindrükke zu gewinnen. Das wahre Gesicht des Treffens zeigte sich nicht in den Konferenzsälen und an den Rednerpulten – ganz ohne Maske, natürlich und rein, konnte man ihm überall auf der Straße begegnen. Diese nackte Wahrheit der Straßenerlebnisse konnte man nicht in den Zeitungsartikeln und Broschüren finden, hierin las man von der festen Verbundenheit der deutschen Jugend, von dem gemeinsamen Kampf gegen den Atomtod, von den freundschaftlichen Aussprachen und nicht zuletzt von dem einheitlichen Streben und Denken der deutschen Jugend. Die Wirklichkeit empfindet man am besten durch die nüchternen Tatsachen, welche allerdings hinter den Kulissen versteckt gehalten sind. Nicht auf den Redaktionstischen und Rotationsmaschinen sollte das Treffen geboren werden, sondern in der Wirklichkeit unter den Menschen, wo es tatsächlich stattfand.

Oder waren es die vielzitierten „westdeutschen Friedensfreunde“, die als Gäste der Stadt Mädchen und Frauen in oft übelster Weise belästigten? Waren es die „westdeutschen Arbeiterkinder“, die in modernster Kleidung, auf der Straße vorübergehenden FDJlern zuriefen: „Wir grüßen die Arbeiterjugend der DDR!“, worin mit Spott das Gegenteil von dem zum Ausdruck kam, was sie meinten. Angesichts dieser bewußten Störer gelang es sehr wenigen FDJlern, auch nur im entferntesten an ihren Auftrag zu denken. Die Störer waren nicht im Interesse einer kameradschaftlichen Verständigung nach Erfurt gefahren, sie waren nicht gekommen, weil ihnen eine Wiedervereinigung unserer deutschen Heimat am Herzen liegt – sie kamen, weil sie in Erfurt wie Herren empfangen und bewirtet wurden, weil sie über Ostern einmal etwas anderes erleben wollten. Jugendliche aus der Bundesrepublik, die mit offenem Herzen und klarem Verstand nach Erfurt fuhren, die auf der Grundlage einer Meinungsäußerung ihre Gedanken mit denen der FDJler auszutauschen gedachten, gerieten in die bittere Erfahrung, daß bereits die FDJ für sie dachte und handelte. Einen Meinungsaustausch erachtete man nicht als notwendig, da bereits der Verlauf und das Ergebnis des Treffens lange vorher geplant und ausgearbeitet waren. Jeder durfte lediglich in das richtungsweisende Horn blasen, welches während der Ostertage als Symbol über Erfurt hing.

Um dem „Manifest und Gelöbnis der deutschen Arbeiterjugend“ die notwendige Bedeutung zu verleihen, genügte ein Handzeichen, und tausend junge Menschen waren vereinigt im Streben und Kampf. Wenn der Einzelne später seine „Bekanntschaft“ umschlungen hielt, waren alle Sorgen und Ziele der Gemeinschaft vergessen, und das eigene Ich rückte in ein beherrschendes Licht, denn vielleicht liebte dieser Einzelne in jeder Stadt ein anderes Mädchen; vielleicht hob er bei jeder Abstimmung seine Hand, vielleicht schwieg er bei jedem Satz, den man seiner eigenen Überzeugung entgegenhielt – vielleicht war er, gerade er, der echte deutsche Michel. Dieser ließ schon oft andere Leute für sich denken und handeln und bezahlte ebenso oft seine Trägheit recht bitter.

Junge Menschen, welche nachzudenken verstanden, blieben unerkannt und eingeschüchtert, weil die Sache des Denkens dem Handeln der Gemeinschaft zuwiderlaufen könnte. Die Sache der Gemeinschaft bleibt so einigen Be-

rufenen überlassen, die die zustimmenden Hände hinter sich wissen.
Alljährlich um die Osterzeit bringt der Frühling die Natur zum Erwachen und unser großer Dichter Goethe fing das aufblühende Leben mit seinen Versen ein:

„Vom Eise befreit sind Strom und Bäche
durch des Frühlings holden, belebenden Blick.
Im Tale grünet Hoffnungsglück,
der alte Winter in seiner Schwäche
zog sich in rauhe Berge zurück ..."

Wenden wir uns entschlossen dagegen, daß sich unsere schöne deutsche Heimat immer weiter entzweit, daß der Spalt, der unsere Wälder und Städte, Kultur und Sprache zertrennt – nicht in den Herzen der Menschen zu wuchern beginnt.

Vom Eise befreit sind die Herzen der Menschen
durch der Freiheit starke, wissende Macht.
Den Menschen strahlet Friedensglück,
der kalte Krieg mit seiner Hetze
floh durch die Macht des Handelns hinweg.

Der Bericht wurde nur auszugsweise veröffentlicht. Durch „inoffizielle Postkontrolle" war er der Stasi jedoch in vollem Wortlaut bekannt.

Abteilung V/1 *Gera, 23.9.1958*

Zwischenbericht
zum Operativ Vorgang „Hetzer" Reg. Nr. 24/58
angelegt am 17.6.1958.
Am 29.5.1958 wurde durch einen M-Auszug bekannt, daß die Person Haase, Baldur, wohnhaft in Unterwellenborn, Langenschader Straße 16, mit einer Person Marggraf, Rainer, wohnhaft Duisburg, Flottenstraße 55, in brieflicher Verbindung steht. In seinem Briefbericht mit dem Titel: „Auch ein Osterspaziergang" verleumdet H. in übelster Art und Weise den gesamtdeutschen Arbeiterjugendkongreß Ostern 1958 sowie unsere demokratische Ordnung.
...

Am Rand war handschriftlich vermerkt: „Sehr gefährlich!"

Abb. 16: Titelseite der Broschüre „Erfurt – Ostern 1958" des „Wandervogel". Darin war mein Beitrag veröffentlicht worden.
Die handschriftliche Eigentumsnotiz mußte ich in der Untersuchungshaft auf Verlangen von Leutnant Werner Wunder leisten.

Der durch die Bezirksverwaltung Gera des MfS gegen mich eingeleitete „Operativ-Vorgang", bzw. „Untersuchungsvorgang" erstreckte sich bis zu meiner Verhaftung am 13. Januar 1959.

Mein Briefwechsel mit Rainer nahm nach meinem „Erfurt-Bericht", wie ihn die Staatssicherheit bezeichnete, zunehmend politischen Charakter an. Wir tauschten persönliche Meinungen zu den unterschiedlichen Lebensverhältnissen im geteilten Deutschland aus, wobei die Initiative hierzu ebenfalls von mir ausging. Sogar ans strittigste und für mich, wie sich herausstellen sollte, gefährlichste Thema jener Zeit, den Kalten Krieg, wagten wir uns heran. Sozialismus/Kommunismus oder Kapitalismus? Das war die große Frage.
Nun war es keineswegs so, daß ich in meinen politischen Ansichten, beeinflußt durch westliche Rundfunksendungen und Druckerzeugnisse, nur negative Dinge über das Leben in der DDR erkannt und geschrieben hätte. Ich verschloß meine Augen keineswegs vor den Schattenseiten des Westens, die auch Rainer fairerweise mir gegenüber nicht verschwieg. Drüben gab es Arbeitslose, in der DDR nicht. Wir waren bestrebt, die Bundesrepublik und die DDR sachlich und objektiv zu betrachten und zu vergleichen. Ein Argument, das ihm immer wieder die Feder zu führen schien, war, daß es in der Demokratie, in der er lebe, größere persönliche Freiheiten gäbe. In der DDR und den anderen sozialistischen Staaten unter Führung der Sowjetunion herrschten Diktaturen mit totalitärem Charakter. Um unsere Briefdiskussion zu beleben, kündigte er an, mir ein Buch zu schicken, einen utopischen Roman, den ein Engländer kurz nach dem Zweiten Weltkrieg veröffentlicht habe.

George Orwells Roman „1984"

Am 28. Mai brachte mir der Postbote ein „Westpäckchen", das ich mit der Begierde aufriß, die für DDR-Bürger typisch war. Darin fand ich, in Packpapier eingewickelt, das von Rainer angekündigte Buch:

George Orwell
1984
EIN UTOPISCHER ROMAN
Diana Verlag Konstanz Stuttgart
sechste Auflage 1957

Darin war eine handschriftliche Widmung: „Zur Erinnerung an unsere Erfurter Begegnung. Dein Rainer. Duisburg 22.5.1958“

George Orwell? Noch nie hatte ich den Namen gehört. Der Roman faszinierte mich, und ich legte ihn erst wieder aus der Hand, nachdem ich die ganze Geschichte gelesen hatte.

Im Jahre 1984, also in 26 Jahren, würde die Welt nach einem verheerenden Krieg in drei große, sich feindlich gegenüberstehende Superstaaten aufgeteilt sein. Einer davon ist *Ozeanien* – England mit seiner Hauptstadt London als Zentrum. Es herrscht ein totalitäres Regime, und der Diktator heißt *Big Brother,* der Große Bruder. Die Gesellschaft ist in drei Gruppen geteilt: in die *Äußere* und die *Innere Partei* und die *Proles*, das gemeine Volk. *Winston Smith* ist Parteimitglied und Angestellter im *Wahrheitsministerium,* wo er schlechte Nachrichten in gute zu verwandeln hat. (Ähnliches kannte ich aus den Berichterstattungen unserer Medien, die nur „Erfolgsmeldungen“ verbreiteten.)

Eine Privatsphäre gibt es nicht. Auch Smith wird in seiner Wohnung ständig von einem *Televisor* überwacht. Eine schrille Stimme erteilt ihm Befehle, was er zu tun oder zu lassen hat. Trotzdem wagt er es, heimlich ein Tagebuch zu führen und verliebt sich in das Mädchen *Julia*, eine Parteigenossin und ebenfalls in einem Ministerium beschäftigt. Doch sie müssen auf der Hut sein vor der *Gedankenpolizei* des Diktators, die überall ihre Spitzel hat. Auch Liebe und Sexualität sind verbotene Dinge.

Sie beschließen, etwas gegen den Großen Bruder zu unternehmen und verbünden sich mit dem vermeintlichen Führer einer Widerstandsgruppe. Doch dieser, *O'Brien*, ein hoher Parteifunktionär, arbeitet für die *Gedankenpolizei*. Auch der Ladenbesitzer *Charrington*, bei dem sie in einem Londoner Vorort ein Zimmer für ihre konspirativen Beratungen und Liebesstunden gemietet haben, ist ein Mitarbeiter dieses Terrorinstruments. Hier schnappt eines Tages die Falle zu. Nach unsäglichen Folterungen, die *O'Brien* persönlich leitet, ist *Winston* zu dem geworden, was beabsichtigt war: zu einem gebrochenen, willenlosen Objekt ohne eigene Meinung, einem Roboter ähnlicher als einem Menschen.

Die Partei hat immer recht, auch wenn sie sagt, daß zwei mal zwei gleich fünf ist. Er hatte den Sieg über sich selbst errungen. Er liebte den Großen Bruder.
(George Orwell: 1984)

Der Roman weckte in mir Erinnerungen an die Zeit im Lehrkombinat und meine Liebe zu Iris. Meine Sympathie für das Orwellsche Liebespaar wuchs, denn ich bildete mir ein, ähnliche Erfahrungen gemacht zu haben. Mit etwas Neid dachte ich daran, daß es beiden, im Gegensatz zu Iris und mir, vergönnt gewesen war, miteinander zu schlafen.

Winston wurde zu meiner literarischen Leitfigur, zu einem Vorbild, dem ich nacheiferte. Mit meinen Berichten, die ich unaufgefordert an Rainer schickte, begab ich mich bewußt in den Untergrund des Kampfes gegen die Diktatur unseres Großen Bruders Ulbricht. Schließlich war ich wie besessen von der Idee, ein Widerstandskämpfer wie *Winston* zu werden, nur mit dem Unterschied, daß ich noch keine *Julia* gefunden hatte. Mit einer gleichgesinnten FDJ-Sekretärin an meiner Seite hätten meine Aktionen mit Orwells Geschichte fast völlig übereingestimmt.

Am 29. Mai 1958 schrieb ich an Rainer einen Brief, in dem ich mich für das Buch bedankte.

> Lieber Rainer!
> Gestern erhielt ich das Buch „1984“ mit großer Freude. Meinen besten Dank dafür. Die Zollbehörden hatten das Päckchen nicht geöffnet, und so durfte ich es unversehrt in Empfang nehmen, was mir im Falle einer Kontrolle nicht vergönnt gewesen wäre. ...
> Schiller sagt in seiner „Glocke“:
>   „Wo rohe Kräfte sinnlos walten
>   kann sich kein Gebild gestalten“
> Wenn solche Kräfte herrschen, kann sich auch die Wahrheit nicht entwickeln. Zuhause darf ich westliche Druckerzeugnisse lesen, aber sobald ich diese verborge, anderen zeige oder davon erzähle, werde ich wegen „Verleumdung“

und „imperialistischer Propaganda“ zur Verantwortung gezogen. Mir blühen dann bis zu fünf Jahre Zuchthaus. ... in der eigenen Wohnung darf ich sogar den RIAS hören, aber ich darf seine Meldungen nicht in die Öffentlichkeit tragen. Ich kenne selbst einige Menschen, die wegen derartiger Vergehen ins Zuchthaus kamen. ...

Gedankenverbrechen nannten sie es.
Gedankenverbrechen konnte man auf
Dauer nicht geheim halten.
(George Orwell: 1984)

Mich hatte eine regelrechte Schreibwut gepackt, mit der ich mir Luft zu machen versuchte. Es befriedigte mich, und ich fühlte mich befreit, wenn ich damit etwas gegen die Partei und den diktatorischen Staat unternehmen konnte. Für mich war es eine Art Spiel, verbunden mit einem Nervenkitzel, dessen Gefährlichkeit ich verdrängte.

Orwells Roman war für mich ein Leitfaden geworden. Wenn ich die Verhältnisse im fiktiven totalitären Staat *Ozeanien* mit denen in der DDR verglich, stellte ich immer wieder Ähnlichkeiten und Parallelen fest. Es gab hier wie dort die Partei, nach deren Pfeife alles zu tanzen hatte, die bestimmte, was gedacht, gesagt und geschrieben werden durfte. Die Partei, die von sich behauptete, im Besitz der einzigen Wahrheit zu sein. Wer sich nicht daran hielt, beging *Gedankenverbrechen*.

Hier wie dort wurde eine Massenhysterie geschürt und kollektiver Haß erzeugt. Da mußten in *Ozeanien* (wie in der DDR) die Untertanen bei riesigen Kundgebungen und Demonstrationen mit Transparenten, Spruchbändern und Hurrarufen an den auf ihren Ehrentribünen gnädig winkenden Parteiführern und Staatsmännern vorbeimarschieren und ihnen huldigen. Da waren Militärparaden, ebenso wie in der Hitlerzeit, bei denen Panzer und Kanonen zur Schau gestellt wurden.

Da war überall die Propaganda, die alles anders darstellte als es in Wirklichkeit war. Ich war überzeugt davon, wenn Ulbricht eines Tages behauptet hätte, eine Wiese sei nicht grün, sondern blau, wäre es bei Strafe verboten gewesen, dieser These zu widersprechen.

U'born, *den 2. Juni 58*

Lieber Rainer,

Dein Buch „1984" habe ich schon mit Begeisterung gelesen, und ich bin froh, daß ich endlich einmal Gelegenheit habe, Zeilen zu lesen, die eine andere Meinung über die menschliche gesellschaftliche Entwicklung vertreten, als uns tagtäglich eingetrichtert wird. Das selbständige logische Denken und eine freie Meinungsbildung ist doch nur dann garantiert, wenn man eine Theorie von verschiedenen Gesichtspunkten aus betrachten kann. Nur der eigenen Entscheidung soll es überlassen bleiben, ob man die Theorie für richtig hält oder nicht. ...

Sehr gut kommt in „1984" (und dazu gut verständlich) zum Ausdruck, daß es auch in der sogenannten klassenlosen Gesellschaft verschiedene Schichten in der Bevölkerung gibt. Man merkt auch hier in der DDR, daß sich mit dem Aufbau des Sozialismus zwei Schichten von den Arbeitern absondern: die Intelligenz und die höheren Parteigenossen. ...

Ich versuche, in meiner Funktion ein Mensch zu bleiben, will kein Roboter werden, Thesen aufleckend, welche man ständig vorgekaut bekommt. Nun wird mir immer stärker bewußt, daß es eine leichte Sache ist, an eine Ideologie zu glauben, weil man dazu den eigenen Grips nicht braucht, da ja alles in Büchern steht – in denen von Marx, Engels und Lenin. Ich möchte so manchen Funktionär charakterisieren: O, wie klein ist doch dein Horizont! Einigen fällt die Misere nicht auf, andere wagen keine Äußerung, da jede Art Ventil hinter „schwedische Gardinen" führen kann.

Dein Baldur

Die Ermittlungen werden ernst

Nichts in Ozeanien ist leistungsfähig,
außer der Gedankenpolizei.
(George Orwell: 1984)

Am 5. Juni 1958 erstellte die MfS-Kreisdienststelle Saalfeld einen von Unterleutnant Schink unterzeichneten „Zusam-

Abb. 17: Umschlag des Buches, das die Stasi bei der Hausdurchsuchung als „Beweismittel" beschlagnahmte. In der U-Haft wurde von mir verlangt, dazu folgende Bestätigung zu schreiben: „Das Buch ‚1984' habe ich von Marggraf erhalten und in meiner Wohnung aufbewahrt."

menfassenden Bericht", in dem es heißt, daß ich in dringendem Verdacht stehe, mich der Verbrechen nach den Paragraphen 15 (Sammlung von Nachrichten) und 19 (Staatsgefährdende Hetze) des Strafrechtsergänzungsgesetzes schuldig gemacht zu haben.

Das Gesetz zur Ergänzung des Strafrechts – Strafrechtsergänzungsgesetz – (StEG) wurde am 11. Dezember 1957 von der Volkskammer der DDR verabschiedet und diente den Machthabern der SED-Diktatur über den bisherigen Artikel 6 (Boykotthetze) der DDR-Verfassung vom 7. Oktober 1949 hinaus zur Verfolgung und Bestrafung politischer Delikte und damit jedweder oppositioneller und widerstandsartiger Bestrebungen und Handlungen.

Der Generalstaatsanwalt der DDR, Ernst Melsheimer (1897–1960), als Nazi-Jurist 1941 vom Reichskanzler und Führer Adolf Hitler mit dem Treuedienst-Ehrenzeichen 2. Stufe ausgezeichnet, sagte in seinem Referat während einer Arbeitstagung von Justizfunktionären:

> Das Gesetz wird einen entscheidenden Beitrag dazu leisten, unsere Bürger zu einem noch höheren sozialistischen Bewußtsein, zu noch größerer Wachsamkeit und Kampfentschlossenheit gegen die Kriegstreiber zu führen. ...

Im weiteren Verlauf seiner Rede bezeichnete er es als „mustergültiges Gesetzeswerk“, das einmal für die Gesetzgebung eines einheitlichen Deutschlands bestimmend sein wird. (Zeitschrift NEUE JUSTIZ 2/12. Jahrgang, Berlin 1958)

Ich hatte gegen mehrere Paragraphen verstoßen:

> Sammlung von Nachrichten (§ 15 StEG):
> Wer Nachrichten, die geeignet sind die gegen die Arbeiter-und-Bauern-Macht oder andere friedliebende Völker gerichtete Tätigkeit der in § 14 genannten Stellen und Personen zu unterstützen, für sie sammelt oder übermittelt, wird mit Zuchthaus bis zu zehn Jahren bestraft.
> Staatsgefährdende Propaganda und Hetze (§ 19 StEG):
> (1) Wer gegen die Arbeiter-und-Bauern-Macht hetzt, gegen ihre Organe, gegen gesellschaftliche Organisationen oder einen Bürger wegen seiner staatlichen oder gesellschaftlichen Tätigkeit oder seiner Zugehörigkeit zu einer staatlichen Einrichtung oder gesellschaftlichen Organisation hetzt, Tätlichkeiten begeht oder sie mit Gewalttätigkeiten bedroht, wird mit Gefängnis nicht unter drei Monaten bestraft. Der Versuch ist strafbar.

> (2) Ebenso wird bestraft, wer Schriften oder andere Gegenstände mit einem derartigen Inhalt herstellt oder mit dem Ziel der Hetze einführt oder verbreitet.
> (3) In besonders schweren Fällen, insbesondere wenn die Tat im Auftrage der in § 14 (Spionage) genannten Stellen oder Personen oder wenn sie planmäßig begangen wird, ist auf Zuchthaus zu erkennen.

Im „Zusammenfassenden Bericht“ stand zu lesen:

> ... H. ist ein Feind der Partei und der Deutschen Demokratischen Republik. Das Ziel der Bearbeitung muß sein, ihn der Feindtätigkeit zu überführen und offizielle Beweismittel zu beschaffen. ...
> In der weiteren Perspektive ist geplant, nachdem uns durch die Abteilung M weitere Briefe von H. zugestellt werden, in denen er weiter gegen die Deutsche Demokratische Republik hetzt, offizielle Postkontrolle durch den Staatsanwalt einzuleiten, um somit juristisches Beweismaterial zu erhalten. ...

Da sich die DDR nach außen hin demokratisch gab und in der Verfassung das Postgeheimnis gewahrt war, konnten durch die vom MfS selbst so bezeichneten Funde aus „inoffiziellen Postkontrollen“ der Abteilungen „M“ den Gerichten nicht als Beweismittel vorgelegt werden. Deshalb trachtete das MfS danach, offizielles Beweismaterial zu erhalten.

Im Bericht wird weiterhin festgestellt, daß ich an Rainer Marggraf in Duisburg auch einen Artikel unter der Überschrift „Auch ein Osterspaziergang“ verfaßt hatte, in dem ich auf übelste Art und Weise den Gesamtdeutschen Arbeiterjugendkongreß und die demokratische Ordnung in der DDR verleumden würde.

Es folgt eine 14 Punkte umfassende Aufstellung „Operativer Maßnahmen“, die am 5. Juni 1958 gegen mich eingeleitet wurden, die unter anderem beinhalten:

> ... Aufklärung der genauen Personalien des Absenders beim VPKA Saalfeld ...
> ... Überprüfung der Kreisdelegation Saalfeld und Pößneck, welche am Arbeiterjugendkongreß in Erfurt teilnahm, um

> somit in Erfahrung zu bringen, wie H. mit den westdeutschen Jugendlichen in Kontakt kam. Welche inoffiziellen Mitarbeiter waren in der Gruppe, die es zu befragen gilt?
> ... Genaue Überprüfung der Republikfluchtkartei beim VPKA Saalfeld, um festzustellen, ob der Empfänger M. in Westdeutschland ein ehemaliger Bürger der DDR war ...
> ... Genaue Aufklärung der Person H. in Unterwellenborn: Mit welchen Personen hat er Verbindung und wie sind diese zu unserer Republik eingestellt? Wie arbeitet H. im politischen Leben und wie tritt er als FDJ'ler auf?
> Wie erfüllt er seine Aufgaben als FDJ-Sekretär und gab es Anzeichen von negativen Diskussionen?
> ... Welche Verbindungen unterhält H. nach Westdeutschland oder Westberlin? War H. im Auftrag der FDJ im Westeinsatz?
> ... Genaue Aufklärung der Eltern des H.
> ... Anschreiben an die Hauptverwaltung V/6 zwecks Einschätzung des Buches „1984" durch das Institut für Zeitgeschichte, um uns diesbezüglich eine Einschätzung über den politischen Charakter dieses Buches zu geben.
> ... Zur Aufklärung der Person des H. wird der GI „Franz" und GI „Neuerer" eingesetzt. Mit Rücksprache des Genossen Unterleutnant Hopfe von der KD Saalfeld erhielten bereits diese inoffiziellen Mitarbeiter entsprechende Aufträge. ...
> (Schink) U.-Leutnant, einverstanden: (Illig), Leutnant

Ein Vorgesetzter vermerkte am 17.6.58 handschriftlich dazu:

> Ihre vorgeschlagenen Maßnahmen sind richtig, jedoch wurde die Arbeit mit GI zu wenig berücksichtigt. Es ist notwendig, einen oder auch zwei GI an den H. heranzuführen und die Einführung abzuschließen. Die Schaffung von Beweismaterialien ist sehr wichtig ...

Welche inoffiziellen Mitarbeiter neben meinem Schwager, dem GI „Otto Oelmann", auf mich angesetzt waren, konnte ich aus meinen Stasiakten nicht eindeutig entnehmen.

Häufig Kontakt suchte in jener Zeit und nach meiner Haftentlassung jedoch ein Hubertus M. mit mir, dessen Vater mir in den Akten als GI „Kumla“ begegnete.

Am 19. Juni 1958 feierte ich im Kreis meiner Eltern, meiner Schwester und meines Schwagers meinen 19. Geburtstag. In der Runde erzählte ich, daß ich gestern von Rainer einen Brief erhalten hätte, in dem er mich einlud, ihn während der Sommerferien zu besuchen. Sein Vater, ein Berufsschullehrer, wollte im August mit einer Schülergruppe für zwei Tage zur Weltausstellung nach Brüssel fahren und mich auf seine Kosten mitnehmen, wenn ich nach Duisburg kommen könnte.

„Das wäre toll“, sagte ich. „Unsere Polizei muß ja nicht erfahren, daß ich von Westdeutschland aus ins Ausland reisen will.“

Mein Schwager runzelte die Stirn und verbarg sein Gesicht hinter der Zeitung. Er schien meine Begeisterung nicht zu teilen, und ich vermutete, er sei neidisch, weil ich schon zweimal in den Westen gefahren war und er noch nie.

Daß er als Geheimer Mitarbeiter des MfS aus „Sicherheitsgründen“ nicht privat in die Bundesrepublik reisen durfte, wußte ich damals noch nicht.

Eine Stunde später, allein in meinem Zimmer, schrieb ich einen Antwortbrief, in dem ich mich für die Einladung bedankte und ausdrückte, daß ich mich sehr freute.

Das Jugendforum

Einen unpassenden Ausdruck im Gesicht zu zeigen (zum Beispiel ungläubig dreinzuschauen, wenn ein Sieg verkündet wurde) war jedenfalls schon an sich ein strafbares Vergehen.
(George Orwell: 1984)

Am Tag der Geburtstagsfeier beendete ich meine kurze Karriere als ehrenamtlicher FDJ-Funktionär mit einer Blamage. Gemeinsam mit anderen Jugendfreunden war ich in den Kulturpalast des VEB „Maxhütte“ beordert worden.

Genosse Professor Dr. Georg Mende von der Sektion Marxismus-Leninismus der Friedrich-Schiller-Universität Jena hielt einen Vortrag, der mit einer aufwendigen Propagandaaktion angekündigt worden war. Die Zeitungen hatten es abgedruckt, im Ort hingen zahllose Plakate, und Junge Pioniere verteilten an die Einwohner Handzettel.

Der Professor sprach zum Thema: „Hat ‚Sputnik Drei' auf seinen Runden bereits den lieben Gott gefunden?"

Die Sowjetunion hatte den Erdsatelliten am 15. Mai 1958 mit einer Trägerrakete in den Weltraum geschossen.

Ich war in eine FDJ-Ordnungsgruppe eingeteilt und sollte auf mögliche Störenfriede achten und ihnen, wenn es notwendig wäre, das Handwerk legen. Lothar, unser FDJ-Boß, wie ich ihn heimlich nannte, hatte uns bei der dienstlichen Einweisung darauf hingewiesen, daß es noch Jugendliche gäbe, bei denen das sozialistische Bewußtsein unterentwickelt sei. Manchen sei es noch nicht gelungen, sich von ihrer idealistischen Weltanschauung zu lösen und den Marxismus-Leninismus zu ihrem Leitziel zu machen. Er spielte damit wohl auf die Sympathisanten und Mitglieder der Jungen Gemeinde an, die unter dem Dach der evangelischen Kirche ihre Heimstatt gefunden hatten.

Nach dem Vortrag des Referenten, der die Erfolge der sowjetischen Raumfahrt gepriesen hatte, die es ja zweifellos gab, regte sich erster Widerspruch im Publikum.

Ein junger Pfarrer, der allein wegen seines Bartwuchses um Wangen und Kinn keine fortschrittliche Gesinnung haben konnte, stellte die Thesen des Professors infrage, der mit Argumenten operiert hatte wie: es gäbe keinen lieben Gott, sonst hätte er den Sputnik schon längst gepackt und auf die Erde zurückgeschmettert. Der Theologe, schließlich auch ein studierter Mann, erwiderte, daß die Kirche die Existenz Gottes freilich nicht beweisen könne und dies auch gar nicht wolle. Christen glaubten auch so an Gott. Die Anhänger des Materialismus könnten allerdings auch nichts anderes tun, als an ihre Lehren zu glauben, denn stichhaltige Beweise, daß Gott nicht existiere, blieben sie ebenso schuldig. Warum sollte der Allmächtige den Sputnik auf die Welt schmeißen, die er erschaffen habe? Womöglich habe er sich um wichtigere Dinge zu kümmern als um einen in seinen Augen vielleicht lächerlichen Blechkasten.

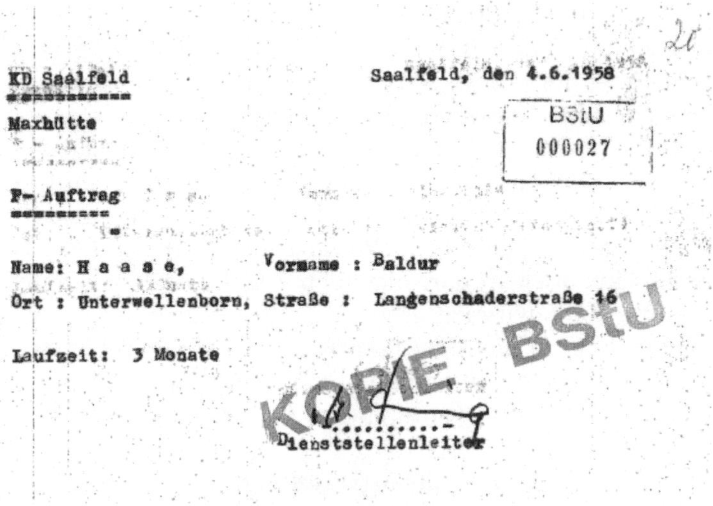

KD Saalfeld

Maxhütte

Saalfeld, den 4.6.1958

F- Auftrag

Name: H a a s e, Vorname : Baldur

Ort : Unterwellenborn, Straße : Langenschaderstraße 16

Laufzeit: 3 Monate

Dienststellenleiter

Abb. 18: F-Auftrag bedeutete „fotografische Dokumentation". Welche Fotos die Stasi von mir in Auftrag gab, war aus meinen Akten nicht ersichtlich.

Ich blickte zu Lothar, der an der Wand neben dem Kleiderständer lehnte, von wo aus er wahrscheinlich einen besseren Überblick hatte, bemerkte aber keine Handbewegung, aus der ich einen Befehl zum Eingreifen hätte ablesen können. Lediglich sein Gesicht war gerötet.

„Weitere Fragen?" rief der Professor, und ich hob den Arm in der Hoffnung, Licht in eine Ungewißheit zu bringen, die mich seit längerem bewegte. Dabei widersprach es meiner charakterlichen Veranlagung, vor einer größeren Menschenmenge den Mund aufzumachen und deren Aufmerksamkeit auf mich zu lenken. Schon bei einem Gedanken daran begann mein Herz bis zum Hals hinauf zu schlagen. Nun rebellierte es seltsamerweise nicht, dabei hatte ich mir nicht etwa Mut angetrunken.

„Genosse Professor", fragte ich, „wird es dereinst, wenn der Kommunismus auf der ganzen Welt gesiegt haben wird, noch Kirchen geben? Was wird aus den großen Weltreligionen: dem Christentum, dem Islam, dem Buddhismus?"

Bei seiner Antwort wäre ich am liebsten im Boden versunken. Auf eine derart provokative Frage, die von einem ideologischen Abgleiten, wenn nicht gar einer negativen Haltung gegenüber der Politik von Partei und Regierung zeuge, würde er nicht näher eingehen.

Nun bekam ich einen ebenso roten Kopf wie Lothar. Zu meinem Nachbarn sagte ich, daß ich zur Toilette müßte und machte mich noch vor Ende der Veranstaltung aus dem Staub. Damit entging ich einem Wutausbruch Lothars. Zum Glück ergab sich auch in der folgenden Zeit keine Möglichkeit für ihn, mir die Leviten zu lesen, denn die Ferien begannen. Außerdem konnte ich wegen eines bevorstehenden Wohnortwechsels ordnungsgemäß und mit einer Begründung, die nicht angefochten werden konnte, meine Mitarbeit als FDJ-Funktionär kündigen.

Dem Bericht eines Stasispitzels habe ich es jedoch zu verdanken, daß ich mich fünfunddreißig Jahre später beim Studium meiner Akten an diesen Vorfall erinnerte. Zu dieser Zeit war ich jedoch offenbar bereits so tief in meine anderen *Gedankenverbrechen* verstrickt, daß der Ausrutscher ohne nachteilige Folgen für mich blieb. Beim Nachdenken über meine spontane Frage hätte mir bewußt werden müssen, daß ich diese sicherlich der Lektüre des Buches „1984“ mit zu verdanken hatte.

Die Anzeige des Schwagers

Das Familienleben war in Wirklichkeit zu einer Erweiterung der Gedankenpolizei geworden, zu einem Mittel, um jedermann Tag und Nacht von intim vertrauten Angebern bespitzeln zu lassen.
(George Orwell: 1984)

Am Tag nach der Geburtstagsfeier meldete sich mein Schwager bei MfS-Unterleutnant Hopfe im VEB Maxhütte. Dieser fertigte über die Unterredung ein Protokoll an.

Op. Gruppe Maxhütte *U'born, 20.6.58*

Eigenbericht zum Treff mit GI „Oelmann“

am 20.6.58, 7.00 – 7.30 Nähe Gorndorf
Heute wurde der GI kurz getroffen, weil er Unterzeichneten etwas mitteilen wollte.
Er betonte, daß es sich um seinen Schwager Baldur Haase, wohnhaft in U'born handelt. Der GI bat Unterzeichneten, wenn möglich sollen wir verhindern, daß sein Schwager einen IP nach WD [Internationaler Paß nach Westdeutschland, B.H.] erhält. Wie ihm bekannt wurde, will dieser noch in diesem Jahr nach WD fahren. Der GI sagte, daß ihm die ganze Angelegenheit noch sehr komisch vorkommt und sein Schwager undurchsichtige Verbindungen in WD unterhält. Diese Verbindung hat er in Erfurt beim Jugendtreffen in diesem Jahr aufgenommen. Von WD aus schickt man seinem Schwager immer Zeitschriften und Artikel, die nicht in Ordnung sind. Desweiteren wurde ihm bekannt, daß sein Schwager zu Pfingsten in Berlin gewesen sein soll. Was er dort machte, ist ihm nicht bekannt. Nach WD würde er jedes Jahr fahren, wo er dort größere Reisen unternimmt und Kontakte knüpft.
Z. Zt. arbeitet er als FDJ-Sekretär in der Abziehbilderfabrik in Saalfeld und war vorher in Pößneck. Der GI betonte, daß er mir beim nächsten Treff mehr erzählen wollte, da er heute wenig Zeit hätte. Auf alle Fälle sollen wir versuchen, daß sein Schwager nicht nach WD fährt. Weiter betonte er, daß wir die Sache nicht so tragisch nehmen sollen, da sein Schwager noch sehr jung ist und politisch nicht wisse was er wolle.
Dem GI wurde über seinen Schwager vorläufig kein Auftrag gegeben, bevor die Angelegenheit nicht mit der Abteilung V abgesprochen ist.
Neuer Treff findet in der nächsten Woche durch Anruf statt.
Vermerk: Es kann ohne weiteres gesagt werden, daß der GI ehrlich ist, sonst hätte er nicht von sich aus über seinen Schwager berichtet. Mit seinem Schwager steht er sonst in einem guten Kontakt.
(Hopfe)
Unterleutnant

Die Behauptung meines Schwagers, ich würde jedes Jahr in den Westen fahren und dort „Verbindungen“ knüpfen, stimmte nicht. Aber die Anzeige war für die Stasi Anlaß, bei der Abteilung Paß- und Meldewesen beim VPKA (Volkspolizei-Kreisamt) Saalfeld durchzusetzen, daß mein Antrag auf eine Reiseerlaubnis abgelehnt würde. Diese Anweisung bezog sich auch auf meinen Bekannten
, der ebenfalls schon Verwandte in der Bundesrepublik besucht hatte und wieder eine Reise plante. Mit ihm, der im Lehrkombinat „Heinz Kapelle“ Buchbinder gelernt hatte, verband mich in dieser Zeit ein kollegiales Verhältnis, obwohl unsere politischen Ansichten immer gegensätzlicher wurden. Unter dem Eindruck des Buches „1984“ bemühte ich mich kaum noch, an der DDR etwas Positives entdecken zu wollen.

> Aktenvermerk
> Am 15.7.58 wurde festgelegt, daß die PM 12 über Haase Baldur und (XXX) gesperrt wird. Als Begründung wurde angegeben, daß beide Funktionäre der FDJ sind und der Verdacht besteht, daß beide die DDR illegal verlassen wollen. Sollten sie einen Antrag stellen, so wird die KD Saalfeld sofort verständigt.
> (Schink), U-Ltn.

Ende Juli radelte ich nach Saalfeld, um mir beim Volkspolizei-Kreisamt meine Reisepapiere abzuholen. Zuversichtlich und in der Annahme, mit einem Bein bereits in Brüssel zu stehen, reichte ich dem Sachbearbeiter meinen Ausweis. Er öffnete eine Mappe, die er meinen Blicken entzog.

„Ihre Reise ist abgelehnt“, sagte er in einem Tonfall wie der Gemüsehändler nebenan, bei dem sich jemand vergeblich nach Apfelsinen erkundigt.

„Warum darf ich nicht fahren?“ fragte ich so laut, daß ich selbst erschrak. Der Polizist sah mich nur böse an.

„Das ist aber schade“, sagte ich sofort leiser. Er winkte, ein Zeichen für mich, wegzutreten. „Der Nächste!“ hörte ich ihn noch rufen. Einer, der vielleicht mehr Glück hatte als ich.

Nach der abgelehnten Westreise steigerte sich meine Verärgerung über den Staat und seine Machtorgane noch mehr. In Orwells Roman hatte ich gelesen, daß *Winston Smith* ein verbotenes Tagebuch führte. Wenn die *Gedankenpolizei* des *Großen Bruders* davon erfahren würde, hätte womöglich seine letzte Stunde geschlagen. Im günstigsten Fall könnte er mit 25 Jahren Arbeitslager rechnen.

Ich kaufte mir im Schreibwarengeschäft ein Poesiealbum, wie es Schulmädchen benutzen, und sagte zu der Verkäuferin, die sich darüber wunderte, daß ich es meiner kleinen Schwester zum Geburtstag schenken würde.

Das Büchlein schien mir ausgezeichnet zur Tarnung geeignet zu sein. Niemand würde zwischen diesen Buchdeckeln eine Kampfansage gegen die Diktatur Ulbrichts vermuten.

Den Seiten vertraute ich kurze, aber, wie ich meinte, prägnante politische Bemerkungen an, die mir immer einfielen, nachdem ich etwas erlebt und beobachtet hatte. Mit politischen Witzen versuchte ich, das Ganze noch interessanter zu machen. Dabei war mir bewußt, daß ich die Aufzeichnungen vorerst geheim halten mußte, aber ich hatte ja meinen ursprünglichen Plan, eines Tages in den Westen abzuhauen und von dort vielleicht nach Übersee auszuwandern, noch nicht aufgegeben. Zuvor wollte ich mich in meinem Beruf vervollkommnen, denn man mußte etwas können, wenn man die Absicht hatte, in die Fremde zu ziehen. Das Buch versteckte ich hinter einem Bretterverschlag auf unserem Heuboden, wo es bestimmt niemand finden würde.

Meine ersten Eintragungen waren Berichte über das Jugendforum und die abgelehnte Westreise.

GI „Otto Oelmann“ bringt den Stein ins Rollen

Objektgruppe Maxhütte *U'born, den 8.7.58*

Eigenbericht zum Treff mit GI „Otto Oelmann“
am 8.7.58 10.00 – 10.45 Uhr Saalfeld
Nach vorheriger Vereinbarung wurde heute mit dem GI ein Treff durchgeführt. Ziel des Treffs sollte sein, daß der GI einiges erzählt über seinen Schwager, daß er nochmals die Hinweise, die er beim letzten Treff von sich aus Unter-

zeichneten erzählte etwas konkretisiert.
Betr. Baldur Haase (Schwager des GI) berichtete er folgendes, nachdem Unterzeichneter ihm sagte, daß er beim letzten mal etwas genauer erzählen wollte und er doch heute mal einiges sagen kann. Unterzeichneter machte ihm gegenüber den Eindruck, wie mit Gen. Lässig [Offizier bei der BV des MfS, B.H.] vereinbart, als ob die Sache nicht ganz so schlimm wäre.
Er erzählte folgendes: Sein Schwager hätte beim Jugendtreffen in Erfurt in diesem Jahr Personen kennengelernt, die ihm laufend Literatur schicken. Es soll sich um Lehrlingszeitungen handeln, die den Namen Grube oder Lampe tragen. Es handelt sich bei den Personen um solche die im Bergbau tätig sein müssen. In den Zeitungen sollen u.a. die Löhne für die dortigen Bergbaulehrlinge stehen, die höher lägen als bei uns, so z.B. für einen Lehrling im ersten Lehrjahr 235,- DM monatlich.
Der GI ist der Meinung, daß sein Schwager durch solche Literatur sehr beeinflußt wird. Er bringt zum Ausdruck, daß ihm der ganze Schwindel (gemeint ist die Verbindung seines Schwagers) nicht gefällt.
In gesellschaftlicher Hinsicht ist sein Schwager FDJ-Sekretär und gondelt viel in der Gegend rum. Am meisten ist der GI dran interessiert, daß sein Schwager keine Genehmigung für eine Westreise erhält, denn er würde so schon viel in der Gegend rumfahren und man wüßte nie wo er hingeht.
Zur Einschätzung seines Schwagers betont der GI, daß dieser eine große Leidenschaft hat für das Schreiben. Er schreibt Kurzgeschichten usw. Der GI hat Bedenken, daß er durch solche Verbindungen nach Westdeutschland auch mal einen Artikel für drüben schreibt und dann reinrasselt. Dem GI ist bekannt, daß er schon Kurzgeschichten und ähnliche Dinge geschrieben hat, allerdings weiß der GI nicht ob er schon für drüben welche schrieb.
Weiterhin ist dem GI bekannt, daß sein Schwager umfangreiche Verbindungen in die ganze Welt hat, nach Indien, Vietnam, Brasilien usw. auf der Grundlage des Briefmarkentausches. Er, der GI, hat schon einige Briefe aus dem

Englischen übersetzt und betonte, daß diese persönlich geschrieben sind. ...

Kein „Stift“ mehr

Im Sommer beendete ich meine Lehrzeit. Nachdem ich die theoretischen und praktischen Abschlußprüfungen bewältigt hatte, erhielt ich das Facharbeiterzeugnis als „Abziehbilderdrucker“ überreicht. Damit hatte sich zwar mein ursprünglicher Wunsch, einmal Bücher und Zeitschriften herstellen zu können, nicht sogleich erfüllt, aber schließlich hatte ich mir die grundlegenden beruflichen Kenntnisse und Fertigkeiten eines Offsetdruckers angeeignet, so daß ich in einem entsprechenden Betrieb eine Anstellung finden würde.

In diesen Tagen rief mich unverhofft der Kaderleiter ins Büro und fragte, ob ich Lust hätte, nach Leipzig zu gehen, um dort im Hauptwerk zu arbeiten. Ein junger Kollege habe sich zum freiwilligen Ehrendienst bei der Nationalen Volksarmee verpflichtet. Sein Arbeitsplatz müsse unbedingt besetzt werden, und da habe man an mich gedacht. Leipzig reizte mich. Es bot sich die Gelegenheit, aus dem dörflichen Milieu herauszukommen, Neues kennenzulernen und mir den Wind der Großstadt um die Nase wehen zu lassen. Schließlich war ich alt genug, um mich vom Elternhaus abzunabeln und meine eigenen Wege zu gehen. Die Stadt konnte vielleicht ein Sprungbrett für mich in den Westen werden.

Insgeheim hoffte ich auch auf den Zufall, der mir hier meine davongelaufene Iris wieder in die Arme schicken könnte.

Ich nahm mir vor, mich nicht wieder überreden zu lassen, politische Funktionen anzunehmen.

Währenddessen liefen hinter den Kulissen die Ermittlungen gegen mich auf Hochtouren.

Abteilung V/1 *Gera, den 16.7.1058*

Ermittlungsbericht

Betr.: Hase Baldur

Die Ermittlungen wurden im Wohngebiet beim ABV [Abschnittsbevollmächtigter, B.H.] Bürgermeister und Genossen (XXX) durchgeführt. Über die Familie Hase wurde uns

mitgeteilt, daß diese aus der CSR stammen und jetzt im Haus der Jugend in Unterwellenborn wohnt. Der Vater arbeitet in der Maxhütte Unterwellenborn und die Mutter bei der Reichsbahn Bahnhof Unterwellenborn. Baldur hat in Pößneck Schriftsetzer gelernt und war im Betrieb „Heinz Kapelle“. Nach seiner Lehre, die er 1957 abschloß, ging er dann in die Abziehbilderfabrik nach Saalfeld, um sich zum Offsetdrucker zu qualifizieren. Im Wohngebiet sieht man ihn fast niemals, das wird damit begründet, daß er am Tag in Saalfeld arbeitet und er erst Abends nach Hause kommt. Sein Interessengebiet liegt auf dem Gebiet des Briefmarkensammelns. Zu welchen Personen er im Wohngebiet Verbindung unterhält, konnte nicht in Erfahrung gebracht werden. Es ist nur bekannt, daß er zu dem republikflüchtigen (XXX), welcher zu der Sekte Zeugen Jehova gehörte, und sich jetzt in Westdeutschland aufhält, Verbindung hat. Nach Aussagen des ABV soll dieser zu Besuch bei der Familie in Westdeutschland gewesen sein. Am 12.7.58, so berichtet der Bürgermeister, wäre H. mit einer unbekannten Person im Kulturpalast der Maxhütte gesehen worden. Bei dieser Person handelt es sich um einen Jugendlichen von 20 – 22 Jahren. Trotzdem, daß er im Haus der Jugend wohnt, beteiligt er sich nicht an politischen Veranstaltungen. Er ist bisher zu keiner FDJ-Versammlung erschienen. Die FDJ-Versammlungen finden jeden Freitag um 20.00 Uhr im Haus der Jugend Unterwellenborn statt. Noch erwähnen muß man, daß die Eltern sich ebenfalls nicht am politischen Leben beteiligen.
(Schink)
Unterleutnant

Besonders sorgfältig war nicht ermittelt worden. Ich hatte meine Lehre nicht schon 1957 abgeschlossen und mich auch nicht in Saalfeld zum Offsetdrucker qualifiziert, sondern diesen Beruf bereits in Pößneck erlernt.

Orwells Roman – mein Wegbegleiter

Das Buch „1984“ war für mich ebenso wertvoll geworden wie die Bibel für einen gläubigen Christen, und ich gab es nur meinen beiden Bekannten Siegfried G. und Lothar S. zum Lesen. Siegfried las es nicht, aber Lothar meinte, es sei spannend, ein utopischer Roman, der pessimistisch stimmen könnte. Meinem Schwager zeigte ich es nicht. Er entdeckte es in unserer Wohnung und bediente sich selbst. Es sei ein schlimmes Buch, sagte er zu mir, und ich solle mich damit nicht erwischen lassen. Das Beste sei, ich würde es verbrennen. Seine Warnung und seinen Rat schlug ich in den Wind. Ich vermutete zwar, daß es in der DDR nicht gerade erwünscht war und die Polizei es mir wegnehmen würde, wenn sie davon wüßte. Aber wegen eines solchen Buches eingesperrt zu werden, befürchtete ich nicht.

Um so intensiver kümmerte sich die Stasi darum. Am 26. Juni hatte der Leiter der Abteilung V der Geraer Bezirksverwaltung, Hauptmann Peterhänsel, an die gleiche Hauptabteilung in Berlin ein Schreiben geschickt (Tagebuchnummer V/1/750/58), in dem er darum ersuchte, ihn möglichst schnell über das Buch „1984“ zu informieren.

Am 5. August bekam er Bescheid.

> Betr.: Einschätzung des Buches „1984“
>
> ... in der Anlage erhalten Sie eine Einschätzung über das Buch „1984“, die durch das Institut für Zeitgeschichte angefertigt wurde, zu Ihrer weiteren Verfügung.
>
> (Schröder)
> Oberst

Aber offenbar kam es auch in dem sonst so gut organisierten Mielke-Ministerium vor, daß die linke Hand nicht wußte, was die rechte tat, denn Unterleutnant Schink schrieb am 24. September an die Hauptabteilung von Oberst Schröder in Berlin:

> Wir bitten zu überprüfen, ob das Buch „1984“ von George Orwell innerhalb der DDR vertrieben wird oder verboten ist. Schnelle Erledigung ist erwünscht.

Am nächsten Tag kam die Antwort:

Institut für Zeitgeschichte
Berlin
Buch: George O r w e l l: „1984"
Roman (356 Seiten) im Diana Verlag Rastatt-Stuttgart, Lizenz-Ausgabe 1950
Original-Ausgabe: „Ninteen eighty four", ins Deutsche übertragen von Kurt Wagenseil

I. Der Verfasser des Buches heißt eigentlich Eric Blair und gilt als satirischer Schriftsteller. In seiner Heimat (England) war er als Tellerwäscher, Ladenverkäufer und Kneipenwirt, Schulmeister und Schriftsteller tätig, studierte die Verhältnisse im englischen Industriegebiet und schrieb 1937 sein erstes politisches Buch „Die Straße nach Wigan". O. nahm in Spanien am Kampf gegen Franco teil, kämpfte aber nicht in der Internationalen Brigade, sondern in der POUM (Anhänger Trotzkis). O. starb im Alter von 46 Jahren am 21. Januar 1950 in London. Er gehörte der Labour Party an und erhielt seine geistige Ausbildung im humanistischen Eton College, das er als Lehrer verließ, um in Burma in der indischen Polizei zu dienen.

II. Sein Roman „1984" wird oftmals als die alptraumhafte Warnung vor der völligen Unterwerfung der Menschen durch den totalitären Polizeistaat bezeichnet (Die andere Zeitung, Hamburg, 5.4.56). O. geht hierbei von der Frage aus: kann der Polizeistaat mit Folter, Verrat und Hirnwaschung den Menschen seines Willens und seiner Seele berauben, ihn zu einem widerstandslosen Werkzeug machen, zu einer freien und gefügigen Kreatur, die bereit ist, alles zu glauben, was der Staat entscheidet. O. beantwortet diese Frage mit einem deutlichen „Ja". Der Staat, den er in seinem Buch schildert, wird in den Kritiken teils als SS-Staat, teils als imaginärer Diktatur-Staat bezeichnet. Der Roman stellt „eine Utopie dar, wie sie pessimistischer nicht sein kann", schreibt „Die Welt", Hamburg, am 19.11.49, also noch vor der Veröffentlichung.

Während andere Utopisten wie Morus, Jules Verne, die zukünftige Welt in rosa Optimismus erglüht sehen, strotzt

Orwells Zukunftsgemälde von grausamer Trostlosigkeit, die er auf eine mit brutalster Technisierung vollendete Parteidiktatur zurückführt. Mit der Schilderung von INGSOC, einer utopischen Abart des englischen Sozialismus, will er zweifellos die Sowjetunion und die KPdSU treffen. Während seine früheren Werke sich andeutungsweise gegen den Faschismus richteten, stellt das vorliegende Buch einen Versuch dar, in der Literatur in Form eines utopischen Romans das System des Kalten Krieges zu verewigen und die Leserschaft in Angst und Schrecken vor einem „Diktatur-System" zu versetzen. Der gesamte technische Apparat wird von einer Gruppe von Parteifunktionären beherrscht. Der Diktator, genannt „der große Bruder", nach Stalin gezeichnet, überwacht mit einem gigantischen Apparat (Fernsehen, Television, Radio und Film) seine Untertanen selbst im Schlafe. Alles Eigendenken wird erstickt, das Privatleben hat aufgehört. Der Dauerkrieg ist ein abgekartetes Spiel zwischen den drei Diktaturen der Welt, um die Massen für immer in Schach zu halten.

In den Buchbesprechungen der westlichen Zeitungen wird festgestellt, daß O. in der Sowjetunion und den sozialistischen Staaten der „meist gehaßte Schriftsteller" ist.

III. Das ist weit mehr als ein utopischer Roman. Es ist das Phantasiegebilde eines Schriftstellers, der den Kalten Krieg zum System erhebt und seinen Haß gegen die Sowjetunion, gegen die Partei der Arbeiterklasse zum Ausdruck bringt und der mit Hilfe von Grausamkeitsschilderungen und Hirngespinsten unter Benutzung von geschickten technischen Schilderungen seinen Leserkreis in dieser Hinsicht beeinflussen will, um jedes Bestreben, den Frieden zu erhalten und die Koexistenz zu unterstützen, zu vernichten. Das Buch ist nicht nur staatsgefährdend, sondern stellt in der Hand seines Lesers staatsfeindliches, gegen die UdSSR und alle sozialistischen Länder gerichtetes Hetzmaterial dar. Die Verbreitung und jeder Vertrieb sollten unter allen Umständen beobachtet und mit allen staatlichen Mitteln verhindert werden. Welche Versuche der Verbreitung unternommen werden, geht z.B. daraus hervor, daß das zweifellos nicht billige Buch in der Rahmenreihe „Bürgers Ta-

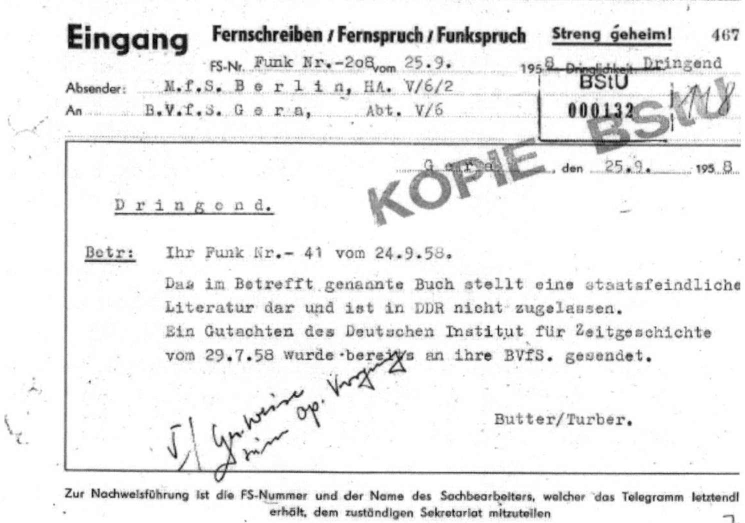
Eingang Fernschreiben / Fernspruch / Funkspruch Streng geheim! 467

FS-Nr. Funk Nr.-208 vom 25.9. 1958 Dringlichkeit: Dringend

Absender: M.f.S. Berlin, HA. V/6/2

An B.V.f.S. Gera, Abt. V/6

Gera, den 25.9. 1958

Dringend.

Betr: Ihr Funk Nr.- 41 vom 24.9.58.

Das im Betrefft genannte Buch stellt eine staatsfeindliche Literatur dar und ist in DDR nicht zugelassen. Ein Gutachten des Deutschen Institut für Zeitgeschichte vom 29.7.58 wurde bereits an ihre BVfS. gesendet.

Butter/Turber.

Zur Nachweisführung ist die FS-Nummer und der Name des Sachbearbeiters, welcher das Telegramm letztendl erhält, dem zuständigen Sekretariat mitzuteilen

Abb. 19: Funkspruch vom 25.9.1958 zum Buch „1984".

schenbücher" als Nr. 3 herausgegeben und während der Weltjugendfestspiele in Berlin weitgehend verbreitet werden sollte.
Abt. Lektorat
(Forchmann)
stellv. Abteilungsleiter

Am 30. Juli 1958 schrieb mir Rainer:

> ... Nun habe ich Dir so ein bissel vorgeschwärmt von meinen Auslandsfahrten, da juckt dir gleich das Fell. ...

Er teilte mir mit, daß ich in Duisburg kostenlos in einem Lehrlingswohnheim untergebracht würde. Der Abstecher zur Weltausstellung nach Brüssel sei kein Problem, denn selbst wenn mir die DDR-Behörden nur eine Reiseerlaubnis in die Bundesrepublik ausstellen würden, könnte innerhalb einer Woche die Sache geregelt werden und ich als DDR-Bürger mit nach Belgien fahren.

... Zusammenfassend kann ich Dir versichern, daß hier alles läuft und Du Dir keine Sorgen zu machen brauchst. Deine Aufgabe ist nur die Ausreisegenehmigung, und da sehe ich nach meinen Informationen ein wenig schwarz. Halt die Ohren steif und viel Glück.
Gespannt bis demnächst
Dein Rainer ...
P.S. Ach, alles Sauerei, erhalte gerade Deine Karte. Verflixt, hab' ich mir's doch gedacht: Die friedliebende Freiheit sprach ihr Wort. Zum Henker, daß ein Volk mit verlogenen Phrasen so zerrissen wird und man noch meint, wir fielen auf den niederträchtigen Honig rein. ...

Der August hatte mir vier Wochen Ferien gebracht; als künftigem Facharbeiter würden mir nur zwölf Tage Urlaub im Jahr zustehen. Meine Freude über die nun beginnende schöne Zeit war jedoch dadurch getrübt, daß ich nicht in den Westen reisen durfte. Und die Ersatzlösung, nach Bitterfeld zu Verwandten zu fahren, in die „schmutzigste Stadt der DDR", anstatt nach Westdeutschland und von dort zur Weltausstellung nach Brüssel, erschien mir wie Hohn. Meine Enttäuschung und Verärgerung darüber war beinahe vergleichbar mit dem Zerbrechen meiner ersten Liebe. Belgien und Iris hatten für mich fast den gleichen Stellenwert erlangt.

Über meine Erlebnisse in diesem Monat schrieb ich an Rainer zwei Briefe. Die Durchschriften, mit Pauspapier angefertigt, heftete ich in meinem Tagebuch ab. Mir kamen aber dann Bedenken, die Couverts in den Postkasten zu werfen. Angesichts des gar zu kritischen Inhalts befürchtete ich, zu weit gegangen sein. Wenn die Staatssicherheit davon Wind bekäme, dachte ich, könnte es mir an den Kragen gehen! Dabei stellte ich mir die Frage, ob ich mich nicht schon längst auf eine gefährlich dünne Eisdecke begeben hatte.

Letzten Endes siegte meine Torheit über alle Bedenken. Nicht abgeschickte Brieftexte, Notizen und Entwürfe vernichtete ich nicht, so daß sie bei den Haussuchungen nach meiner Verhaftung eine leichte Beute für die Stasi wurden.

Ich berichtete Rainer von meiner „Frechheit" in einer FDJ-Versammlung, in der ein Funktionär forderte, schärfer gegen religiöse Tendenzen unter Jugendlichen vorzugehen. Ich stellte daraufhin die „unverschämte Frage“, ob ihm der Artikel der DDR-Verfassung bekannt sei, der jedem Bürger das Recht auf seinen Glauben zusichert. Weiterhin ließ ich mich in meinen Briefen darüber aus, daß es nirgendwo ungezwungen zuging, weil die FDJ als einzige Jugendorganisation alles unter Kontrolle hatte:

> ... Mir schwebte immer ein Jugendleben als Ideal vor, das unter den gegenwärtigen Verhältnissen ein Ideal bleiben muß, weil die FDJ niemals ein vielseitiges Jugendleben entwickeln kann. Ich wäre mit Herz und Seele dabei, wenn es darum ginge, fröhliche Wanderungen, Kletterpartien, Zeltfahrten u.a.m. zu unternehmen, ganz so wie es in dem Buch „Die weiße Rose“ über die Geschwister Scholl beschrieben ist. Damals wurde die Vielseitigkeit und ein freies Jugendleben überhaupt durch die Hitler-Jugend bald eingeschränkt. Heute gibt es hier ebenfalls kein freies, ungezwungenes Treiben, weil die FDJ die einzige Jugendorganisation ist. Es gibt nur noch die evangelische „Junge Gemeinde“, doch wehe ihr, wenn sie in der Öffentlichkeit Werbung und Propaganda betreibt. ...
>
> Jeder einzelne soll wohl durch eine Schablone gepreßt werden, damit alle Menschen gleich sind. Es soll kein eigenes Denken und Handeln mehr geben, das Individuum geht in der uniformierten Gemeinschaft auf, die Sozialismus heißt. In der vergangenen Woche war ich in Halle an der Saale, als das III. Pioniertreffen stattfand. Ich muß sagen, man fühlte sich in die Zeit von 1933 bis 1945 versetzt, die ich selbst nicht bewußt erlebt habe. Ich konnte die Marschierenden sehen und die Kundgebungen hören. Die Kinder mußten weite Strecken laufen und sich dann sternförmig zu Kolonnen vereinigen. Was sie täglich in der Schule vorgepredigt bekommen, über Kapitalisten, Kriegshetzer und Faschisten in Westdeutschland, wurde ihnen hier von hohen Parteifunktionären in die Ohren geschrieen. (Das kannst Du wörtlich nehmen.) So viel Firlefanz: Strammstehen, Kehrtwendung, „Immer bereit“, „Nieder mit Adenauer!“, Kampflieder usw. Wenn man den Pionieren nach stundenlangem Marschieren von den Tribünen herunter-

Herrn
Baldur Haase
Unterwellenborn/Thür.
Langenschader Str. 16

Diese Karten habe ich von Marggraf erhalten und in meiner Wohnung aufbewahrt.

Baldur Haase

Herrn
Baldur Haase
Unterwellenborn/Thür.
Langenschader Str. 16

Abb. 20: Postkarten vom 2. und 3. Juni 1958 von Rainer. Dazwischen steht mein in der U-Haft erzwungener Kommentar.

brüllt: „Der Sozialismus ist euere Zukunft! Kämpft dafür. Adenauer und Strauss, die Atomkriegstreiber in Bonn, wollen euer Leben zerstören, das ihr in Glück und Frieden führt", dann sind die Gemüter schon so mürbe, daß sie nicht mehr denken, sondern tippeln, stramm stehn und wieder tippeln, „Immer bereit!" rufen und wieder tippeln. Sie winken mit den blauen Tüchern zum Redner hinauf, zum „Großen Bruder", der nach all dem, was ich gelesen habe, aus dem Buch „1984" entwichen sein könnte. ...
Ich werde erst froh sein, wenn man mich aus meiner FDJ-Funktion hinauspfeffert, denn ich möchte nicht mitverantwortlich sein an der Demagogie. ...
In zwei oder drei Jahren werde ich den Weg über Westberlin wählen, und wenn ich auch nicht gleich über das große Meer fahre, so werde ich auch irgendwo anders Arbeit finden. ...
Für heute möchte ich schließen.
Mit besten Grüßen verbleibt
Dein Baldur

Auf dem Höhepunkt meines Ärgers über die verbotene Westreise las ich Mitte August in der Betriebszeitung des VEB Maxhütte „Unsere Hütte" einen Artikel, der mich noch wütender machte. Ich schnitt ihn aus, und da ich ihn an Rainer schicken wollte, schrieb ich an den Rand den Vermerk:

„Oh, was beging ich für einen Fehler, als ich von Humanismus schrieb."

Damit meinte ich, daß ich eine Bemerkung in einem meiner Briefe an ihn bedauerte, mit der ich behauptete, daß es in der DDR doch auch Humanismus gebe, denn hier sei niemand arbeitslos. Auch diesen Zeitungsausschnitt sandte ich nicht ab, und die Stasi fand ihn ebenfalls bei der Haussuchung. Er wurde dem „offiziellen Beweismaterial" für meine Staatsverbrechen zugeordnet.

In diesem Artikel über einen Arbeiter, der seinen Urlaub im „NATO-Staat" Westdeutschland verbringen wollte, wurde in demagogischer Weise über die angeblichen Vorbereitungen der Bundesrepublik zu einem Angriffskrieg gegen die sozialistischen Staaten berichtet und die Wünsche des Arbeiters, dort bei seiner Schwester seinen Urlaub zu verbringen, niedergemacht:

> ... Kollege Schoder, und das gilt auch für die anderen gern nach dem Westen reisenden Kollegen, würdest Du so ohne weiteres das Nachbarhaus betreten, obwohl Du weißt, daß dort Maßnahmen getroffen sind und noch werden, Dich und viele andere Menschen umzubringen? Sicher nicht. Ein solches Haus willst Du aber mit Deiner Reise in den NATO-Staat Bundesrepublik betreten. Für jeden Menschen, der mit offenen Augen und Ohren durch das Leben geht, ist es kein Geheimnis, daß in Westdeutschland die Rohre der Atomkanonen auf unsere Republik gerichtet sind, auf den Startbahnen Düsenbomber mit Atomwaffen stehen, Flugrichtung Osten, auf den Raketenabschußrampen die Atomraketen liegen, ebenfalls Richtung Osten. Die Bundeswehr wird mit Massenvernichtungswaffen in schnellem Tempo ausgerüstet. Doch nicht etwa zur Verteidigung, nein, zum Angriff auf unsere Republik, auf das sozialistische Lager, denn gegen wen soll sich die Bundesrepublik verteidigen, da sie ja nicht bedroht wird. ...

Auszug aus dem Elternhaus

Anfang September war es dann soweit. Ich umarmte meine Eltern und bestieg den Zug nach Leipzig, wo ich vorerst im Hauptwerk des VEB Vereinigte Abziehbilderwerke Leipzig – Nerchau – Saalfeld als Drucker arbeiten wollte. Mit meinem Lohn von 265 Mark im Monat konnte ich in der Großstadt keine großen Sprünge machen, und ich war damit immer noch auf finanzielle Unterstützung des Elternhauses angewiesen.

Nach einigem Suchen mietete ich in Leipzig ein kleines möbliertes Junggesellenzimmer bei dem Rentnerehepaar Erna und Otto R. Sie wohnten im fünften Stock eines Mietshauses in der Leninstraße 88. Unten fuhr die Straßenbahn entlang, die das Stadtzentrum mit dem Messegelände verband.

Das ungewohnte Großstadtleben, das Einarbeiten in den Beruf, die neuen Eindrücke, die auf mich einstürmten, das alles brachte mich davon ab, meine Korrespondenz mit Rainer weiter so ausführlich zu betreiben. Zudem waren meine Bedenken größer geworden, mich in Gefahr zu begeben. Es ist besser, dachte ich, den Staat nicht allzusehr herauszufordern, vorsichtiger zu sein und meinen Widerstandskampf gegen die Diktatur darauf zu beschränken, mein Tagebuch sorgfältig zu führen. In späteren Zeiten oder als Bürger der Bundesrepublik könnte es mir einmal bei meiner schriftstellerischen Arbeit nützlich sein.

In Leipzig war ich bei der FDJ, dem FDGB und der DSF, der Gesellschaft für Deutsch-Sowjetische Freundschaft, nur noch als zahlendes Mitglied registriert und war froh darüber.

Erna und Otto, die selbst kinderlos geblieben waren, behandelten mich bald wie einen eigenen Sohn und sagten in ihrem sächsischen Dialekt „unser Schunge" (Junge) zu mir. Die Abende verbrachte ich gern bei ihnen in ihrer guten Stube. Gelegentlich kam die Nachbarin Else herüber, auch eine Rentnerin, und wir spielten gemeinsam „Mensch ärgere dich nicht" oder hörten uns unterhaltsame Rundfunksendungen des RIAS an.

Gelegentlich rieten mir die drei, nicht so schnell ein Mädchen „anzuhubben". Ich könne mir noch Zeit lassen damit, das hätte keine Eile, und da ich ja vom Dorfe sei, könne ich die Tücken des Großstadtlebens nicht so schnell durchschauen und würde womöglich gewaltig reinrasseln.

Diesen Rat hätten sie sich sparen können, wenn sie mich besser gekannt hätten. Ich hätte es nie gewagt, ein Mädchen ohne die Erlaubnis meiner Wirtsleute nachts auf Zehenspitzen heimlich in mein Zimmer zu schmuggeln.

Zu meinem lang anhaltenden Liebeskummer gesellte sich bald auch ein physisches Problem. Eine berufsbedingte Hauterkrankung plagte mich von Anfang an in Leipzig, und mein Arzt stellte eine Allergie gegenüber bestimmten chemischen Stoffen fest, mit denen ich als Drucker täglich umgehen mußte. Damit sah ich das Ende meiner Berufstätigkeit kommen. Ich müßte eine Beschäftigung ausüben, sagte der Arzt, bei der ich nicht mit Chemikalien in Berührung käme.

Das war eine deprimierende Nachricht. Drei Jahre umsonst gelernt, wie es aussah. Was sollte ich tun? Da kam ich auf die Idee, mich bei den bewaffneten Organen zu erkundigen, ob

2.

Ulborn, den 24.8.58

Lieber Rainer!

stürmischen Tage der Prüfungen und die der Urlaubs-
sind nun vorüber und so möchte ich wieder etwas
mir hören lassen. Doch zunächst noch besten Dank
die Post, die in der letzten Zeit bei mir eingegangen
Deine Zeitschriften und Broschüren haben sich schon zu
n ganzen Arsenal ergänzt, sodaß ich selbst einen Stab
SED-Funktionären damit überzeugen könnte. Ich finde
Drucksachen interessant, denn ich hebe sie auf, damit ich
später wieder einmal darin lesen kann.
n es Dir möglich ist, von einem Fotohaus kostenlos Prospekte
Kataloge zu erhalten, die Du mir schicken könntest, so
ich sehr froh darüber. Wenn Du an irgendwelchen Zeitschriften
sse Kost (die es bei uns gibt) so brauchst Du mir nur
hreiben; aber ich glaube kaum daß es der Fall ist, denn
sind selbst Unterhaltungs- und Fachzeitschriften
isch und sozialistisch angehaucht.
uns ist jetzt auf allen Gebieten und in allen Institutionen
Kampf gegen Revisionismus und „reaktionäre" Ansichten im
e. Unter dieser Säuberungsaktion hat auch meine schon
hlige FDJ-Karriere zu leiden. Mir schwebte immer ein
endleben als Ideal vor, das unter den gegenwärtigen
ältnissen ein Ideal bleiben muß, weil die FDJ-Arbeit
als ein allseitiges Jugendleben entwickeln kann. Ich wäre mit
und Seele dabei, wenn es darum ginge, fröhliche Wanderungen,
llerpartien, Zeltfahrten u.a.m. zu unternehmen, ganz so wie es
dem Buch: „Die weiße Rose" beschrieben ist. Damals wurde die
lseitigkeit durch die HJ bald eingeschränkt. Heute gibt es hier
freies, ungezwungenes Treiben, weil die FDJ die einzige
endorganisation sein darf. Es gibt nur noch die evang.
nge Gemeinde", doch wehe ihr, wenn sie in der Öffentlichkeit

Abb. 21: Erste Seite meines wegen Bedenken zurückgehaltenen Briefes vom 24. August 1958 aus dem Stasi-Archiv.

dort eine Möglichkeit bestehe, einzusteigen. Ich ging zum nächsten Revier der Volkspolizei und fragte, ob ich eine Chance hätte, angenommen zu werden.

„Leider nein“, war die Antwort, „Sie müßten mindestens 25 Jahre alt sein.“ Sechs Jahre hätte ich noch warten müssen, das war eine zu lange Zeit. Ich könne es ja bei der NVA, der Nationalen Volksarmee, versuchen, riet mir der freundliche Polizist, der erstaunt zu sein schien, daß sich jemand freiwillig meldete. So etwas kam wohl nicht alle Tage vor.

Am nächsten Tag, es war im November, ging ich sogleich zum zuständigen Wehrkreiskommando.

Der Unteroffizier am Schalter sah mich ungläubig an, und der hergerufene Oberleutnant musterte mich, als hätte er einen betrunkenen Störenfried vor sich. Als ich ihm meine Geschichte von der Berufskrankheit erzählte und sagte, daß ich mir eine Tätigkeit im militärischen Bereich vorstellen könne, wurde er zugänglicher. Er nahm meine Personalien auf und versprach, sich darum zu kümmern. Ich bekäme Bescheid.

Dieser erreichte mich als Einschreiben kurz vor Weihnachten. Es war eine Absage ohne Begründung. Was ich damals nicht wußte, war, daß ich inzwischen auch von der Leipziger Staatssicherheit überwacht wurde.

Anfang Januar reichte ich bei der Betriebsleitung die Kündigung ein. Mein letzter Arbeitstag wäre der 15. Januar gewesen. Ich hatte vor, wieder zu meinen Eltern zu ziehen und mir dort eine Beschäftigung in einem anderen Industriezweig zu suchen oder mich für eine andere Tätigkeit zu qualifizieren.

Das Damoklesschwert der Stasi schwebte bereits über mir. Es sollte bald herabstürzen.

Im Oktober waren die mit meinem Fall betrauten Mitarbeiter des MfS offenbar noch nicht sicher gewesen, ob die vorhandenen offiziellen Beweismittel für ein erfolgreiches Ermittlungsverfahren ausreichen würden. Deshalb kamen sie auf den Einfall, einen fingierten Brief zu verfassen, der von einem erfundenen anonymen Absender aus der Bundesrepublik an die FDJ-Bezirksleitung in Gera gesandt wurde.

Abteilung V/1Gera, *10.10.1958*

Operativplan zum Operativ-Vorgang „Hetzer“,
Reg. Nr. 24/58

Folgende operative Maßnahmen werden eingeleitet, um den Vorgang zum Abschluß zu bringen:
Um das gesamte Material zu legalisieren, gilt es eine operative Kombination auszuarbeiten.
1. Es wird ein Brief ausgearbeitet, welcher von einem Jugendlichen aus Duisburg an einen Funktionär der FDJ-Bezirksleitung Gera geschickt wird. Zu dieser Kombination wird der Jugendfreund (XXX), Instrukteur für Kader und Statistik der FDJ-Bezirksleitung, verwendet.
Der Genannte ist ehrlich, und es zeigte sich, daß er uns sämtliches Hetzmaterial, welches an Funktionäre gesandt wurde, zur Verfügung stellte. Er nahm selbst am Arbeiterjugendkongreß Ostern 1958 in Erfurt teil. Der Inhalt des Briefes wird so gehalten sein, daß diese unbekannte Person aus Duisburg Hinweise gibt über das Verhalten eines FDJ-Sekretärs aus Saalfeld, welcher am Arbeiterjugendkongreß teilgenommen hat und welcher dieses Treffen verleumdet.
Termin der Ausarbeitung des Briefes: 11.10.1958.
2. Der Brief wird durch die Abteilung M Berlin mit dem Duisburger Poststempel versehen und wird sofort mit dem Kurierfahrer zurückgebracht. Der Absender aus Duisburg ist anonym. Dieses Schriftstück wird dann dem Jugendfunktionär (XXX) zugestellt. Damit wir auch zu diesem Brief gelangen, wird mit dem Hauptmann Seifert dahingehend gesprochen, daß er bei seinem Vortrag am 13.10.1958 darüber spricht, daß man alle Schriftstücke und Hetzschriften, welche aus Westberlin oder Westdeutschland an Funktionäre geschickt werden, sofort dem MfS zu Verfügung stellt. Nachdem uns der Jugendfreund das Schreiben übergeben hat, wird mit ihm eine Aussprache geführt, um nochmals auf diese Dinge, welche in diesem Brief enthalten sind, einzugehen und ob er uns Hinweise geben kann, um welche Person es sich in Duisburg handeln kann.
Danach wird über den Beschuldigten H. offizielle Postkontrolle eingeleitet. Dabei soll erreicht werden, nochmals seine Verbindungen kennenzulernen. Ferner besteht der Verdacht, daß H. Berichte über die Vorbereitung der Volks-

wahlen nach Westdeutschland schickt. Nachdem wir im Besitz von Briefen sind, die nach Duisburg gerichtet sind, wird H. konspirativ festgenommen.
3. Da der Verdacht besteht, daß weitere Jugendliche aus der DDR Verbindungen zu der Organisation „Wandervogel“ unterhalten, gilt es am Tage der Festnahme am selben Tag noch die Hausdurchsuchung bei H. vorzunehmen. Es muß so gearbeitet werden, daß wir in den Besitz der Hetzschriften gelangen oder bei der Vernehmung durch die Abteilung IX in Erfahrung bringen, in welchen Händen sich das Hetzmaterial befindet (Buch „1984“, „Erfurt, Ostern 1958“)
Nach der konspirativen Festnahme des H. muß die erste Vernehmung ausgewertet werden, ehe weiteres unternommen wird, da die Möglichkeit besteht, daß noch weitere Personen anfallen.
4. Mit der Abteilung VIII wird ein gemeinsamer Plan ausgearbeitet, um die konspirative Festnahme des H. zu gewährleisten.
5. Von seiten der Abteilung VIII wird H. drei Tage vor seiner konspirativen Festnahme beobachtet, um in Erfahrung zu bringen, mit welchen Verkehrsmitteln er zur Arbeitsstelle gelangt und wie sein Heimweg erfolgt.
6. Der Leitung der BV wird dieser Plan zur Bestätigung vorgelegt.
(Unterschriften: Schink, U.-Leutnant; Illig, Leutnant; einverstanden: Lässig).

Und dies ist der Wortlaut des anonymen Briefes:

Duisburg, den ....

Lieber Jugendfreund (XXX)
Obwohl Du Dich nicht mehr an mich erinnern wirst, habe ich mir über unsere Unterhaltung auf dem Arbeiterjugendkongreß in Erfurt einige Gedanken gemacht. Du warst damals sehr zuversichtlich, daß die Jugendlichen aus der Bundesrepublik teilgenommen haben und eine bessere Meinung über Euch mitnehmen würden. In einigen Fällen mögest Du sogar recht haben. Als Gegensatz zu Deiner Meinung möchte ich dir ein kleines Beispiel nennen, wel-

ches der Beweis dafür ist, daß auch in Eueren Reihen nicht alles in Ordnung geht. Ich hatte Gelegenheit, bei der Ausarbeitung einer von unserer Organisation verfaßten Broschüre mitzuarbeiten und konnte dabei feststellen, daß ein FDJ-Funktionär aus Saalfeld es mit der Ehrlichkeit Euch gegenüber auch nicht so genau nimmt. Leider war ich nicht dazu in der Lage, seinen Namen zu erfahren, weiß aber soviel, daß er in einer Abziehbilderfabrik arbeitet.
Dieser „saubere Jugendfreund" bezeichnete den Kongreß in einem Brief als „Osterspaziergang" und Euere Teilnehmer als Apostel einer Ideologie, die von sich behauptet, Europa und der gesamten Welt das Glück bringen zu können, einer Ideologie, die das selbständige Handeln und Denken der Menschen ausschalten würde. Überhaupt ließ er sich nicht gerade wohlwollend über die gesamte Angelegenheit aus und hat sogar noch darum gebeten, daß seine „Geistesblitze" in der von der Organisation „Wandervogel" gefertigten Schrift veröffentlicht werden. Solch eine Broschüre mit seinen „Geistesblitzen" wurde ihm zugestellt.
Wie Du siehst, ist bei Euch auch nicht alles Gold was glänzt. In der Hoffnung, Dir mit diesen Zeilen einen Gefallen getan zu haben, verbleibe ich mit den besten Wünschen für Euere weitere Arbeit.

Lag es im Ermessen der Stasi, festzulegen, ob ein politischer Häftling im Zuchthaus schmoren mußte oder eine Karriere als Spion machen konnte? Dazu befragte ich im Sommer 2002 einen in Jena ansässigen Rechtsanwalt, der sich im DDR-Strafrecht auskannte. Nach seiner Einschätzung hatte sich der betreffende MfS-Offizier formell der Strafvereitelung schuldig gemacht.

Was mich persönlich betrifft, so wurde ich nach meiner Festnahme und während meiner gesamten Untersuchungshaft nicht daraufhin angesprochen. Die zuständigen Mitarbeiter waren offenbar, nachdem sie mich persönlich beurteilen konnten, zu der Einschätzung gelangt, daß ich wegen meiner charakterlichen Veranlagungen und Persönlichkeitsstrukturen nicht der richtige Mann sei, den man als Agent oder Spion nach Westdeutschland schicken könnte. Was aber wäre geschehen, wenn sie mich als den Richtigen angesehen und vor die Alternative: Zuchthaus oder Geheimer Mitarbeiter gestellt hätten, wie es meinem Schwager ergangen war? Wäre ich da nicht womöglich auch umgefallen, um als getarnter „Republikflüchtiger" im Westen für sie zu arbeiten? Ich weiß es nicht.

Nach fünf Monaten „inoffizieller Postkontrolle" entschloß sich das MfS, eine offizielle Postkontrolle zu beantragen. Zuständig war die Bezirks-Staatsanwaltschaft.

Abteilung V/1 *Gera, 22.10.1958*

Aktenvermerk

Am 21.10.1958 wurde mit dem Staatsanwalt Gen. (XXX) vereinbart, daß offiziell Postkontrolle über den Baldur Haase aus Unterwellenborn und den Rainer Marggraf aus Duisburg eingeleitet wird. Bei diesem Gespräch war der Genosse Hauptmann Lässig anwesend. Von seiten des Staatsanwaltes wird das Postamt Saalfeld angeschrieben und angewiesen, alle angehaltenen Postsendungen der KD Saalfeld zur Auswertung zu übergeben.

(Schink), U.-Leutnant

Da ich jedoch nun zwei Wohnsitze hatte (meine Hauptwohnung war in Unterwellenborn), sah es die Stasi als erforderlich an, die Postkontrolle auf meine Leipziger Anschrift auszudehnen.

Major Prusseit (Stellvertreter Operativ) und Hauptmann Lässig (Leiter der Abteilung V) schickten am 22.11.1958 an ihre Amtsgenossen in Leipzig ein Schreiben, in dem es heißt:

> ... Wir bitten Sie, sich mit dem Staatsanwalt in Verbindung zu setzen, um über Haase offizielle Postkontrolle einzuleiten. Aufgrund der Wichtigkeit dieses Materials ist uns sämtlicher Schriftverkehr, welcher durch den Staatsanwalt und die Abteilung M. angehalten wird, zuzusenden. ...

Leutnant Illig und Unterleutnant Schink erarbeiteten am 7. Januar 1959 einen „Plan zur konspirativen Festnahme des Beschuldigten Haase im Operativ-Vorgang Hetzer", auf dem Hauptmann Lässig noch am selben Tag vermerkte:

> ... Mit Einleitung eines Ermittlungsverfahrens und Festnahme des H. einverstanden. ...

Darin heißt es, daß ich „konspirativ“ festzunehmen sei, um andere Personen, die gemeinsam mit mir staatsfeindliche Handlungen begangen haben könnten, nicht zu warnen. Diese könnten sich womöglich durch Flucht der Verantwortung entziehen.

Bei der Haussuchung in meinem Leipziger Zimmer müsse vor allem geachtet werden auf:

- meine Briefverbindungen nach Westdeutschland und Westberlin
- das Buch „1984“ und andere „Hetzschriften“
- die Broschüre: „Erfurt – Ostern 1958“.

Nach der ersten Vernehmung sollte sofort eine Hausdurchsuchung in der Wohnung meiner Eltern durchgeführt werden. Dabei müßte ebenfalls auf das genannte Beweismaterial geachtet werden.

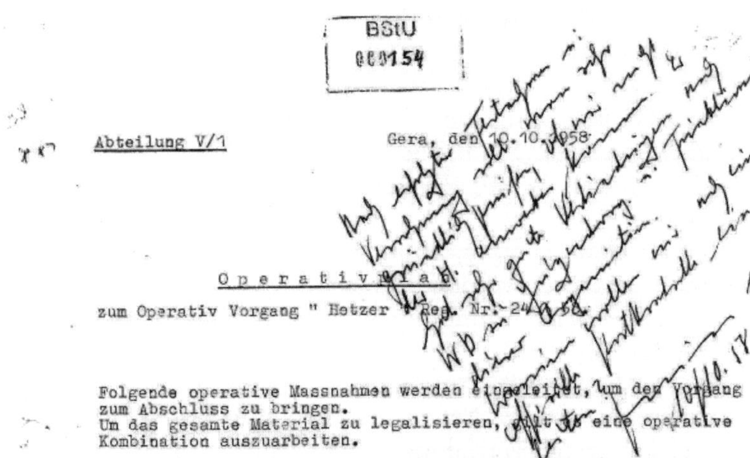
BStU
000154

Abteilung V/1

Gera, den 10.10.1958

O p e r a t i v p l a n

zum Operativ Vorgang " Hetzer " Reg. Nr. 24[illegible]58

Folgende operative Massnahmen werden eingeleitet, um den Vorgang zum Abschluss zu bringen.
Um das gesamte Material zu legalisieren, gilt es eine operative Kombination auszuarbeiten.

1. Es wird ein Brief ausgearbeitet, welcher von einem Jugendlichen aus Duisburg an einen Funktionär der FDJ Bezirksleitung Gera geschickt wird. Zu dieser Kombination wird der Jugendfreund [...], Instrukteur für Kader und Statistik der FDJ Bezirksleitung, verwendet.
Der Genannte ist ehrlich und es zeigte sich, dass er uns sämtliches Hetzmaterial, welches an Funktionäre gesandt wurde zur Verfügung stellte. Er nahm selbst am Arbeiterjugendkongress Ostern 1958 in Erfurt teil. Der Inhalt des Briefes wird so gehalten sein, dass diese unbekannte Person aus Duisburg Hinweise gibt, über das Verhalten eines FDJ Sekretärs aus Saalfeld, welcher am Arbeiterjugendkongress teilgenommen hat und welcher dieses Treffen verleumdet.

<u>Termin der Ausarbeitung des Briefes:</u> 11.10.1958

2. Der Brief wird durch die Abteilung M Berlin mit dem Duisburge Poststempel versehen und wird sofort mit dem Kurierfahrer zurückgebracht. Der Absender aus Duisburg ist anonym.
Dieses Schriftstück wird dann dem Jugendfunktionär [...] zugestellt. Damit wir auch zu diesem Brief gelangen, wird mit dem Gen. Hauptmann Seifert dahingehend gesprochen, dass er bei seinem Vortrag am 13.10.1958 darüber spricht, dass man alle Schriftstücke und Hetzschriften, welche aus Westberlin oder Westdeutschland an Funktionäre geschickt werden, sofort dem MfS zur Verfügung stellt.
Nachdem uns der Jugendfreund [...] das Schreiben übergeben hat, wird mit ihm eine Aussprache geführt, um nochmals auf diese Dinge welche im Brief enthalten sind, einzugehen und ob er uns Hinweise geben kann, um welche Person es sich in Duisburg handeln kann.

- 2 -

Abb. 22: Der Stasi- „Operativplan" vom 10. Oktober 1958.
Ein Vorgesetzter (Name unleserlich) brachte folgenden handschriftlichen Vermerk an: „Nach erfolgter Festnahme und Vernehmung soll man sehr gründlich prüfen, ob wir nicht den H. anwerben können. Er hat sehr gute Verbindungen nach WD zu Jugendorg. und Funktionären dieser Organisation. Warum wollen wir noch eine offizielle Postkontrolle einleiten?" (Unterschrift) 10.10.58

Verhaftung – Untersuchungshaft – Prozeß

Nachts holen sie einen,
immer in der Nacht.
Es war das Richtige, sich umzubringen,
bevor sie einen abholen.
(George Orwell: 1984)

Der 13. Januar 1959 begann für mich wie jeder andere Werktag als Drucker, und weil ich nicht abergläubisch bin, flößte mir das Datum keine Angst ein. Ich dachte nicht daran, daß mir etwas Schlimmes zustoßen könnte. Der Wecker rasselte wie gewöhnlich zehn Minuten nach halb sechs. Mit einem leichten Faustschlag brachte ich ihn zum Schweigen. Ich kletterte aus meinem Bett, reckte mich, trat ans Fenster, schob die Gardine zur Seite und sah hinunter auf die Straße, wo gerade eine Bahn abfuhr. Leichter Schneeregen fiel. Aber das Wetter sollte umschlagen, wie ich gestern aus dem Radio erfahren hatte. Kältere und trockene Luft war angekündigt.

Eine Dreiviertelstunde später erreichte ich den letzten Wagen einer bereits abklingelnden Bahn, die um diese Zeit noch nicht überfüllt war. Zur Druckerei in der Karl-Heine-Straße im Stadtteil Plagwitz benötigte ich dreißig Minuten. Der Pförtner erwiderte meinen Gruß und tippte mit dem Zeigefinger an den Rand seiner Schirmmütze. An meiner Druckmaschine begann ich sofort mit den gewohnten Handgriffen, rührte mit dem Spachtel in einer Farbbüchse, zerrte den Palettenwagen aus dem Verschlag und füllte die Ölkanne auf.

Da standen plötzlich zwei Männer neben mir.

„Herr Haase?"

„Ja."

„Kriminalpolizei! Wir müssen Sie bitten, mitzukommen – zur Klärung eines Sachverhalts."

Einer der beiden zeigte mir einen Ausweis. Der interessierte mich nicht. Ich war erschrocken und ließ mich abführen. Sie hatten mich in ihre Mitte genommen und eskortierten mich durch die Maschinenhalle.

Kollegen blickten neugierig zu uns herüber. Der dicke Schichtmeister eilte, was ich ihm gar zugetraut hätte, zu der mit Aluminiumblech beschlagenen Tür am Ausgang und zerrte sie auf, als sei er Portier des Hotels „International" und wir zahlungskräftige Messegäste aus dem kapitalistischen Ausland. Bei einem Blick nach links sah ich die zierliche Isolde mit ihrem schwarzglänzenden Pferdeschwanz und dem stets knallrot geschminkten Mund. Nun hatte sie ihn weit aufgerissen. Sie war Hilfskraft, eine „Bogenfängerin", die darauf zu achten hatte, daß das fertig bedruckte Papier ordentlich in der Ablage gestapelt wurde. Heute, während der Frühstückspause, wollte ich sie endlich fragen, ob sie Lust hätte, mit mir einmal ins Kino zu gehen. Sie war fast ebenso hübsch wie Iris und vielleicht hätte ich mich eines Tages mit ihr über den Verlust trösten und alles vergessen können, was damit zusammenhing.

Auf dem Hof, der von zwei Lampen schwach erleuchtet war, fuhr uns ein Windstoß entgegen. Mich fröstelte.

„Soll ich mich umziehen?" fragte ich. „Meine Sachen sind im Spind."

„Nicht nötig," sagte einer der Männer, „es wird nicht lange dauern."

Und der andere: „Stellen Sie sich da hin. Gesicht zur Wand, Hände an die Wand, Beine auseinander!"

Ich erschrak erneut, wußte nicht, was das sollte, spürte eine Hand im Rücken, die mich schob. Dann ging alles blitzschnell. Handschellen schnappten an meinen Gelenken zu. Von hinten betasteten mich Hände an der Brust und an den Beinen. Die Männer fanden einen Schraubenzieher, eine angerissene Rolle Drops mit Himbeergeschmack, einen Bleistiftstummel und ein Stückchen Kreide, womit ich meine tägliche Druckbogenleistung auf einer schwarzen Tafel notierte. Sie warfen alles in eine Papiertüte und führten mich zu einem Personenauto. An den Chromstäben am Kühler erkannte ich einen EMW: Eisenacher Motorenwerke, eine DDR-Luxuskarosse. Zum ersten Mal in meinem Leben stieg ich in ein solches Gefährt ein. Jemand drückte meinen Kopf nach unten und schob mich auf den Rücksitz.

„In die Mitte rutschen!" befahl mir eine Stimme.

Ich saß eingequetscht zwischen den beiden, die mich verhaftet hatten. Auf dem Beifahrersitz räkelte sich ein Hüne. Er drehte den Kopf nach hinten, sah mir ins Gesicht und sagte zum Fahrer: „Ab geht die Fuhre.“

Der Motor heulte auf, die Räder drehten durch und rutschten auf dem Kopfsteinpflaster. Was war los? Träumte ich?

Ich konnte nicht begreifen, was mit mir geschah.

Nein, die Männer waren keine Traumfiguren. Ich spürte ihre Körperwärme und roch ihren Atem. Ihre Nähe war mir unangenehm. Ich starrte, ohne einen klaren Gedanken fassen zu können, zwischen zwei Köpfen über die langgezogene Motorhaube hinweg auf die Straße vor uns. Als wir den Karl-Marx-Platz passierten, ahnte ich, daß wir nicht zu einer Polizeiwache fahren würden, um einen Sachverhalt zu klären. Es war nicht mehr weit zu meinem Quartier. Es ist also doch passiert, dachte ich. Die sind bestimmt vom SSD (damalige Bezeichnung für den Staatssicherheitsdienst).

„Halt – hier ist es!“ rief mein rechter Nebenmann.

Minuten später stiegen wir zur Wohnung hinauf. Die Männer klingelten und klopften an die Korridortür. Im Türspalt erschien Ottos weißes Gesicht.

Der Hüne sagte: „Kriminalpolizei!“ und zeigte ein Papier. „Öffnen Sie bitte. Wir haben einen Durchsuchungsbefehl. Wo ist das Zimmer Ihres Untermieters?“

Erna war hinzugekommen. Sie trug über ihrem Nachthemd eine Strickjacke, torkelte leicht, klammerte sich an den Garderobenständer und starrte auf meine Handschellen.

In meinem Zimmer sagte eine Stimme hinter mir: „Setzen Sie sich auf den Hocker dort, und rühren Sie sich nicht von der Stelle.“

Das Zahnputzglas hatte ich nicht gesäubert. Auf dem Kopfkissen lag ein schmutziges Taschentuch, und der Raum war nicht gelüftet. Ich schämte mich, aber die Männer waren nicht hier, um festzustellen, ob ich ein ordnungsliebender und wohlriechender Mensch wäre. Die Wohnungsnachbarin Eva W. war auch plötzlich mit im Zimmer. Sie und Otto mußten als Zeugen bei der Durchsuchung dabei sein. Am Abend würde es sich im Haus und in der Nachbarschaft herumgesprochen haben, was heute hier passiert war.

„Stellen Sie sich vor, Frau Meier“, würde es heißen, „einen Schwerverbrecher hat man heute festgenommen, den jungen Mann, den Untermieter aus dem fünften Stock, von dem man dachte, daß er keiner Fliege etwas zuleide tun kann.“

Die Männer wühlten in Schränken, Fächern, Regalen, Taschen und Koffern. Auf dem Stubentisch wuchs ein Haufen aus Büchern, westlichen Broschüren, Zeitschriften und Werbeprospekten, Briefen, Ansichtskarten, Notizheften, einem Hamburger Versandhauskatalog, Kalendern und einer Panoramaansicht des Rheins. Ganz oben drauf lag Orwells „1984“.

Das Buch ist also doch etwas Schlimmes, dachte ich.

Der Hüne fragte Otto: „Hat Ihnen Ihr Untermieter das hier einmal gegeben?“

Der Angesprochene schüttelte den Kopf. „Ich lese keine dikken Bücher, die Augen machen nicht mehr mit. Die Zeitung wird mir manchmal schon zu viel. Mich interessiert nur noch, wer gestorben ist. Wir sind ja auch bald an der Reihe.“

„Die gesellschaftliche Entwicklung in unserem Staat ist Ihnen wohl völlig schnuppe?“

Otto brabbelte als Antwort ein paar unverständliche Worte. Er teilte wohl inzwischen meine Meinung, daß die Männer gar keine richtigen Kriminalpolizisten waren, sondern welche vom SSD.

Ich habe das Buch aber gelesen, dachte ich, manche Seiten sogar mehrmals. Vielleicht hauen sie mich jetzt zusammen, wie es die *Gedankenpolizei* auf Befehl *O’Briens* mit *Winston* und seiner *Julia* gemacht hatte, als sie in ihrem Liebesnest verhaftet wurden.

Sie schlugen nicht auf mich ein.

Da tauchte plötzlich Erna im Türrahmen auf, die wohl immer noch annahm, ich hätte die Leipziger Sparkasse überfallen und ausgeraubt. Sie starrte mich an und kam näher. Der Hüne, der ihr im Weg stand, trat zur Seite. Sie röchelte und spuckte vor mir aus.

„Du Lump!“ stieß sie hervor, „du verfluchter Strolch, du Verbrecher!“

Ich starrte auf den nassen Fleck vor meinen Füßen und fühlte mich elender, als wenn mir jemand eine Ohrfeige verpaßt hätte.

Der Hüne legte mir das „Durchsuchungs- und Beschlagnahmeprotokoll“ vor und sagte, daß ich es unterschreiben müsse. Eva und Otto hatten es bereits unterzeichnet. Mein FDJ-Mitgliedsbuch hatten sie im Nachtschrankkasten gefunden, das Buch „1984“ und einen Notizblock unter dem Tisch. Diverse Briefe und Postkarten von Rainer und private Fotos sowie ein Exemplar der Wandervogel-Publikaktion „Erfurt – Ostern 1958“ waren im Schrank und im Reisekoffer aufbewahrt gewesen.

Nichts hatte ich absichtlich versteckt. Mit einem Ereignis, wie es nun über mich hereingebrochen war, hatte ich nicht gerechnet.

Seit vier Monaten hatte ich ohnehin nur noch wenige kurze Zeilen an Rainer geschickt und dabei keine politischen Ansichten mehr geäußert. Ich hatte gehofft, daß der SSD von meinen Unternehmungen keinen Wind bekommen hatte und über die Sache Gras gewachsen sei.

Mein Tagebuch würden sie hier nicht finden, auch nicht in Unterwellenborn, dessen war ich mir sicher, denn ich hatte keinem Menschen davon erzählt. Es war mein Geheimnis, und so sollte es bleiben.

Am selben Tag, um 15.45 Uhr, erschienen Mitarbeiter des MfS unter Leitung von Unterleutnant Schink in der Wohnung meiner Eltern und zeigten den richterlichen Durchsuchungsbefehl.

Wo ich mich aufhielt, verrieten sie nicht.

Sie fanden und beschlagnahmten ein weiteres Exemplar der Broschüre „Erfurt – Ostern 1958“ (Rainer hatte mir zwei geschickt), sowie andere Druckerzeugnisse des Wandervogel und diverse Schriftstücke.

Als „Vertreter des Beschuldigten“ unterschrieb mein Vater Franz Josef Haase, und als Zeugen setzten die Mitbewohner des Hauses Frieda H. und Walter H. ihre Unterschrift unter das Protokoll.

Bezirksverwaltung Gera
Abteilung VIII/3 *Gera, 20.1.1959*

Am 13.1.1959, gegen 7.00 Uhr, wurde der Obengenannte

auf seiner Arbeitsstelle in Leipzig festgenommen. Er wurde unter der Legende „Kriminalpolizei“ angesprochen. Dabei wurde ihm gesagt, daß er zur Klärung einer Angelegenheit mitkommen muß. Ohne Widerstand zu leisten ging er mit. Er wurde aufgefordert, in den bereitstehenden Festnahmewagen einzusteigen. H. wurde nach Gera überführt und gegen 12.00 Uhr in die Haftanstalt des MfS Gera eingeliefert. ...
Auf der Fahrt verhielt er sich ruhig. Ein körperliches Durchsuchungsprotokoll und eine Effektenaufstellung wurde angefertigt.
Leiter der Abt. VIII
(Ziewitz), Hauptmann, (Bergner), U-Leutnant

U-Häftling Nummer 311

Es gibt nichts, was ich nicht gestehen würde, nichts! Sagen Sie mir, was es sein soll und ich gestehe es auf der Stelle, schreiben Sie es nieder, und ich unterschreibe – alles!
(George Orwell: 1984)

Die Untersuchungshaftanstalt der Bezirksverwaltung Gera des MfS befand sich im Zentrum der Stadt, direkt neben dem Kino „Panorama-Palast“ und bildete mit dem Bezirksgericht eine geschlossene Front. Die Gefängnismauer mit dem wuchtigen eisernen Tor grenzte an den „Amthordurchgang“, den Verbindungsweg für Fußgänger zur Geschäftsstraße „Sorge“. Von hier aus sah man nur die beiden oberen Stockwerke des Gebäudes mit den vergitterten Fenstern emporragen. Davor patrouillierten ständig uniformierte, bewaffnete Posten, die alle Passanten mißtrauisch musterten.

Die Fahrt von Leipzig nach Gera dauerte eine Stunde. Um das bedrückende Schweigen zu brechen, erzählte ich, daß ich mir vor zwei Tagen im Kino einen englischen Kriminalfilm angesehen hätte. Darin sei irrtümlich ein Unschuldiger verhaftet worden. Vielleicht könnte es mir nun ebenso ergehen.

Oder etwa nicht?

Die Männer schwiegen, stellten sich taubstumm. Eine Stunde Ungewißheit. Eine Stunde Hoffnung. Eine Stunde Angst.

Bei der Ankunft des Autos öffnete sich das Gefängnistor wie von Geisterhand bewegt und rollte sofort wieder in die Verankerung. Der Fahrer bremste, der Wagen hielt mit einem leichten Ruck.

„So, da sind wir endlich“, sagte der Hüne. „Was gibt's heute zum Mittagessen? Wenigstens sind wir diesmal rechtzeitig da. Ich habe schon Kohldampf.“

Zwei Uniformierte eilten heran, packten mich an den Armen und schoben mich in einen kahlen Raum mit einem vergitterten Fenster. Hier nahmen sie mir die Handschellen ab. Ich mußte mich nackt ausziehen, und einer durchsuchte alle meine Körperöffnungen. Dann erhielt ich meine Kleidung zurück, die Schuhe ohne Schnürsenkel.

Stufen, Treppen und ein langer Gang waren die nächsten Stationen, die ich zu sehen bekam. Links und rechts Türen, mit Eisen beschlagen, oben und unten mit Riegeln bestückt. Pforten zu Gefängniszellen, wie ich sie aus Filmen und Beschreibungen in Büchern kannte. Eine hagere Frau mit einem dunklen Haardutt riß eine Tür auf. Sie trug die Achselstücke eines Unterfeldwebels, reichte mir eine Kladde.

„Die Anstaltsordnung – durchlesen! Sie sind ab heute der Untersuchungsgefangene Nummer 311. Merken Sie sich das! Sie dürfen sich niemals vor das Sichtfenster der Verwahrraumtür stellen. Beim Aufschließen haben Sie sich von Ihrer Sitzgelegenheit zu erheben und sich mit dem Rücken zur Tür in gerader Haltung aufzurichten. Die Hände sind dabei auf dem Gesäß zu verschränken. Umdrehen dürfen Sie sich erst, wenn Sie angesprochen werden. Haben Sie das begriffen?“

„Ja – aber ich bin doch kein Verbrecher!“ rief ich, bevor sie die Tür zuknallen konnte.

„Unschuldig wird in der DDR niemand eingesperrt. Merken Sie sich das!“

Nun krachte die Tür ins Schloß. Riegel knallten. Vier kahle Wände, mit grauer Ölfarbe gestrichen, umgaben mich. Mit zwei Schritten hatte ich die Breite und mit fünf die Länge der Zelle abgelaufen. Unser Hühnerstall zu Hause in Unterwellenborn war geräumiger. Milchglasblenden versperrten mir die Sicht nach draußen. Doch – da war ein handbreites Stückchen herausgebrochen. Das Wachpersonal hatte es wohl noch nicht bemerkt? So war es mir möglich, einen winzigen Teil des Zifferblattes einer Uhr zu sehen, sie war am Hochhaus des Rates des Bezirkes angebracht. Trotzdem konnte ich keinen Zeiger entdecken, wußte nicht, wie spät es war. Über die Zeit machte ich mir keine Gedanken. Noch war mir unbekannt, daß man erst dann Jahre, Monate, Wochen, Tage, Stunden, Minuten und schließlich Sekunden zu zählen beginnt, wenn man eine Gefängnisstrafe absitzen muß.

Unter dem Fenster befand sich ein hölzernes Podest. Es nahm die gesamte Zellenbreite ein. Eine dünne Matratze und eine graue Pferdedecke lagen darauf. Es gab kein Klosett, nur einen Blechkübel mit einem Deckel, beide miteinander durch eine Kette verbunden. Der Geruch eines Desinfektionsmittels stach mir in die Nase. Ein Waschbecken gab es auch nicht, nur eine Schüssel mit einer Kanne.

In meinem Bauch begann es zu rumoren. Durchfall, von der Aufregung vielleicht. Ich setzte mich auf den Kübel und fühlte mich beobachtet: da war der Spion. Nun war ich dort, wo *Winston Smith* gelandet war, im Kerker der *Gedankenpolizei*. Gleich würde mich, wie es in Orwells Roman mit *Winston* geschieht, der hohe Parteifunktionär *O'Brien* holen lassen, um mich zu verhören und den Folterknechten zu befehlen, an mir ihr Handwerk zu verrichten.

Geräusche an der Tür, und nach dem Öffnen eine Frauenstimme: „311 – umdrehen!" Die Frau Unterfeldwebel starrte mich an und wies mit dem Zeigefinger auf den Betonfußboden der Zelle.

„Hier haben Sie Unterwäsche und Ihre Zivilkleidung. Umziehen, und die andern Klamotten hier hinlegen."

Mit den „andern Klamotten" meinte sie wohl etwas geringschätzig meinen Arbeitsanzug, mit dem ich mich immerhin als Vertreter der führenden Klasse im Arbeiter-und-Bauern-Staat DDR ausweisen konnte.

Oder war ich für sie auch nur ein *Proles*, ein Angehöriger der Masse des Volkes, der, wie in *Ozeanien,* wegen dieser Zugehörigkeit eigentlich gar kein Mensch war, sondern nur ein rechtloses Individuum?

Dort lagen nun meine braune Straßenhose, mein Oberhemd und der karierte Sakko. Obendrauf die Unterwäsche. Wie war meine Kleidung aus dem Spind in der Druckerei hierher gekommen? Die lange Unterhose und das Unterhemd, graues Zeug, gehörten der Anstalt. Kaum hatte ich mich umgezogen, ging die Tür erneut auf. Nach dem Umdrehen sah ich, daß meine Klamotten verschwunden waren. Es schien mir, als hätten sie sich in eine Blechschüssel mit Suppe verwandelt. Eine mir unsichtbare Person hatte das Mittagessen gebracht, eine Brühe mit Porreegemüse, einigen Fleischfasern und Fettaugen. Ich löffelte die Flüssigkeit gierig in mich hinein, denn mein übliches Frühstück war heute ausgefallen. Isolde wartete vergeblich auf meine Rückkehr. Ins Kino würde sie mit einem anderen gehen müssen.

Die leere Schüssel stellte ich vor die Tür. Bei allem, was in die Zelle herein- und wieder hinaustransportiert wurde, hatte anscheinend ein geheimnisvolles Wesen seine Hände im Spiel. Auch das „Kübeln“, das Abholen des vollen Klosettbehälters und das Zurückbringen eines geleerten, geschah auf diese Weise. Wenn man sich, wie befohlen, „Rücken zur Tür – Hände über dem Gesäß“ aufgestellt hatte, verrichtete ein Kalfaktor diese Tätigkeiten, wie ich später erfuhr.

Die erste Vernehmung

Wir werden Sie leer pressen und mit
unserem Gedankengut füllen.
(George Orwell: 1984)

Das Klingeln des Telefons hörte ich bis in die Zelle. Stiefelschritte hallten auf dem Gang und verstummten vor meiner Tür. Ich nahm die vorgeschriebene Haltung ein und preßte Hacken und Gesäßbacken zusammen, obwohl dies nicht ausdrücklich vorgeschrieben war. Sicher ist sicher, dachte ich. Wenn man der Macht schon hilflos ausgeliefert ist, dann muß man nicht unbedingt unangenehm auffallen.

„311 – kommen Sie mit!“ Das war eine Männerstimme. Als ich mich umdrehte, sah ich ins narbige Gesicht eines Oberfeldwebels. Er hätte mein Großvater sein können und war sicher ein Kommunist der ersten Stunde gewesen, ein antifaschistischer Widerstandskämpfer vielleicht, Teilnehmer am Spanischen Bürgerkrieg gegen die Franco-Faschisten, von den Nazis womöglich in einem KZ geschunden. Oder hatte er in der Emigration in Moskau den Untergang der Hitler-Diktatur erlebt? Mit Zurufen dirigierte er mich wie einen ferngesteuerten Roboter in die von ihm gewünschte Richtung: „Links ... Treppe hoch ... rechts ... g'radaus – halt!"

Der letzte Befehl ertönte vor einer Tür, an der ich keine Riegel und keinen Spion entdecken konnte. Sie hätte zu einem Hotelzimmer gehören können. Der Oberfeld klopfte an, öffnete und meldete: „Genosse Leutnant, U-Häftling 311 wie befohlen zur Stelle!"

Der Offizier hinter dem Schreibtisch musterte mich und zeigte auf einen Hocker, der zwei Meter vor seinem Schreibtisch stand. Der grobschlächtige Mann, um die Dreißig, thronte wie eine Buddhafigur in einem Drehsessel. Sein Gesicht, die Gestalt, die ganze Erscheinung hätten besser zu einem Fleischergesellen, Gastwirt oder auch zu einem rundlichen Pfarrer gepaßt als zu einem Offizier.

Hinter ihm an der Wand hing ein Porträt Walter Ulbrichts. Es war eine stark vergrößerte Farbfotografie. Er hatte die Mundwinkel leicht nach oben gezogen, und dennoch lächelte er nicht. Er sah mich an – unser *Big Brother*, unser *Großer Bruder*. Auch er trug einen Bart, an der Oberlippe und am Kinn, grau, kurz geschnitten, gepflegt. Jetzt erst wurde mir bewußt, daß mir das Porträt seit Jahren täglich begegnet war: in der Schule, im Lehrkombinat, im Gemeindeamt, bei der Polizei, in Gaststätten und Kulturhäusern, auf Bahnhöfen und bei Großkundgebungen ohnehin.

„Was wollen Sie denn hier?" fragte der Leutnant.

„Ich ... ja ...", antwortete ich und brachte kein weiteres Wort heraus.

„Na, ich denke, Sie sind unschuldig. Das haben Sie jedenfalls meinen Genossen im Auto weismachen wollen. Sie meinten doch, daß ein Irrtum vorliegen könnte. Und der Frau Oberfeldwebel gegenüber behaupteten Sie, völlig unschuldig zu sein. Solche Leute haben hier nichts zu suchen. Der Hocker auf dem Sie sitzen, ist nur für Verbrecher bestimmt, die etwas Richtiges ausgefressen haben.“

Allmählich fand ich meine Sprache wieder. „Ich weiß nicht so richtig, warum ich hier bin.“

„Aha.“

„Ich habe nichts Verbotenes getan, Herr Leutnant, nichts gestohlen und so weiter.“

„Aha.“

Er sah mich ein paar Sekunden schweigend an und meinte, daß mich ein Herr Müller, Meier oder Schulze freilich nicht wegen eines Karnickeldiebstahls angezeigt hätte. Man beschuldigte mich auch nicht, die Klingel vom Fahrrad des Bürgermeisters von Unterwellenborn abmontiert zu haben. Und vom ABV in meinem Leipziger Wohngebiet läge keine Meldung vor, daß ich bei Rot über die Straße gegangen sei. Sich um solche Lappalien zu kümmern, sei gar nicht seine Aufgabe. Und nach einer kurzen Pause: „Auf diesem Hocker sitzen Staatsverbrecher, und ein solcher sind Sie auch!“

Ein kaltes Kribbeln durchfuhr mich. Ich hatte Angst.

Er fragte mich, ob ich einen Rainer Marggraf in Duisburg kenne.

„Ja, der Rainer ist mein Brieffreund. In Erfurt haben wir uns kennengelernt.“

„Hat er Ihnen Bücher und Broschüren mit hetzerischem Inhalt geschickt – mit antisozialistischer Hetze, mit Hetze gegen die DDR?“

„Ich weiß nicht? Hetzerischer Inhalt?“

„Und dieses Buch! Von wem haben Sie das?“

Er hielt meinen Orwell in der Hand. Es hatte keinen Sinn, etwas abzustreiten. Ich gab zu, daß das Buch mir gehörte. Rainer habe es mir im vorigen Jahr geschickt. Er las mir die Widmung von Rainer vor und blätterte sogleich in etwas anderem. Ich konnte nicht erkennen, was es war, denn er verbarg es vor meinen Blicken.

„Erfurt – Ostern 1958, sagt Ihnen das etwas?“

Das sei ein kleines Heftchen, das mir mein Brieffreund geschickt habe, meinte ich.

„Und sonst nichts?“

Nein, weiter wüßte ich nichts zu sagen. Über das Erfurter

Abb. 23: Untersuchungs-Haftanstalt des MfS in Gera. Im vorderen Gebäudeteil befanden sich die Vernehmungszimmer, dahinter der Zellentrakt, inzwischen abgerissen. Aufnahme von 1990.

Treffen würde darin berichtet, wie das eben dort so war.

„Aha, wie das eben dort so war", sagte der Leutnant, „und wie war das dort so?"

Ich sagte, daß allerhand los gewesen sei. Viele Menschen, ein großer Trubel, Veranstaltungen eben, Musik, Gesang und Tanz.

Dann fragte er, ob ich den „Osterspaziergang" aus Goethes „Faust" kennen würde.

Freilich, den hätten wir in der Schule im Deutschunterricht auswendig lernen müssen, antwortete ich, und das habe mir sogar Spaß gemacht, weil ich gern Gedichte und Balladen aufsagte.

„Und selber schreiben?" wollte er wissen.

Ein kleines Gedicht oder eine Kurzgeschichte würde ich schon manchmal versuchen, gestand ich.

„Und von wem ist dieser Quatsch? – Vom Eise befreit sind die Herzen der Menschen durch der Freiheit starke, wissende Macht."

Abb. 24: Der Zellentrakt der U-Haftanstalt in Gera (Teilansicht).

Ich erschrak. Das war aus dem Text meiner Umdichtung, aus meinem Artikel für die Broschüre des Wandervogel über das Erfurter Ostertreffen. Das war mein „Osterspaziergang".

Woher hatte der Leutnant das alles? Er wußte sogar noch mehr, denn er las mir Auszüge aus meinem Beitrag vor, obwohl doch Rainer meinem Wunsch entsprochen hatte, meinen Namen nicht zu nennen. Wir hatten uns nämlich darauf geeinigt, daß nur „ein Junge aus der DDR" darunter stehen sollte. Und so war es gehandhabt worden. In Erfurt waren neben mir tausende Jungen aus der DDR dabei gewesen. Woher wußte der Leutnant, daß ich der anonyme Verfasser war?

„Was haben wir denn hier?" sagte er und las vor:

... Sie verkörpern die Apostel einer Ideologie, die von sich behauptet, Deutschland, Europa und der gesamten Welt das ewige Glück bringen zu können und die sogar die Zukunft der Menschheit mit Parolen und Transparenten weissagen möchte.

Wen ich mit den Ideologie-Aposteln meinte, fragte er.

„Die FDJ- und Parteifunktionäre“, antwortete ich.

Die Vernehmung dauerte nicht lange. Für heute würde es reichen, sagte er. Wir hätten demnächst noch viel Zeit, uns über Einzelheiten zu unterhalten. Bevor mich jedoch der Wärter in die Zelle zurückführte, sagte er, daß ich auf die Titelseite des Buches „1984“ und auf die Umschläge der anderen beschlagnahmten Broschüren folgenden Text zu schreiben hätte:

> Dieses Buch ist mein Eigentum und es wurde in meiner Wohnung in Leipzig gefunden.

Nachdem ich in meiner Zelle etwas zur Besinnung gekommen war, hieß es plötzlich: „311 raustreten zum Freihof!“

Es war vorgeschrieben, sich bei jedem Wetter täglich eine halbe Stunde in einem der oben offenen Betonbunker zu bewegen. Es war unmöglich, dabei andere Gefangene zu sehen, die Wände waren mehr als drei Meter hoch. Vom nahen Bahnhof klangen Wortfetzen aus dem Lautsprecher: „ ...rücktreten Bahnsteigkante, ...nenzug nach ...feld.“ Der Personenzug nach Saalfeld war gemeint. Er würde auch in Unterwellenborn halten, vielleicht hatte meine Mutter dort gerade Dienst am Bahnhof. Ob meine Eltern wußten, wo ich war?

Zum Abendessen gab es zwei dünne Scheiben Brot, ein Stückchen Butter, halb so lang wie mein kleiner Finger und ein Scheibchen Jagdwurst. Irgendwann, drei oder vier Stunden später, unterbrach ein schrilles Klingeln die Stille. Die Anstaltsordnung hatte ich gelesen und wußte, daß nun die Nachtruhe begann. Das Licht der Glühbirne an der Decke erlosch gänzlich. Ich strecke mich auf der Matratze aus und deckte mich bis zum Hals zu. In meinem Kopf begann ein Gedanke den anderen zu jagen. Nun war ich in dieselbe Situation geraten wie mein Freund *Winston Smith,* und um mich kümmerte sich nun auch ein *O’Brien*.

Ich nannte ihn für mich „Der Dicke“. Seinen richtigen Namen verriet er mir ohnehin nicht. Diesen sollte ich erst 1993 aus meinen Stasiakten erfahren: Werner Wunder. Bis zum Oberstleutnant und Leiter der Vernehmungsabteilung hatte

Das Kreisgericht

Gera , den 14.1.1959

Fernruf

Aktenzeichen: 1/59

(Bei Eingaben stets anzuführen)

Haftbefehl

BStU

000004

Der Haase, Baldur;
geb. am 19.6.1939 in Markausch Krs. Trautenau/CSR;
wohnhaft: Leipzig O 5, Leninstr. 88;
ist in Untersuchungshaft zu nehmen.

Er wird beschuldigt, seit Ostern 1958, dem Arbeiterjugendkongreß in Erufrt, mit einem Funktionär der westdeutschen Organisation "Wandervogel" in Verbindung gestanden zu haben. Diesem schickte er laufend Material, in welchem er gegen die FDJ und die Deutsche Demokratische Republik hetzte. Seine Unterlagen dienten dazu, eine Hetzbroschüre mit dem Titel "Erfurt, Ostern 1958" herzustellen, von welcher der Beschuldigte 2 Exemplare erhielt. Ferner erhielt er eine Hetzschrift "1984". Diese Hetzschrift und die bereits erhaltene Hetzschrift gab er an andere Personen weiter.

Verbrechen nach § 19, Abs. 1, Ziff. 2 und Abs. 2 und 3 StEG.

Da mit einer erheblichen Bestrafung zu rechnen ist, ergibt sich Fluchtverdacht, so daß der Haftbefehl gesetzlich begründet ist.

Gegen diesen Haftbefehl ist binnen einer Woche das Rechtsmittel der Beschwerde zulässig.

Ausgefertigt:

__________, den __________ 195__

Best.-Nr. StP. 16-N Haftbefehl - Kreisgericht - (§§ 14 I ff. StPO). Vordruck-Leitverlag Erfurt

Ag 308/58/DDR 422/20 5 58 6787 — V/19/13 20 558

116

Abb. 26: Mein Haftbefehl vom 14. Januar 1959.

er es gebracht. Ein fähiger Mann also in seinem Beruf.

Ich lag noch lange wach. Da ging plötzlich das Licht an, ein Schlag an die Tür und eine Männerstimme rief: „Hände auf die Decke!“ Das hatte ich vergessen.

Zum Frühstück bekam ich zwei dünne Scheiben Brot, einen Klecks Margarine, ein Stückchen Käse, ein Scheibchen Wurst und einen Becher Tee. Ich aß ohne Appetit, mir tat der Kopf weh. Da – wieder das Geräusch von Stiefelschritten, das näher kam und vor meiner Tür verstummte. Diesmal sah ich nach dem Umdrehen einen Hauptfeldwebel vor mir. Er hatte graumeliertes Haar und trug eine dunkle Hornbrille. Ich dachte, daß er mich zu dem Dicken führen würde, hatte mich aber getäuscht.

Das schmale, mit dunklem Holz getäfelten Büro kam mir wie eine Leichenhalle vor. An den Wänden standen hohe Regale, vollgestopft mit Aktenordnern und Büchern. Hinter einem Schreibtisch saß eine ebenso düstere Erscheinung. Es war ein schmalgesichtiger Mann in einer schwarzen Robe; der Haftrichter, wie sich herausstellte. Etwas abseits saß eine jüngere, schlanke Frau, einen Schreibblock in der Hand.

Die Vernehmung begann mit dem Feststellen meiner Personalien. Danach fragte mich der Haftrichter, was ich zu den folgenden Beschuldigungen zu sagen hätte, und wiederholte, was der Dicke bei der gestrigen Vernehmung festgestellt hatte. Ob ich gegen diese Vorwürfe etwas einzuwenden hätte? Ich schüttelte den Kopf und wurde ermahnt, laut und deutlich zu antworten.

„Nein“, sagte ich.

Er belehrte mich, daß ich das Recht hätte, innerhalb einer Woche das Rechtsmittel der Beschwerde einzulegen. Damit wäre die Prozedur, die mit dem Ausstellen eines Haftbefehls zusammenhing, eigentlich beendet gewesen, dennoch folgte eine Standpauke, bei der ich mich in das Vernehmungszimmer des Leutnants zurücksehnte. Er warf mir vor, einer der jüngsten und schlimmsten Verbrecher zu sein, mit denen er es bisher zu tun gehabt hätte. Die Wurzeln meiner politisch-ideologischen und damit auch moralischen Fehlentwicklung seien in meinem Elternhaus zu finden. Mein Vater und meine Mutter seien nationalsozialistisch eingestellt und Mitglieder

der Henlein-Partei gewesen, der Sudetendeutschen Partei. Deshalb hätten sie mir auch den Vornamen des Reichsjugendführers Baldur von Schirach gegeben. Ihre Gesinnung hätten sie bis heute nicht geändert. Der sozialistischen Entwicklung in der DDR stünden sie ablehnend gegenüber. Davon zeuge das ständige Abhören westlicher Rundfunksender wie des RIAS und des Bayerischen Rundfunks, die ohne Unterbrechung ihre Hetze über die DDR ausschütteten. Dadurch sei ich zunächst ein negativ-dekadenter Jugendlicher und schließlich ein verbrecherisches Subjekt geworden. Obwohl wir Angehörige der Arbeiterklasse seien, würden wir uns nicht für den gesellschaftlichen Fortschritt engagieren.

Meine Funktionen in der FDJ hätte ich mir erschlichen, um persönliche Vorteile zu erlangen. Und mit meinen Bewerbungen bei der Deutschen Volkspolizei und der Nationalen Volksarmee hätte ich wohl versucht, Spionage zu betreiben. Ich könne von Glück reden, durch die Sicherheitsorgane rechtzeitig festgenommen worden zu sein, bevor ich mich noch tiefer in die Verbrechenswelt verstrickt hätte.

Beim Verlassen des Raumes sah mir der *Große Bruder* Walter Ulbricht aus seinem Bilderrahmen heraus nach.

Einzelheiten über das, was sich nach meiner Festnahme in meinem Elternhaus abspielte, erfuhr ich erst nach meiner Rückkehr aus dem Zuchthaus.

Die überfallartige Haussuchung am Nachmittag des 13. Januar war für meine Eltern wie ein Blitz aus heiterem Himmel. Ihr Entsetzen und das meiner Schwester läßt sich nicht beschreiben. Der Einzige, der nicht überrascht gewesen sein wird, war mein Schwager. Er mußte zwangsläufig vermuten, daß seine Anzeige vom 20. Juni des Vorjahres zu meiner Verhaftung geführt hatte. Über die bereits vorher gegen mich eingeleitete Postkontrolle war er nicht informiert. Es war die Regel, daß Spitzel der Stasi nicht in Einzelheiten operativer Maßnahmen eingeweiht wurden.

Eine richterlich angeordnete Hausdurchsuchung steht in jedem Staat der Welt in Zusammenhang mit einer Straftat. Daß ich straffällig geworden war, stand für meine Angehörigen außer Zweifel. Ebenso, daß ich etwas „Politisches“ ver-

Abb. 25: Der „Freihof" in der U-Haftanstalt des MfS in Gera. Aufnahme von 1999.

brochen haben mußte, denn bei den Haussuchungen ging es ja nicht um gestohlene oder geraubte Gegenstände, sondern um Dinge meines persönlichen Eigentums: um westliche „Hetzschriften" und Beweise für eine staatsfeindliche Korrespondenz.

Drei Tage später, am 16. Januar, schickte der Staatsanwalt des Bezirkes Gera ein Schreiben mit folgendem Wortlaut:

> Sehr geehrter Herr Haase!
> Sie werden hiermit davon in Kenntnis gesetzt, daß Ihr Sohn Baldur wegen des dringenden Verdachts der Begehung eines Verbrechens für die Staatsanwaltschaft des Bezirkes Gera in Untersuchungshaft genommen worden ist. Nähere Auskunft kann zur Zeit im Interesse der weiteren Ermittlungen nicht erteilt werden. Sollten Sie dringende Anfragen haben, die nicht mit der Strafsache im Zusammenhang stehen, können Sie zu unten angeführten Sprechtagen hier vorsprechen.
> Schmidt, Staatsanwalt

Meine Eltern aßen an diesem Tag keinen Bissen mehr, sie rauften sich die Haare, liefen bis nach Mitternacht in der Wohnstube auf und ab und fragten sich gegenseitig, was für Untaten ich begangen haben könnte. Hatte ich andere Menschen verletzt, ein Mädchen vergewaltigt oder gemordet?

War das Großstadtmilieu schuld daran, daß ich auf die schiefe Bahn geraten war? War ich in schlechte Gesellschaft gekommen? Hatten mich Geldsorgen bedrückt? Hatte ich Schulden gemacht? Ich wußte doch, daß ich jederzeit zu ihnen kommen konnte, wenn mein karger Lohn nicht ausreichte.

Am 17. Januar schrieb mein Vater an den Staatsanwalt.

Herrn Staatsanwalt Schmidt!
Bestätige den Empfang der Benachrichtigung betreffs Untersuchungshaft unseres Sohnes Baldur, was uns natürlich sehr großen Kummer bereitet. Falls er etwas getan hat, was eine Strafe erheischt, so soll er es bereuen und die Strafe tragen wie ein Mann.
Aber eins macht uns alten Eltern großen Kummer, und ich möchte Sie bitten, Herr Staatsanwalt, uns zu verzeihen, wenn wir mit einer flehentlichen Bitte an Sie herantreten. Wir kennen unseren Sohn und seine Schwermut und haben nur die größte Angst und Sorge, daß er sich während der Haft nicht zu einer Verzweiflungstat hinreißen läßt und sich ein Leid zufügt. Da bräche der ganze Halt unseres Lebens zusammen und für uns bliebe nichts anderes, als das gleiche zu tun. ...
Wir bitten Sie daher innigst, Herr Staatsanwalt, wenn es sich mit dem Gesetz vereinbaren läßt, ihn diesen Brief lesen zu lassen oder ihn dahingehend zu belehren oder zu ermahnen. Das ist das, was uns den größten Kummer macht.
Sollten wir mit unserer Bitte einen Fehlgriff getan haben, dann bitten wir Sie, Herr Staatsanwalt, uns alten, leidgeprüften Eltern zu verzeihen.
Mit viel herzlichem Dank, wenn Sie unser Ansinnen erfüllen könnten.
In Hochachtung
Franz Haase   Maria Haase

Auf eine Antwort mußten sie nicht lange warten. Ein anderer Staatsanwalt schrieb ihnen, daß er mit mir gesprochen hätte.

Gera, 21.1.1959

Werte Familie Haase!
Unter Bezugnahme auf ihr o. g. Schreiben teile ich Ihnen mit, daß zu Bedenken kein Anlaß besteht, denn bei meiner Unterhaltung mit ihrem Sohn hatte ich nicht den Eindruck, daß er schwermütig sei.
I. A. Schöber
Staatsanwalt

An den Besuch eines fremden Herrn, gleich zu Beginn meiner U-Haft in der Zelle, kann ich mich allerdings nicht erinnern.

Ein „Agent“ muß her

An meinem dritten Hafttag, bei meiner zweiten Vernehmung, erläuterte mir der Dicke meine Situation, so als säßen wir als gleichberechtigte Gesprächspartner in einer Kneipe. Es habe keinen Zweck, etwas verheimlichen oder anders darstellen zu wollen. Er wüßte ohnehin alles, was ich verbrochen hätte. Ein Lügengebäude aufzubauen, wie es andere U-Häftlinge auf diesem Stuhl vor ihm versucht hätten, wäre von vornherein zum Scheitern verurteilt. Einem Gesetzesbrecher wie mir müsse er dringend raten, sich nicht stur zu stellen, sondern zur Wahrheitsfindung mit beizutragen. Und schließlich würden Richter bei einem geständigen und reumütigen Angeklagten bereit sein, auch mal ein Auge zuzudrücken. Das sei eine alte Weisheit im Rechtswesen der ganzen Welt. Jedes Gericht habe, wenn es über das Strafmaß berate, die Möglichkeit, nach dem vom Gesetzgeber eingeräumten Spielraum zu urteilen. So sei es eben möglich, daß zwei Straftäter, die die gleiche Tat begangen hätten, zu unterschiedlichen Strafen verurteilt werden können.

„Es ist schließlich nicht egal, ob jemand wie Sie für seine Verbrechen für drei oder für fünf Jahre in den Knast geht. Oder was meinen Sie?“

„Stimmt, Herr Leutnant“, sagte ich.

Er drehte beide Handflächen nach oben und zeigte mir seine bockwurstartigen Finger. „Stellen Sie sich vor: das sind die Waagschalen der Justitia. Sie sind noch leer. In die rechte kommt alles, was für den Angeklagten spricht, in die linke das, was gegen ihn verwandt wird. Legen Sie Ihren guten Willen, Ihr Geständnis, Ihre Reue und Einsicht in meine rechte Hand, und die Waagschale wird zu ihrem Vorteil nach unten ausschlagen.“

„Das ist gut“, pflichtete ich ihm bei.

„Ich sehe, wir verstehen uns. Nun erzählen Sie mal, aber wahrheitsgemäß, wie Sie den Rainer Marggraf in Erfurt kennengelernt haben.“

Ich begann zu erzählen. Trotzdem war der Dicke damit nicht ganz zufrieden. Er zweifelte daran, daß die Initiative, unsere Adressen auszutauschen, von mir ausgegangen sei.

„Brieffreundschaften mit Menschen in anderen Ländern ist mein Hobby“, sagte ich, „und ich wollte zu diesem Zweck auch im Westen jemanden haben.“

Natürlich hätte ich Rainer, das gab ich zu, nach seiner Meinung über den Sozialismus befragt. Aber ohne Hintergedanken sei es geschehen, nur aus Interesse. Und er habe mir geantwortet, sinngemäß, daß der Sozialismus eine Idee von Menschen sei, die sich irren könnten. Es sei falsch, aus solchen Vorstellungen eine absolute Wahrheit ableiten zu wollen, wie es die Herrschenden in den Ostblock-Staaten täten.

Ob ich froh darüber gewesen sei, einen Gleichgesinnten, einen Feind des Sozialismus gefunden zu haben, fragte er. Meine Antwort, daß es mir gar nicht so sehr um Politik gegangen sei, sondern ganz einfach darum, mit einem Westdeutschen Kontakt aufzunehmen, den ich eventuell einmal besuchen könnte, nahm er mir nicht ab. Wir hätten uns gesucht und gefunden, meinte er. Diesem Marggraf sei es darum gegangen, wankelmütige, bewußtseinsschwache Bürger der DDR ausfindig zu machen, die sich für feindliche Handlungen gegenüber der DDR mißbrauchen ließen.

„Marggraf ist ein Helfer westdeutscher Agentenorganisationen!“

Ich erschrak. Von westlichen Agenten, Spionen und Saboteuren, die in der DDR ihr Unwesen trieben, hatte ich schon des öfteren gehört und gelesen. Es gab Prozesse, in denen solche Leute zu hohen Strafen – lebenslänglich oder sogar zum Tode – verurteilt worden waren. Der RIAS berichtete darüber, aber auch der DDR-Rundfunk und die Zeitungen.

„Ein Agent ist er bestimmt nicht“, sagte ich.

Der Dicke grinste und meinte, daß ich wohl schlauer sei als er, obwohl er Kriminalistik studiert habe und nicht ich. Er hielt mir vor, daß Rainer mehrere seiner Briefe mit einem Decknamen unterschrieben habe wie ihn Agenten benutzten.

„Hannibal ist doch sein Spitzname in der Jugendgruppe des Wandervogel“, antwortete ich.

Das zu beurteilen sollte ich lieber Fachleuten wie ihm überlassen, und zu dieser Wandervogel-Sippschaft kämen wir noch. Alles der Reihe nach! Marggraf und seine Organisation hätten mich als Werkzeug benutzt, und es habe gar keinen Zweck, sie schützen zu wollen.

Ich müßte einsehen, daß ich die schlimme Lage, in die ich geraten sei, ihm und dem Wandervogel zu verdanken hätte. Die Schuldigen säßen im Westen in Sicherheit und würden sich nicht darum scheren, was nun mit mir passierte. Ich sei abgeschrieben, und die würden schnell versuchen, einen Ersatzmann für mich zu finden. Ich müßte die Sache nun allein ausbaden. Er könne nicht begreifen, daß ich solche Typen nun noch in Schutz nehmen wollte.

„Der Wandervogel ist eine Vereinigung, die westdeutschen Agentenorganisationen nahesteht, mit diesen enge Kontakte pflegt und gemeinsame Sache macht“, hielt er mir vor.

„Der Wandervogel ist eine Jugendorganisation“, sagte ich, „die schon sehr alt ist. Vor dem Ersten Weltkrieg gegründet, so um 1901 herum, soviel ich weiß. Es ist eine von vielen in Westdeutschland. Bei uns gibt es ja nur die ...“

„Jetzt hört sich aber alles auf!“ fiel er mir ins Wort.

Zum ersten Mal sah ich ihn fast wütend. Sein Gesicht war gerötet. Wer mir diesen Unsinn ins Ohr gesetzt habe, wollte er wissen. Marggraf habe es mir einmal in einem Brief mitgeteilt, meinte ich.

„Aha, dann ist ja alles klar.“

> ... Die FDJ sollte die politische Aufgeschlossenheit und jugendliche Kampfbereitschaft, die sich von den Burschenschaften bis zum kommunistischen Jugendverband erhalten hat und mit dem naturverbundenen Leben der Wandervogel-Gruppen im Einklang steht, zu einer einheitlichen, freien, die gesamtdeutsche Jugend umfassenden Jugendorganisation verbinden. ...
> (aus dem Referat von Erich Honecker, Vorsitzender der FDJ, auf dem I. Parlament der FDJ 1946 in Brandenburg/Havel).

In meiner Zelle hatte ich wieder viel Zeit, über meine Situation nachzudenken. Daran, was der Leutnant zu einer besseren Behandlung vor Gericht gesagt hatte, konnte etwas sein. Und waren, was Rainer betraf, nicht doch auch Zweifel angebracht? Unser Zusammentreffen in Erfurt und unser gemeinsamer Spaziergang hatten nicht länger als zwei Stunden gedauert. Konnte ich wirklich behaupten, genau zu wissen, daß Rainer tatsächlich kein Agent war? Was wußte ich denn schon von ihm? Er konnte doch ein ganz anderer sein als der, für den er sich ausgab. Auch das, was er mir über den Wandervogel erzählt hatte, mußte nicht unbedingt wahr sein. Wenn der Leutnant ins Vernehmungsprotokoll schrieb und ich dem zustimmte, daß Rainer Organisationen half, die den Aufbau des Sozialismus in der DDR sabotierten, könnte zumindest ein Fünkchen Wahrheit dabei sein. Und wenn nicht, so würde ihm meine Aussage nicht schaden, er war an einem sicheren Ort zu Hause, wo ihm der Staatssicherheitsdienst nichts anhaben konnte. Ich könnte ruhigen Gewissens schlafen. Zwei oder vier Jahre Knast, das war nicht egal, da mußte ich dem Leutnant zustimmen. Immerhin kam er mir in seiner ganzen Art nicht so bösartig wie der Untersuchungsrichter vor, der mich ja am liebsten aufgefressen hätte. Mit ihm dagegen konnte man noch einigermaßen vernünftig reden.

In dieser Nacht plagten mich auch Gedanken an meine Eltern. Ich wußte nicht, wie es ihnen ging, ob man sie darüber informiert hatte, was mit mir passiert war.

Am nächsten Morgen, gleich nach dem Frühstück, führte mich die Frau Unterfeldwebel ins Vernehmungszimmer. Der

Leutnant blätterte in Papieren und sah nur kurz auf. Unterwegs, auf dem Gang, war mir eingefallen, ihn zu fragen, ob ich einen Anwalt sprechen könnte.

Er fragte zurück, ob ich mir zu viele Krimis im Kino angesehen hätte. Ich sei bei ihm in besten Händen, und einen Verteidiger könne ich mir selbstverständlich vor Prozeßbeginn nehmen. Darüber werde er mich rechtzeitig informieren. Ein Anwalt sei überflüssig, ein solcher könne mir jetzt nicht helfen. Die von mir begangenen Verbrechen lägen eindeutig auf der Hand, und ich hätte sie ja auch zugegeben.

„Sie werden schon die ganze Zeit bis zum Abschluß der Untersuchungen mit mir Vorlieb nehmen müssen, ob es Ihnen paßt oder nicht“, sagte er und grinste mich dabei an.

Dazu muß ich eine Anmerkung machen:

Nach 1990 begann ich mit Nachforschungen zu meiner Verfolgung und Inhaftierung. Unter anderem wollte ich herausfinden, ob in Untersuchungshaftanstalten des Ministeriums für Staatssicherheit die Möglichkeit bestanden hatte, nach der Verhaftung einen Rechtsbeistand zu verlangen und ob ich das Recht gehabt hätte, vor dem Untersuchungsorgan Aussagen zu verweigern.

Auf eine schriftliche Anfrage antwortete mir der mit dem DDR-Strafrecht vertraute Rechtsanwalt Dieter Flade aus Rudolstadt:

> Zum Zeitpunkt Ihres Strafverfahrens im Jahre 1959 war die Strafprozeßordnung vom 02.10.1952 in Kraft. Nach diesem Gesetz hatten Sie das Recht, sich in jeder Lage des Verfahrens eines Verteidigers zu bedienen.
>
> Sie hätten selbstverständlich auch schweigen können. Über Ihre Verteidigungsrechte hätten Sie in jedem Fall belehrt werden müssen. Wie wir heute wissen, sind derartige Belehrungen jedoch nahezu regelmäßig unterblieben, wenn das Verfahren durch das MfS geführt wurde. ...

Kriminalisierung meiner Familie

„Ihre Eltern haben in Unterwellenborn eine schöne Wohnung“, sagte der Dicke. „Und ein Radio haben sie auch.“

Was wir denn hauptsächlich so für Sender hörten, wollte

er wissen.

„Na, DDR“, sagte ich.

„Aha, DDR.“ Ob mir die Namen: RIAS, Bayerischer Rundfunk, Hessischer Rundfunk, Radio Luxemburg, BBC London etwas sagen würden.

Ja, ab und zu hätte ich die auch mal eingestellt, antwortete ich.

„Ab und zu ist gut,“ meinte er. Das Gegenteil sei aber wahr. Ab und zu hätten wir die DDR-Rundfunksender empfangen, ständig jedoch die Westsender. Dafür gäbe es Zeugen, Personen, die das auch vor Gericht bestätigen würden. Es hätte keinen Zweck, vor ihm etwas verheimlichen zu wollen oder zu schwindeln. Er habe mich davor gewarnt, denn er meine es nur gut mit mir. Außerdem würde ich mir damit nur selbst schaden.

„Ja, Westsender waren eigentlich an der Tagesordnung bei uns“, gab ich zu.

„Und uneigentlich? Das Wort ‚eigentlich‘ lassen wir weg im Protokoll.“

Er konfrontierte mich nun mit dem Argument, daß mich meine Eltern von Kind auf negativ beeinflußt hätten, hauptsächlich durch die tägliche Infiltration durchs Radio. Die dort verbreitete Hetze des Imperialismus hätte ich in mich aufgesogen wie ein Schwamm das dreckige Wasser. Jeder Mensch sei das Produkt seiner Umgebung, seiner Erziehung. Bei einem erbitterten Feind des Sozialismus wie mir wundere er sich, daß ich in die Freie Deutsche Jugend eingetreten sei und es dort sogar zu einer ehrenamtlichen Funktion gebracht hätte. Er wollte wissen, was ich dazu zu sagen hätte.

„Anfangs hat es mir Spaß gemacht in der FDJ, dann aber nicht mehr“, gestand ich. „Man braucht aber für die Kaderakte eine gute Beurteilung, was die gesellschaftliche Mitarbeit betrifft.“

„Aha“, sagte er. Das habe er sich gedacht: ich sei nie aus ehrlicher Überzeugung dabei gewesen, sondern um Vorteile zu ergaunern.

Hier ein Auszug aus dem Vernehmungsprotokoll dieses Tages:

Frage: Wie war Ihre Erziehung im Elternhaus?

> Antwort: Mein Vater Franz HAASE war Mitglied der NSDAP und hatte eine höhere Funktion inne. Welche Funktion es war, weiß ich nicht. Er nimmt jetzt eine passive Stellung ein. Aufgrund seiner faschistischen Vergangenheit hört er ständig westliche Rundfunkstationen ab, darunter besonders den „RIAS“ und den Londoner Rundfunk BBC. Die Sendungen habe ich immer mit abgehört und wurde so durch die gehörte Hetze beeinflußt. Meine Mutter Marie HAASE beteiligt sich ebenfalls an nichts und läßt es auch zu, daß bei uns zu Hause westliche Sender abgehört werden.

Diese Beschuldigungen gegen meine Eltern waren von dem Dicken konstruiert und mir aus seinem Munde vorgegeben worden. Es gehörte zur Methodik der Stasi, Familienangehörige gegeneinander auszuspielen, was ich aber erst nach meiner Haftentlassung in Gesprächen mit meinen Angehörigen erfuhr.
Wenn mein Vater zur Nazizeit ein höherer Parteifunktionär gewesen wäre, hätte er sich nach dem Zusammenbruch des nationalsozialistischen Deutschen Reiches kaum der Verfolgung und Bestrafung durch die tschechischen Untersuchungsorgane entziehen können. Einem höheren Nazifunktionär hätte man 1946 auch nicht angeboten, mit seiner Familie in der Tschechoslowakei zu bleiben. Unsere Eltern wären dann mit uns nach 1946 auch nicht in der Sowjetischen Besatzungszone geblieben, denn sie hätten sich der Gefahr einer Verschleppung durch die Sowjets und später einer Verhaftung durch die Staatssicherheit ausgesetzt.

Zur Zeit meiner Inhaftierung war mein Vater bereits mehrmals als „Aktivist der sozialistischen Arbeit“ ausgezeichnet worden. Auch meine Mutter konnte staatliche Anerkennungen für vorbildliche berufliche Tätigkeiten vorweisen. Meine Eltern haben mich nicht bewußt und systematisch zu einem „Feind des Sozialismus“ erzogen, sondern mir unter anderem 1958 die FDJ-Uniform finanziert, die 70 Mark gekostet hatte. Ich selbst hätte diese Anschaffung von meinem Lehrlingsentgelt nicht bezahlen können.

Leutnant Wunder schrieb in sämtlichen Vernehmungsprotokollen seine eigenen Aussagen nieder und nicht meine. Deren Formulierungen hatten nie zu meinem Sprachgebrauch und Wortschatz gehört.

Unterdessen fand ein weiterer „Treff" zwischen Hopfe, der inzwischen zum Leutnant befördert worden war, und meinem Schwager, dem GI „Otto Oelmann" statt. Im Protokoll steht zu lesen:

> ... Er brachte zum Ausdruck, daß er sich jetzt Gewissensbisse macht, weil er selbst Hinweise gab, daß sein Schwager manchmal komische Ansichten äußert und zuviel Briefverkehr nach WD besitzt. Er betonte in diesem Zusammenhang, wenn einmal seine Frau bzw. Schwiegereltern erfahren würden, daß er mit uns zusammenarbeitet, würden sie die Schlußfolgerungen ziehen, daß er daran schuld ist, daß Baldur verhaftet wurde. Ansonsten war er interessiert daran zu erfahren, warum die Verhaftung durchgeführt wurde und welches Strafmaß evtl. in Frage kommt. Desweiteren brachte er zum Ausdruck, daß seine Schwiegereltern z. Zt. sehr durcheinander sind und sofort nach Bekanntwerden zu den Quartierleuten des Sohnes fuhren. Sie sind der Meinung, daß ihr Junge unschuldig verhaftet wurde.
>
> ... Der GI betonte, daß er in dieser Richtung seine Schwiegereltern beruhigte, da er ja schon selbst einmal vom MfS in Berlin festgenommen war.
>
> ... Zur Haussuchung wäre noch zu betonen, daß nach Aussage des GI diese zu lasch durchgeführt wurde. Er hätte seiner Meinung nach die Untersuchung gründlicher geführt. Richtig wäre es nicht, daß man bei der Haussuchung den Eltern gesagt hätte, ihr Junge wollte zur Polizei und da müßte man nachsehen, aus welcher Familie er kommt.
>
> ...
>
> Abschließend ist zu sagen, daß dem GI in dieser Richtung keine konkrete Auskunft erteilt wurde, sondern ihm lediglich klargelegt worden ist, daß bei uns nur berechtigte Verhaftungen durchgeführt werden und er sich gedulden müsse, bis die Untersuchung abgeschlossen ist.
>
> (Hopfe) -Leutnant-

Am 27. Januar erschien nach mehrmaligen Haussuchungen und Verhören Leutnant Wunder mit Genossen abermals in der Wohnung meiner Eltern, um sie zu vernehmen. Die Prozedur dauerte laut Protokoll von 10.30 Uhr bis 13.30 Uhr. Wie mir meine Eltern später erzählten, gingen der Offizier und seine Mitarbeiter unverschämt und ehrverletzend vor. Auch meine Schwester wurde nicht verschont, obwohl sie im siebenten Monat schwanger war und zu meinen Verbrechen nicht die geringste Auskunft geben konnte. Eltern und Schwester litten psychisch sehr unter den Verhören, konnten aber noch froh sein, daß Wunder sie nicht auch zu Nachtverhören nach Gera holte, wie es anderen Personen aus meinem Bekanntenkreis erging. Dazu gehörte auch mein Bekannter Siegfried G., den meine Eltern bis zu ihrem Tod als den Denunzianten angesehen haben; er war es aber nicht gewesen.

Meine Schwester verlor am Ende die Beherrschung und schrie die Vernehmer an, sie sollten sie endlich in Frieden lassen, schließlich wolle sie ein gesundes Kind zur Welt bringen.

Ich habe niemals Hinweise darauf gefunden, daß der Kindsvater, der Geheime Informant „Otto Oelmann", sich bei seinen Auftraggebern dafür eingesetzt hätte, mit seiner Frau schonender umzugehen.

Aus dem Vernehmungsprotokoll vom 27. Januar 1959:

Haase, Franz
geboren am 11.11.1899 in Markausch/CSR
Beruf: Fleischer / Schrottbrenner
Arbeitsstelle: VEB Maxhütte Unterwellenborn

Frage: In welchem Verhältnis stehen Sie zu Ihrem Sohn Haase, Baldur?

Antwort: Ich hatte zu meinem Sohn Haase, Baldur ein gutes Verhältnis, so wie es zwischen Vater und Sohn üblich ist. Mit ihm hatte ich niemals Streit oder irgendwelche Auseinandersetzungen.

Frage: Wie wurde Ihr Sohn von Ihnen politisch erzogen?

Antwort: Im Elternhaus wurde mein Sohn politisch nicht erzogen. Wir sprachen immer nur über persönliche und familiäre Dinge. Seine politische Erziehung erhielt er in

der Grundschule und später in der Lehrausbildung.
Frage: Welche Rundfunkstationen hörte er zu Hause ab?
Antwort: Darüber ist mir nichts bekannt. Ich kann nur sagen, daß mein Sohn mehr geschrieben und gelesen hat. Es besteht jedoch die Möglichkeit, daß er in meiner Abwesenheit westliche Rundfunkstationen abgehört hat. Ich selbst habe öfters den österreichischen sowie den tschechischen Rundfunk abgehört.
Frage: Ihr Sohn sagt aus, daß er öfters in Ihrem Beisein westliche Rundfunkstationen abhörte und dadurch negativ beeinflußt wurde. Sagen Sie darüber aus!
Antwort: Es stimmt, daß er öfters in meinem Beisein westliche Rundfunkstationen wie den Frankfurter Rundfunk und den Münchener Rundfunk abhörte. Ihn interessierten dabei Nachrichten und Kommentare. Ob er noch weitere Rundfunkstationen abhörte, weiß ich nicht.
Frage: Was erhielt Ihr Sohn von Marggraf zugeschickt?
Antwort: Ich selbst habe gesehen, daß er von Marggraf Zeitschriften geschickt bekam und zwar handelte es sich um die Zeitschrift „Der Förderturm“, die Betriebszeitung einer Duisburger Bergbaugesellschaft. Desweiteren erhielt er den utopischen Roman „1984“ zugeschickt. Von wem dieser Roman geschrieben ist, weiß ich nicht.
Frage: Welche Schriften und Broschüren haben Sie vernichtet?
Antwort: Ich habe keine Schriften und Broschüren vernichtet.

Meine Eltern und meine Schwester mußten sich jedes Wort gut überlegen. Ein falscher Zungenschlag, beispielsweise eine Verharmlosung politischer Straftaten, hätte sie in Gefahr bringen können, ebenfalls verfolgt zu werden.

Am 16. Januar befahl mich der Dicke zur nächsten Vernehmung, die von 13.00 bis 17.00 Uhr dauerte. An diesem Nachmittag ging es ihm darum, meine Mitwirkung an der Broschüre des Wandervogel zu protokollieren.

Auf seine Frage, wie ich davon erfahren hätte, daß Marggraf an einer Erfurt-Publikation mitarbeite, antwortete ich, daß er mir ein Informationsblatt zugeschickt hätte, ohne mich jedoch direkt aufzufordern, einen Beitrag zu verfassen. Aus eigenem Antrieb hätte ich mich bereit erklärt, einen zu schreiben. Dabei verschwieg ich, daß ich mich gefreut hatte, mich erstmals journalistisch betätigen und mein Werk gedruckt sehen zu können, auch wenn ich es aus Sicherheitsgründen anonym veröffentlichen mußte.

Bei den Haussuchungen in der Wohnung meiner Eltern hatte das Stasi-Kommando auch Notizen von mir gefunden, ein handschriftliches Konzept für meinen Beitrag, den ich dann auf der entliehenen Schreibmaschine ausarbeitete.

Im Vorgangsbericht „zum U.-Vorgang Haase, Baldur, U.-Nr 1/59 steht:

> Sein Erfurt-Bericht enthält eine einzige Hetze gegen die DDR und eine Verleumdung und Verächtlichmachung der FDJ sowie seiner Funktionäre. ...
> In der Folgezeit erhielt Haase die angefertigte Broschüre der Jugendorganisation „Wandervogel“ zugeschickt. Er konnte dabei feststellen, daß sein Bericht mit verarbeitet war. (Broschüre wird fotokopiert und in der Anlage mit überreicht).
> Von Marggraf erhielt er weitere Hetzschriften und andere Zeitschriften zugeschickt, unter anderem den utopischen Roman „1984“. Laut Gutachten vom Institut für Zeitgeschichte Berlin richtet sich dieser Roman gegen das sozialistische Lager. Alle Broschüren und dieser Roman wurden von Haase weiterverbreitet.
> ... In der weiteren Untersuchung ist geplant:
> a) Zeugen in Leipzig und Unterwellenborn zu vernehmen, die die Verbreitung der Hetzschriften bestätigen können
> b) Aus der Untersuchung Material gegen die Organisation „Wandervogel“ zu erarbeiten, woraus der feindliche Charakter hervorgeht
> c) Das Ziel der Untersuchung ist, Haase der Nachrichtenübermittlung zu überführen.
> Hauptsachbearbeiter
> (Wunder), – Ltn. –
> gesehen:
> Leiter der Abteilung IX
> (Bischoff), – Hptm. –

Das „antisozialistische Machwerk 1984"

Als mich am 21. Januar ein bärbeißiger, kahlköpfiger Oberfeldwebel in das Vernehmungszimmer dirigiert hatte, sah ich auf dem Schreibtisch des Dicken meinen Orwell liegen und ahnte, um was es an diesem Tag hauptsächlich gehen würde.

Und so lautete auch seine erste Frage, unter welchen Umständen ich den utopischen Roman „1984", verfaßt von George Orwell, zugeschickt bekommen hätte.

Wahrheitsgemäß erzählte ich, wie Marggraf mir Mitte Mai in einem Brief angekündigt habe, daß er mir demnächst dieses Buch in einem Päckchen zusenden werde. In dem utopischen Roman gehe es unter anderem um Probleme der freien Meinungsäußerung, was man auf den Sozialismus beziehen könne, und es könnte für mich interessant sein, es zu lesen.

> Frage: Erkennen Sie dieses Buch?
>
> Antwort: Das mir vorgelegte Buch mit dem Titel „1984" erkenne ich als mein Eigentum an. Ich habe es in meiner Wohnung in Leipzig aufbewahrt.

Nun sollte ich dem Dicken den Inhalt des Buches erzählen. Ich schilderte den Inhalt, wie er mir noch im Gedächtnis war und sagte, ich habe nicht wissen können, daß das Buch in der DDR verboten sei.

Ob ich nicht bemerkt hätte, daß der antikommunistische Schmierfink Orwell damit ein Machwerk geschaffen habe, das den Sozialismus und die wissenschaftliche Weltanschauung des Marxismus-Leninismus insgesamt angreife, verächtlich mache und in den Dreck ziehe. Die historische Mission der Arbeiterklasse als führende Kraft in der Gesellschaft werde verleumdet. Das Buch sei nichts anderes als Hetze gegen den Sozialismus und Kommunismus und in der gegenwärtigen Situation des Klassenkampfes mit dem Imperialismus auch eine verbrecherische Schrift, die den Weltfrieden gefährde. Dazu gäbe es Fachgutachten von wissenschaftlichen Instituten der DDR, geschrieben von Doktoren und Professoren, die weitaus mehr Ahnung hätten als ich, der ich ja nicht einmal Abitur habe.

Eine gegensätzliche Meinung zu äußern erschien mir nicht

ratsam. Hetze gegen den Sozialismus, Kommunismus und den Weltfrieden verteidigen zu wollen, hätte er mir als weitere Verbrechen auslegen können. Als Märtyrer wollte ich mich nicht aufspielen, und ich wagte es nicht, ihm zu widersprechen.

Meine Antwort lautete im Vernehmungsprotokoll folgendermaßen:

> ... Ich habe den utopischen Roman selbst gelesen und dabei festgestellt, daß es eine Hetze gegen das sozialistische Lager beinhaltet. Diese Hetze kann man sofort nach dem Lesen der ersten Seite feststellen. Im Buch wird davon geschrieben, daß die Welt nach einem stattgefundenen Atomkrieg in drei große sozialistische Staaten aufgeteilt ist. Mir ist noch in Erinnerung, daß ein Staat Ozeanien und ein weiter Staat Eurasien genannt wird. Wie der dritte Staat hieß, weiß ich nicht mehr. Die Menschen in diesen „sozialistischen Staaten" waren in zwei große Schichten eingeteilt, und zwar die Schicht der Proletarier und die Schicht der Parteimitglieder. Der Führer der Parteimitglieder wurde als der „Große Bruder" bezeichnet. Das Grundprinzip in diesem Buch bestand darin, daß man den Beweis führen wollte, daß im Sozialismus jegliches selbständige Denken ausgeschaltet wird und keine freie Meinungsäußerung herrscht. Es wird davon geschrieben, daß im Sozialismus jegliches Denken verboten ist.
>
> Wie bereits mehrmals gesagt, behauptete ich, daß es im Sozialismus keine freie Meinungsäußerung gibt und diese unterdrückt wird. Durch dieses Buch wurde ich in meiner Meinung bestärkt.

Er wollte wissen, an welche Personen ich das Buch weitergegeben hätte. Ich nannte meinen Bekannten Lothar S. in Leipzig und Siegfried G. in Unterwellenborn, der es allerdings nicht gelesen habe.

„Ihm habe ich Inhaltliches nur erzählt", sagte ich.

„Was heißt hier – ‚nur'? Damit haben Sie sich der Verbreitung staatsgefährdender Hetze schuldig gemacht! Und was ist mit Ihrem Schwager?"

Ich antwortete, mein Schwager habe das Buch gelesen und

habe gesagt, daß es großer Unfug sei und ich mich damit nicht erwischen lassen sollte. Mein Schwager wurde übrigens zu einem späteren Zeitpunkt befragt, ob er das Buch gelesen habe. Er bejahte das, betonte aber, daß er es nicht von mir bekommen, sondern es sich selbst genommen hätte.

Der Dicke forderte mich auf, gefälligst gründlicher nachzudenken und zuzugeben, wer außerdem noch mit der Hetzschrift Bekanntschaft gemacht hätte. Vielleicht bestünde auch die Möglichkeit, daß mein Vater das Buch gelesen habe? Dies könne ich nicht mit Bestimmtheit sagen, antwortete ich. Ihm sei aber bekannt, daß ich im Besitz dieses Buches bin.

Ob ich Marggraf meine Meinung zu dem Buch mitgeteilt hätte?

Ich hätte mich für das Buch bedankt und ihm geschrieben, daß ich mit vielen Punkten in diesem Buch einverstanden und einer Meinung sei, antwortete ich. Ich hätte ihm auch mitgeteilt, daß man zu den bestehenden politischen Verhältnissen in der DDR gewisse Parallelen ziehen könne und vieles in der DDR ebenso aufgebaut sei wie es im Buch geschildert wird. Weiter hätte ich ihm geschrieben, daß es im Sozialismus wahrscheinlich in Zukunft derartige Verhältnisse geben werde.

Bei weiteren Vernehmungen spielte Orwell immer wieder eine Rolle, da ich mich in meinen Briefen an Rainer öfters auf „1984“ bezog, wenn ich über die Verhältnisse in der DDR berichtete und mit *Ozeanien* verglich.

Am 3. Februar war ich von 9.00 bis 12.00 Uhr zur Vernehmung. Es ging um einen Brief, den ich am 4. Juni 1958 geschrieben hatte.

„Welchen Inhalt hatte der Brief an Marggraf?“ wollte der Leutnant wissen.

Soweit ich mich entsinnen könne, sagte ich, sei ich nochmals auf das Buch „1984“ eingegangen.

> Antwort: Ich schrieb, daß ich dieses Buch mit Begeisterung gelesen habe und dadurch endlich einmal Gelegenheit gehabt hätte, andere Meinungen über die menschliche gesellschaftliche Entwicklung zu lesen, und daß ich so Schlußfolgerungen ziehen konnte zu dem, was uns in der DDR täglich „eingetrichtert“ wird.

An diesem Tag hatte der Dicke eine Belohnung für mich parat, wohl weil ich so artig war und die Vernehmungsprotokolle ohne Murren unterschrieben hatte.

„Sie dürfen heute einen Brief an Ihre Eltern schreiben", sagte er und gestattete mir, mich an einen kleinen Tisch an der Wand zu setzen. Papier und Kugelschreiber lagen bereit.

„Ich weiß nicht, was ich schreiben soll", erwiderte ich, „es ist alles so ..."

„Kann ich mir vorstellen. Bei Ihren hetzerischen Pamphleten an den Agenten Marggraf hatten Sie weniger Hemmungen."

Da ich annahm, daß der Brief durch eine Zensur gehen würde, schrieb ich, daß es mir den Umständen entsprechend gut gehe und ich einer gerechten Bestrafung für meine Verbrechen entgegensehen müßte. Sie, die Eltern, müßten sich aber keine unnötigen Sorgen machen, denn wenn ich eines Tages meine Strafe verbüßt hätte, könnte ich mich wieder zu einem vollwertigen Mitglied der menschlichen Gesellschaft entwikkeln.

Da fiel mir ein, daß „menschliche Gesellschaft" zu allgemein war, und ich verbesserte die Formulierung in „sozialistische Gesellschaft", was der Dicke beim Durchlesen mit einem Kopfnicken würdigte. Und wieder hatte ich bei ihm einen Stein im Brett.

Während einer Vernehmung, es war Ende Januar, ging plötzlich die Tür auf, und ein Mann in Zivil, um die Vierzig, kam herein. Aus dem Verhalten des Dicken ihm gegenüber folgerte ich, daß es sich um einen höheren Offizier, womöglich einen Vorgesetzten, handeln könnte. Er setzte sich auf einen Stuhl mir gegenüber und lächelte mich freundlich an. Ich war überrascht und wußte nicht, was ich davon halten sollte.

„Sie sind also der Haase, Baldur aus Bausnitz bei Trautenau?"

„Das stimmt", antwortete ich.

Er wollte wissen, wo wir in dem Dorf gewohnt hätten, und als ich ihm sagte, daß es das Haus neben der Schule gewesen sei, nickte er und meinte: „Ja, ja, ich weiß, ich kann mich erinnern."

Er erkundigte sich, wie es meinen Eltern und meiner Schwester Sieglinde gehe. Für mich gab es keinen Zweifel: der Fremde war aus meinem Heimatort im Sudetenland.

Sogar der Dicke ließ sich von dem zwanglosen Geplauder anstecken und sagte, allerdings etwas deplaziert, daß wir beide nun eine Landsmannschaft bilden könnten. Ein etwas makaberer Scherz, wenn man bedenkt, daß Verbände von Heimatvertriebenen in Westdeutschland von den Machthabern in der DDR als revanchistische Organisationen angesehen wurden, die es zu bekämpfen galt. Aber der „Heimatfreund" lachte darüber, und der Dicke schloß sich an. Nur ich wußte nicht, wie ich mich verhalten sollte und nickte stumm mit dem Kopf. Er bot mir sogar eine Zigarette an, aber ich sagte, daß ich Nichtraucher sei. Ein Bonbon oder ein Stück Schokolade wäre mir lieber, dachte ich.

„So jung und schon so versaut!"

Den geheimnisvollen Fremden sah ich niemals wieder, auch nicht nach dem Ende der SED-Diktatur, als es zur Gewohnheit wurde, daß sich ehemalige Partei- und Staatsfunktionäre und Angehörige der bewaffneten Organe als Opfer in den Vertriebenen-Verbänden präsentierten und Anspruch auf die Entschädigung in Höhe von 4000 D-Mark pro Person geltend machten.

Meine ohnehin verhaltene Freude über die Begegnung mit einem Menschen aus meiner Heimat wurde bald darauf getrübt. Ein Hauptmann konsultierte beim Verhör. Er saß lässig auf der Schreibtischkante, hörte zu, was der Leutnant fragte und ich antwortete und blätterte in Akten. Nach einer Weile sah er mich böse an und sagte: „So jung und schon so versaut!"

Der Leutnant gab ihm Recht und betonte, daß es tatsächlich nicht allzu viele Verbrecher in meinem Alter gäbe. Die meisten, die hier säßen, seien alte, unverbesserliche Nazis. Ich sei eine Ausnahme. Die Jugendlichen der DDR stünden in ihrer Mehrheit hinter der Politik von Partei und Regierung und würden hervorragende Taten beim Aufbau des Sozialismus vollbringen. Der Hauptmann ging kopfschüttelnd aus dem Zimmer. Der Dicke sagte: „Da haben Sie mal eine andere Meinung gehört."

Seit mehr als zwei Wochen war er nun der einzige Mensch, mit dem ich redete. Die Kommunikation mit dem Wachpersonal beschränkte sich auf wenige Worte, wobei es mir nicht zukam, Befehlen mit Fragen zu begegnen.

Zu den wenigen beweglichen Gegenständen in meiner Zelle gehörte der Kübel. Den erkor ich zu meinem Gesprächspartner, da er von seinem Aussehen her, mit viel Phantasie betrachtet, die Gestalt eines Menschen hatte, allerdings die eines amputierten Zwerges. Ich suchte nach einem Namen für ihn. Mir fiel „Willi" ein, „Willi Kübel" klang nicht schlecht. Er hatte sicher viel erlebt und mußte ein dickes Blech haben in seinem Beruf. Er trug zahlreiche Kratzer mit sich herum. Da hatte wohl mancher Häftling versucht, sich mit einem Fingernagel zu verewigen oder eine Nachricht zu hinterlassen. Etliche Dellen waren vermutlich keine geheimen Mitteilungen, sondern die hatte er sich bestimmt beim täglichen Transport zur Entleerung in der zentralen Fäkalien-Sammelstelle zugezogen. Die Kalfaktoren gingen nicht immer besonders zart mit ihm um.

Ich sprach in flüsterndem Ton zu ihm, und er antwortete mir mit dem Gestank der Exkremente. Da es meine eigenen waren, störte es mich weniger. Ich konnte ihm meine geheimsten Gedanken anvertrauen, meine Zweifel und Ängste, die sich aus der Ungewißheit ergaben, welche Bestrafung ich zu erwarten hatte. Ich fragte ihn, ob meine Taktik richtig sei, nicht den Helden zu spielen, sondern Reue zu zeigen, alles zuzugeben, kein Lügengebäude aufzubauen und den Dicken nicht zu verärgern, denn nur er könnte bei Staatsanwalt und Richter ein gutes Wort für mich einlegen.

Jedes Mal, nachdem die schrille Klingel auf dem Gang die Nachtruhe angekündigt hatte und ich mich endlich hinstrekken durfte, lag ich noch stundenlang wach und grübelte.

Warum und woher kannte der Dicke den Inhalt meiner Briefe an Rainer so genau? Mir war es nach all den Monaten allenfalls möglich, die Sätze, die ich früher einmal geschrieben hatte, sinngemäß wiederzugeben. Er aber zitierte meine Formulierungen wortwörtlich und konnte sie daher nach den politischen Strafgesetzen als staatsgefährdende Hetze und Sammlung von Nachrichten einordnen.

An die Möglichkeit, daß meine Post über ein halbes Jahr von der Stasi systematisch kontrolliert und fotokopiert worden sein könnte, dachte ich nicht einmal im Traum. Ebensowenig kam es mir in den Sinn, zu glauben, daß Rainer ein Spitzel für den Osten sein könnte und mich verraten hatte.

Immer wieder tauchte auch Iris in meiner Erinnerung auf. Eines Nachts träumte ich davon, daß sich Willi in sie verwandelte. Sie trug ein fast durchsichtiges Nachthemd, und ich starrte begierig auf ihre vollen Brüste, die hindurchschimmerten. Ich wollte danach greifen, sie aber wich zurück.

Da ging das Licht an, ich erwachte, es klopfte an der Tür, und eine Männerstimme rief, daß es sogar in anderen Zellen gehört werden mußte: „Hände auf die Decke! Onaniert wird hier nicht, wo leben wir denn?"

Tatsächlich, ich hatte meine Hände unter der Decke. Der Schließer hatte durch den Spion gesehen und nur meinen Kopf entdeckt. Willi stand an seinem gewohnten Platz, und nichts erinnerte mehr daran, daß er ein Verwandlungskünstler sein konnte, wenn er wollte. Aber die Gestalt meiner ehemaligen Freundin Iris anzunehmen, das ging doch zu weit! Ich drohte ihm mit der Faust und erschrak im selben Augenblick. Der Wachmann hatte das Licht noch nicht ausgeknipst, und es konnte sein, daß er mich beobachtete und meine Reaktion auf sich bezog. Das hätte böse Folgen haben können. Zu meinen beiden Verbrechen wäre womöglich noch hinzugekommen, daß ich versucht hätte, einen Wachmann tätlich anzugreifen.

Die ganze Nacht in einem Gefängnis aufpassen zu müssen war bestimmt eine langweilige Beschäftigung. Meine Nachbarn in den Zellen links und rechts von mir und gegenüber dachten nun gewiß, ich hätte mich selbst befriedigt. Es war mir jedoch egal, da wir uns nicht kannten, noch nie gesehen hatten und vielleicht niemals sehen würden. Und außerdem hatten die, wenn es jüngere Männer waren, wahrscheinlich ebenfalls ihre Probleme mit dem Sexualtrieb, den sie nicht auf herkömmliche Art und Weise befriedigen konnten.

Ich lag eine Stunde oder zwei wach und rechnete ständig damit, daß das Licht wieder anging. Ob bei einem erneuten Einschlafen mir meine Iris wieder erscheinen würde? Würde Willi so nett sein, sich nochmals in sie zu verwandeln? Sie besuchte mich häufig in meinen Träumen, zeigte mir ihre weiblichen Reize, hielt aber stets auf Distanz, machte mir Vorwürfe und sagte, daß es zwischen uns aus sei, ein für allemal. Ganz selten war sie bereit, mir entgegen zu kommen und meine Hoffnung zu nähren, daß es zu einem körperlichen Kontakt kommen würde. Dann aber verhinderten andere Traumfiguren, die plötzlich auftauchten, unser kaum begonnenes Schmusen. Oder alles war mit einem Male aus: Filmriß wie im Kino.

Mir fiel ein, daß Iris zwei Tage vor meiner Verhaftung achtzehn Jahre alt und damit volljährig geworden war. Vor zwei Jahren hatte ich ihr noch schriftlich gratuliert und ihr in einem kleinen Päckchen eine silberfarbene Anstecknadel geschickt, die Darstellung einer sich windenden Eidechse. Eidechsen hatte sie gern, diese flinken, scheuen Gesellen, die neugierig zu sein scheinen, aber blitzschnell flüchten, wenn man nach ihnen greift. Das kleine, glänzende Tierchen aus Leichtmetall hatte ich im folgenden Sommer zweimal an ihr gesehen.

Während ich mir auf meiner Pritsche über tausenderlei Sachen den Kopf zerbrach und ständig ein Auge durch den Spion blinzeln konnte, lag sie womöglich in den Armen ihres Verlobten. Oder war sie schon verheiratet? Ich aber mußte, mangels praktischer Erfahrung, meine erotischen Gedanken darauf beschränken, wie es mit ihr hätte sein können.

Bei der Vernehmung am 3. Februar hatte der Dicke eine ernste Miene aufgesetzt. Er deutete an, daß er sich mit mir über meinen Bekanntenkreis unterhalten wolle.

„Ich habe keinen großen Kreis von Bekannten“, sagte ich, „und Freunde auch nur zwei oder drei.“

„Daß ich nicht lache, wir haben etwas ganz anderes herausgefunden.“

Er wußte scheinbar besser Bescheid über mich als ich selbst, und ich hielt mich an meinen Vorsatz, mich mit ihm möglichst nicht herumzustreiten. Im Verlauf der weiteren Befragung stellte ich fest, worauf es ihm nun ankam. Er meinte, es sei unwahrscheinlich, daß ich nur durch das Elternhaus negativ beeinflußt worden sei. Da müsse es noch andere Leute geben, die daran beteiligt wären, was aus mir geworden sei.

„Sie haben den Faschismus nicht bewußt erlebt, sind nach dem Krieg eingeschult worden und waren in der DDR zunächst fortschrittlich eingestellt, jedenfalls haben Sie so getan."

Er äußerte den Verdacht, daß es Lehrer, Lehrausbilder oder andere Erwachsene gegeben habe, die mich in der Vergangenheit ideologisch „versaut" hätten. Immer wieder stellte er seine bohrenden Fragen, und immer wieder schüttelte ich den Kopf.

Einen Menschen hatte es allerdings gegeben, den er zu Recht hätte verdächtigen können. Aber ich verschwieg den Namen jenes Alfred H. aus Unterwellenborn, den ich häufig in seiner Wohnung besucht hatte.

Andere Personen, die versucht hatten, mich auf politisch-ideologische Abwege zu bringen, gab es nicht. Selbst wenn er mich hätte foltern lassen, hätte er von mir nichts Auswertbares zu hören bekommen.

Als er mir drohte, andere Seiten aufzuziehen, verlor ich die Beherrschung, sprang auf und zerriß mir das Hemd vor der Brust, so als solle er mich doch erschießen, wenn er Lust hätte. Ich schrie laut und unartikuliert, fuchtelte mit den Armen in der Luft herum und warf mich zu Boden. Der Dicke war aufgesprungen und rief mir etwas zu. Ich erinnere mich noch, daß die Tür aufflog und zwei oder drei Offiziere hereinstürzten. Inzwischen war mein Tobsuchtsanfall vorbei, ich atmete schwer und konnte der Aufforderung nachkommen, mich zu erheben und mich auf meinen Platz zu setzen. Gewalt wandten sie nicht gegen mich an, und der Vorfall brachte mir keine spürbaren Nachteile ein, wohl aber einen Spitznamen, so wie ich auch dem Leutnant einen angehängt hatte. In der Folgezeit ging gelegentlich die Tür zu seinem Zimmer auf, und ein Stasimann steckte den Kopf herein.

„Na, hast du den Schreihals wieder da?" war zu hören.

Der Zellenkumpel Heinz

Anfang Februar, an einem späten Nachmittag nach einer Vernehmung, hörte ich wieder Schließgeräusche. Die Tür war offen, aber keine Stimme gab mir einen Befehl. Nach einigen Sekunden ertönte: „Weitermachen!"

Die Tür krachte ins Schloß, ich drehte mich um und erschrak. Vor mir stand ein Mann, der fast so aussah wie der Dicke, untersetzt, stämmig, schütteres Haar und auch um die Dreißig. Er hätte es ohne weiteres sein können. Noch wußte ich zu wenig vom Gefängnisleben und ahnte nicht, daß es gar nicht so selten vorkam, daß auch Angehörige der bewaffneten Kräfte als Strafgefangene im Knast landeten.

„Grüß dich", sagte er, „ich bin der Karl-Heinz, kannst aber, wenn du willst, Heinz zu mir sagen."

Zunächst sagte ich nichts. Ich erholte mich nur allmählich von meiner Überraschung. Er erzählte mir, daß er seit Monaten in Einzelhaft gesessen habe. Und nun plötzlich das!

Wie wir später erfuhren, war in den U-Haftanstalten des MfS in der Regel Einzelhaft vorgeschrieben und auch praktiziert worden. Weshalb wir beide nun in den Genuß kamen, einige Wochen bis zu meiner Verurteilung gemeinsam eine Zelle zu bewohnen, sollte uns für immer ein Rätsel bleiben. Auch unsere Akten, die wir nach dem Untergang der SED-Diktatur einsehen konnten, geben darüber keine Auskunft. So bleiben bis heute nur Vermutungen. Es könnte sein, daß der sudetendeutsche Unbekannte dahintersteckte. Oder war dem Anstaltsleiter bei der Durchsicht meiner Akten aufgefallen, daß ich noch nicht einmal zwanzig Jahre alt war und man mich deshalb milder behandelte? An die von der Stasi gern praktizierte Methode, einen Zellenspitzel auf einen anderen Häftling anzusetzen, dachte ich damals nicht. Mich ausspionieren zu wollen wäre bei meiner Aussagebereitschaft und der Beweislage auch unnötig gewesen. Mich selbst hat kein Stasi-Mitarbeiter jemals daraufhin angesprochen, etwas über Heinz zu erzählen. Ein möglicher Grund, der mir erst in späteren Jahren bewußt wurde, war vermutlich auch die Absicht, mich für die kommunistische Ideologie zurückzugewinnen, denn Heinz war bis zu seiner Inhaftierung Mitglied der SED gewesen und verfügte über umfassende Kenntnisse in der marxistisch-leninistischen Weltanschauung und Philosophie.

Wir waren beide froh, uns miteinander unterhalten zu können, weil wir in der gleichen Patsche saßen. Wie immer, wenn zwei Häftlinge miteinander bekannt werden, erzählten auch wir uns als erstes, was wir ausgefressen hatten.

Heinz war in der damaligen thüringischen Kreisstadt Zeulenroda zu Hause, dort war er 1929 geboren. In seiner Kindheit und Jugend wurde auch er geprägt von der Ideologie des Nationalsozialismus und war bei der Hitler-Jugend Fähnleinführer geworden. Nach dem Einmarsch der Sowjetischen Truppen in Thüringen fiel er einer Denunziation zum Opfer, wurde verhaftet und in Buchenwald interniert. Zweieinhalb Jahre mußte er dort zubringen. Andere hat es das Leben gekostet.

Dennoch hatte er auch Einsichten in die ungeheueren Verbrechen der Nazis und die Zusammenhänge gewonnen, die zur Entfesselung des Zweiten Weltkrieges durch Hitler-Deutschland geführt hatten. Trotz der schrecklichen Erfahrungen in Buchenwald hatte er sich mit sozialistischen Ideen angefreundet. Er war nach seiner Entlassung in seiner Heimatstadt geblieben, hatte einen kaufmännischen Beruf erlernt, studiert und war in einem Volkseigenen Betrieb, der Miederwaren herstellte, zum Direktor eines Fachgebietes aufgestiegen. Er war verheiratet und hatte einen kleinen Sohn.

Die Firma, in der er beschäftigt war, verarbeitete feine Gummifäden, die aus Italien importiert werden mußten. Als wieder einmal eine größereLieferung eintraf, war er mit zuständig für eine Lagerung, die sich nach einiger Zeit als nicht geeignet erwies. Dadurch verdarb ein Teil der Ware und war nicht mehr zu verwenden. Die Kriminalpolizei ermittelte wegen fahrlässigen Handelns, das offensichtlich auch vorlag. Doch dann übernahm das Ministerium für Staatssicherheit den Fall und machte einen politischen daraus. Schnell hatte man die „faschistische Vergangenheit“ von Heinz sowie sein abtrünniges Verhalten bei Dienstreisen nach Berlin herausgefunden. Nun warfen ihm die Vernehmer vor, seine fortschrittliche Gesinnung und das sozialistische Bewußtsein nur gespielt zu haben. In Wirklichkeit sei er seinen alten Ansichten aber treu geblieben. Aus fahrlässigem Handeln, das ihm eine geringere Strafe eingebracht hätte, wurde schnell das Staatsverbrechen der Sabotage zurechtgezimmert. Der Betriebsdirektor und ein weiterer leitender Kader mußten sich ebenfalls deshalb vor Gericht verantworten.

Was ich ausgefressen hätte, meinte er, das sei doch eine Lappalie und man müsse mich deswegen nicht einsperren. Es hätte schon ausgereicht, wenn ich zur Polizei oder zu einem Amt bestellt worden wäre, wo man mir eine Moralpredigt gehalten hätte. Er kenne das Buch von diesem Orwell zwar nicht, und auch den Namen des Schriftstellers habe er noch nie gehört, aber gefährlich für die DDR könne das Buch nicht sein. Er meinte, daß dagegen Bücher, die den Faschismus, Nationalsozialismus und Kriege verherrlichen, darunter auch Hitlers „Mein Kampf", zu Recht verboten seien.

Im Grunde genommen sei der Sozialismus keine schlechte Sache, meinte er, und die Lehren von Marx, Engels und Lenin seien schon richtungsweisend für die weitere Entwicklung der Menschheit. Der Imperialismus sei als höchste Stufe des Kapitalismus unweigerlich zum Untergang verurteilt. Der Sozialismus werde ihn ablösen, und eines Tages werde man zum Kommunismus, der klassenlosen Gesellschaft, übergehen. Da er über Hochschulwissen auf diesem Gebiet verfügte, konnte er mir Grundlagen der materialistischen Weltanschauung erläutern, von denen ich bisher wenig oder gar nichts gehört hatte. Wir beide seien Opfer des verschärften Klassenkampfes zwischen dem Sozialismus und dem Kapitalismus, meinte er. Wirtschaftskrisen, Arbeitslosigkeit, Ausbeutung, Obdachlose, hohe Kriminalität, Widerspruch zwischen ungeheuerem Reichtum und bitterer Armut: das sei doch das Gesicht des Imperialismus.

„Und was am meisten ins Gewicht fällt", sagte er häufig, „ist doch die Tatsache, daß die Kapitalisten von den Kriegen profitieren, die sie vom Zaun brechen. Im Sozialismus, wo alles dem Volke gehört, auch die Schwerindustrie, hat niemand Interesse an der Entfesselung eines Krieges."

„Das kann schon so sein", antwortete ich, „ich möchte auch keinen Krieg mehr erleben."

Abb. 27: 1959. Meine Paßbilder aus dem „Verbrecheralbum" der Stasi.

Heinz war zur Vernehmung geholt worden, und ich drehte meine Runden um „Willi Kübel", der nun die Notdurft von uns beiden schlucken mußte und dementsprechend stank. Hinzu kamen ungewöhnlich starke Blähungen, die uns ständig plagten. Da die Zelle keine Entlüftung hatte, versuchten wir, uns etwas erträglichere Luft zu verschaffen, indem wir Taschentücher vorm Gesicht wedelten. In Wirklichkeit wurde es mit der Sauerstoffzufuhr dadurch nicht besser, der Mief wurde nur gleichmäßiger verteilt. Heinz meinte, die Blähungen kämen vom trockenen Brot, das die ganzen Innereien verstopfen würde. In Buchenwald sei es ähnlich gewesen.

Da waren schon wieder Geräusche an der Tür, die mich zwangen, meinen Spaziergang zu unterbrechen. Der Schließer führte mich nicht zu dem Dicken, sondern in einen dunklen Raum, der wie eine Werkstatt aussah und sich als Fotolabor entpuppte. Ein Unteroffizier kam auf mich zu, ergriff meine Hände, aber nicht, um sie freundschaftlich zu drükken. Er preßte meine Finger auf ein Farbkissen und anschließend auf ein weißes Papierblatt. Dann befahl er mir, mich auf einen Drehstuhl zu setzen. Sein Fotoapparat stand auf einem Stativ. Mein Kopf wurde von vorn, links und rechts aufgenommen.

„Ich habe auch eine Praktica zuhause", sagte ich, „mit der kann man ganz gute Aufnahmen machen."

„Sie haben hier nichts zu sagen!" fuhr er mich an.

Auch wenn er nicht mit mir sprechen wollte, ahnte ich, daß die Aufnahmen für das Verbrecheralbum waren. Mit Fingerabdrücken, Paßbildern und einer Personenbeschreibung war ich nun erfaßt und bei einer Flucht würde ich nicht weit kommen.

Die Aufnahme in die Zunft der Straftäter, in das nach der Prostitution wohl älteste Gewerbe der Welt, hatte ich mir anders vorgestellt, nicht so sang- und klanglos.

Schreibmaschinen gehörten bis zum Ende des SED-Staates zu den als „Mangelware" bezeichneten Erzeugnissen. Wer ein derartiges Gerät auf offiziellem Weg erwerben wollte, mußte lange Wartezeiten in einem Geschäft der HO, der Handelsorganisation, in Kauf nehmen.

In der Vernehmung vom 15. Februar, die von 9.00 bis 12.00 Uhr dauerte, wollte der Dicke wissen, welche „hetzerischen Pamphlete" ich maschinenschriftlich angefertigt hätte und warum.

> Frage: Eine Überprüfung in der Konsum-Verkaufsstelle 206 in Unterwellenborn ergab, daß Sie im Mai, Juni und August 1958 jeweils mehrere Tage eine Schreibmaschine ausgeliehen haben. Zu welchem Zweck haben Sie diese Maschine ausgeliehen?
>
> Antwort: Im Mai/Juni 1958 habe ich mit der ausgeliehenen Schreibmaschine den Bericht über das Arbeiterjugendtreffen in Erfurt geschrieben. Ansonsten habe ich die Schreibmaschine zu Übungszwecken ausgeliehen. Desweiteren habe ich auch meine Auslandskorrespondenz damit erledigt. Auslandskorrespondenz hatte ich aufgrund des Sammelns von Briefmarken.

Seine Fragen liefen darauf hinaus, herauszufinden, ob ich womöglich auch Flugblätter mit staatsfeindlichem Inhalt geschrieben und heimlich verbreitet hatte. Wenn die Maschine mein Eigentum gewesen wäre, hätte sie als Tatwerkzeug eingezogen werden können, denn ich hatte sie schließlich zur Ausübung meiner Verbrechen benutzt.

Zum Abendessen hatte es die zwei üblichen Scheiben Brot

pro Person gegeben, mit dem ebenso dürftigen Belag: zwei hauchdünnen Stückchen Wurst und einem rasierklingengroßen Fleckchen Käse. Wenn das „Auge", Dienst hatte, konnten wir damit rechnen, daß sie die Zellentür nochmals öffnete, um mir einen Teller hereinzureichen, auf dem einige Brotscheiben lagen. Diese Prozedur war mir von der Einzelhaft her bekannt, und ich wußte, daß ich mir eine Scheibe herunternehmen durfte. Warum ich dieses Privileg genoß, ist mir rätselhaft geblieben. Ich nehme an, daß sich in ihr ein Großmutterinstinkt regte, der sie dazu veranlaßte, einem so jungen, hoch aufgeschossenen und scheinbar nur aus Haut und Knochen bestehenden Burschen einen zusätzlichen Bissen zuzustecken. Da sah sie womöglich großzügig darüber hinweg, daß ich ihren Staat hatte beseitigen wollen. Und sie tat es, obwohl ich sie, als ich eingeliefert wurde, mit der Bemerkung verärgert hatte, daß ich doch kein Verbrecher sei. Sie hatte mir das freche Benehmen sicher inzwischen verziehen, denn aus mir war ein gehorsamer Gefangener geworden, der wie ein gut dressierter Hund aufs Wort gehorchte.

Seitdem ich mit Heinz in einer Zelle war, teilte ich mit ihm die Extraration. Auch an diesem Abend warteten wir nicht vergeblich darauf, unsere Mägen mit drei oder vier weiteren Häppchen füttern zu können. Wie üblich sprach sie mich an mit: „Dreihundertelf!" Das war das Zeichen, daß ich mich dem Verpflegungsteller nähern durfte. Ich griff zu und hatte zwei Scheiben in der Hand, sie klebten aneinander, und ich dachte, es wäre nicht so schlimm, beide zu nehmen. Da fuhr sie mich an: „Das ist aber etwas unverschämt!"

Ich erschrak und wollte die zweite Scheibe zurücklegen.

„Lassen Sie das! Das nächste Mal aber besser!"

„Jawohl, Frau Unterfeldwebel!"

Heinz war nicht verärgert, daß ihn die Schließerin nicht ins Herz geschlossen hatte. Daß er benachteiligt wurde, führte er darauf zurück, daß er älter und von ganz anderer körperlicher Statur war als ich. Er spottete über sich selbst: „Meinen Bierbauch muß man freilich nicht noch zusätzlich füttern."

„Aber du hast doch bestimmt auch manchmal Hunger?"

Mit einer abwinkenden Handbewegung meinte er, daß die

Verpflegung hier das reinste Schlemmerleben sei im Vergleich zu dem, was er als Buchenwald-Häftling zum Essen bekommen habe. Täglich eine Wassersuppe mit einigen Kohlrübenstückchen darin, dann stundenlanges Strammstehen auf dem Appellplatz. Darüber zu erzählen war riskant. Ein Zellenspitzel hätte ihn anzinken können.

Die Klingel befahl uns um 22.00 Uhr die Nachtruhe. Es kam niemals vor, daß wir sofort einschliefen. Die täglichen Vernehmungen wühlten uns auf, denn ständig kamen neue Vorwürfe und Beschuldigungen hinzu. Lang ausgestreckt lagen wir nebeneinander auf der Pritsche, die Decke bis zum Hals hinaufgezogen, die Arme vorschriftsmäßig oben drauf.

Da – Klopfzeichen an der Heizung. Heinz richtete sich halb auf, horchte und bewegte leicht seine Lippen. „Morse-Alphabet“, flüsterte er, „habe ich bei der HJ gelernt.“

„Und ich bei der GST.“ (Gesellschaft für Sport und Technik)

„Ist fast dasselbe.“

„Pst! Pst!“

Er konzentrierte sich und malte mit dem Zeigefinger Buchstaben in die Luft. „Lasst ... euch ... nicht ... unterkriegen.“

„Was willst du machen?“ fragte ich, weil er sich zum Heizungsrohr beugte.

„Ich will ihn fragen, warum er hier ist.“

Er begann zu klopfen. So gut wie er beherrschte ich die Morsezeichen nicht mehr. Die Ausbildung bei der GST war doch nicht so gründlich gewesen.

„Staats ... ge ... fähr ... den ... de ... Hetze“, kam als Antwort.

„Einer wie ich“, sagte ich, „genau so ein Hetzer wie ich einer bin. Ob er sich auch mit einem verbotenen Buch beschäftigt hat?“

„Wer weiß? Vielleicht hat er sich über irgendwelche Unzulänglichkeiten aufgeregt oder in seiner Stammkneipe einen politischen Witz erzählt. Man ist schneller im Knast, als man denkt.“

„Kannst du dir vorstellen“, fragte ich, „daß Iris und ich uns Liebesbriefe nach dem Morsealphabet geschrieben haben?“

„Wie das? Warum?“

Ich erzählte ihm, daß wir es uns als besonderen Gag ausgedacht hatten, weil es doch eine Weile dauert, bis man den Text entschlüsselt hat. Es war ein gewisser Reiz dabei, herumzurätseln, was der andere mitzuteilen hatte. Er kannte meine Liebesgeschichte mit Iris aus meinen Erzählungen. Ich war froh darüber, in ihm einen erfahrenen Mann gefunden zu haben, mit dem ich mich aussprechen konnte. Heinz wußte inzwischen, daß ich in der Liebe noch keine großartigen praktischen Erfahrungen hatte sammeln können. Ich fragte ihn, wie oft man in der Woche als Ehepaar Geschlechtsverkehr miteinander habe. Das sei unterschiedlich, meinte er. Zweimal in der Woche sei normal, und auch Martin Luther habe sich dahingehend geäußert.

„Wenn man, wie wir, längere Zeit im Gefängnis sein muß, was macht man da?“, fragte ich.

Es sei wahrscheinlich so wie überall dort, wo Männer längere Zeit isoliert seien und nicht mit Frauen schlafen können, also beim Militär, auf See, in Gefängnissen und so weiter. Die Küchenbullen würden Soda oder andere Stoffe in die Getränke und unters Essen mischen. Der Geschlechtstrieb werde damit zwar nicht ganz abgetötet, aber eingedämmt. Die Natur verlange jedoch ihr Recht, und es käme dann gelegentlich vor, daß man einen erotischen Traum habe, bei dem sich das Angestaute entlade.

„Von Iris träume ich oft“, sagte ich.

„Dann geh endlich mal ran! Ich mach Platz für sie und rutsche ganz an meine Wand. Zieh ihr den Pulli aus und den BH – der ist bestimmt in meinem Betrieb hergestellt worden. Geh nicht zu zaghaft mit ihr um, aber auch nicht zu grob. Und verhaltet euch leise, damit die Schließer nichts mitbekommen. Gute Nacht!“

Auch der Versuch ist strafbar

Bei der Vernehmung am 11. Februar spielte jener Brief eine Rolle, den ich am 24. August des Vorjahres geschrieben, aber nicht abgeschickt hatte. Der Dicke und seine Männer hatten ihn bei einer Haussuchung gefunden.

Er fragte mich, warum ich das Schreiben, das schon in einem adressierten, aber nicht frankierten Couvert steckte, nicht abgeschickt, sondern zurückbehalten hätte. Dieses Verhalten sei doch für meine monatelange verbrecherische Tätigkeit völlig untypisch.

Ich antwortete wahrheitsgemäß, daß mich nach der Niederschrift Bedenken geplagt hätten, mit meinen politischen Äußerungen doch etwas zu weit gegangen zu sein. Es sei mir zu gefährlich erschienen, das Schreiben abzuschicken, denn ich befürchtete, daß es sogar in Westdeutschland einmal in falsche Hände geraten könnte und die Behörden in der DDR davon erfahren würden. Daß ich es in meinen Unterlagen beließ, ohne es zu vernichten, könnte ich vergessen haben.

„Aha, vergessen also. Sie waren sich aber der Tragweite dieses verbrecherischen Pamphlets durchaus bewußt?"

„Aber, Herr Leutnant, das kann doch nicht so schlimm sein. Der Brief ist nicht in Marggrafs Hände gelangt und konnte deshalb gar keinen ideologischen Schaden anrichten."

Er lachte auf und meinte, daß da bei mir eine große Wissenslücke klaffte. Schließlich hätte ich mit meinen Handlungen Verbrechen begangen, und schon allein der Versuch sei strafbar.

So kam es, daß mir dieser Brief, aber auch andere Entwürfe erst recht zum Verhängnis wurden. Wie ich einen Monat später feststellen mußte, waren die Anklageschrift der Staatsanwaltschaft und die Urteilsbegründung des Gerichts mit Zitaten daraus gespickt. Und vor allem: die Staatssicherheit hatte damit ein offizielles Beweismittel in der Hand, einen Brief, den sie nicht heimlich geöffnet und fotokopiert hatte.

Es war das Schreiben, in dem ich mich darüber beklagte, daß die FDJ als einzige Jugendorganisation in der DDR alles kontrolliere, und daß ich froh sei, wenn man mich aus der FDJ-Funktion „hinauspfefferte".

Aus dem weiteren Vernehmungsprotokoll:

Frage: Wie schätzen Sie diesen Brief ein?

Antwort: Der Brief beinhaltet Hetze gegen die DDR und das sozialistische Lager. In diesem Brief habe ich offen meine feindliche Einstellung zum Ausdruck gebracht. Der Brief in den Händen von Marggraf hätte diesem die Möglichkeit gegeben, eine weitere Hetzbroschüre gegen die DDR herzustellen.

Der Dicke fuhr mich an, daß das wohl ein starkes Stück sei, was ich mir da geleistet hätte, und er äußerte den Verdacht, daß ich mit dem Bericht über das Pioniertreffen Auftrags-Spionage hätte betreiben wollen.

Dieser Vorwurf löste Angstwellen in mir aus. Als Spion oder Agent hätte ich vor Gericht keine Gnade zu erwarten. Da konnte man sich schnell zehn, zwölf, fünfzehn Jahre oder lebenslänglich holen. Deshalb beeilte ich mich zu versichern, daß ich keinen Auftrag hatte, derartige Ereignisse in der DDR zu beobachten und darüber zu schreiben. Ich hätte es freiwillig, aus eigenem Antrieb getan und nie Geld dafür bekommen.

Er antwortete darauf mit seinem gewohnten: „Aha. – Staatsgefährdende Hetze und Sammlung von Nachrichten ist es aber trotzdem."

Weshalb ich denn überhaupt nach Halle gefahren sei, wollte er wissen. Wem eine solche Manifestation des Sozialismus nicht gefalle, der fahre doch nicht hin, um sich diese anzuschauen.

Damit war ich wiederum in eine Zwickmühle geraten. Bisher war es mir stets gelungen, Iris aus der Sache herauszuhalten. Um mich des schweren Vorwurfs zu erwehren, legte ich die Karten auf den Tisch und verriet ihm den wahren Grund. Ein Fünkchen Hoffnung habe mich zu der Reise veranlaßt, die Hoffnung, meine ehemalige Freundin zufällig zu treffen.

„Aha, ein Spion auf Freiersfüßen! Das wird ja immer interessanter. Dann sagen Sie mir mal, wie sie heißt und wo sie wohnt, wir werden es überprüfen."

Nur ungern nannte ich ihren Namen. Wenn ihr der SSD auch nichts anhaben konnte, so würde eine Befragung gewiß ärgerlich, vielleicht sogar ein Schock für sie sein.

Er wollte wissen, welche politische Einstellung Iris habe. Eine gute, antwortete ich, sie ist auch in der FDJ und wir waren zusammen in einer GST-Gruppe, haben uns am Luftgewehrschießen beteiligt.

„Aha!"

Die Einbindung eines Menschen in gesellschaftliche Organisationen sei noch lange kein Beweis für dessen ehrliche Überzeugung vom Sozialismus. Das sehe man ja an mir. Er versprach mir, wenn er in die Lage käme, selbst mit meiner Ex-Freundin zu reden, ihr nicht zu verschweigen, was aus mir für ein Subjekt geworden sei.

Ich habe nie erfahren, ob sie tatsächlich einmal Besuch von der Stasi erhalten hat.

Im Verhör am 11. Februar versuchte der Dicke dahinter zu kommen, was mein Tatmotiv gewesen sein könnte. Oder gab es mehrere?

Ich war entschlossen, es ihm nicht zu verraten. Es hätte, wie ich glaubte, meine Situation nicht verbessert. Außerdem sträubte sich in mir etwas, ihn zu tief in mein Seelenleben blicken zu lassen. Von ihm hätte ich kein Verständnis und schon gar keine Hilfe erwarten können, schließlich war er kein Psychiater. Und vor dem Zuchthaus konnte mich ohnehin nichts mehr retten. Wenn ich ihm von meiner Liebesgeschichte mit Iris erzählt hätte, wäre er mir womöglich mit anzüglichen Bemerkungen begegnet. Daß ich Orwells Roman nicht nur gelesen, sondern mir *Winston Smith* direkt zum Vorbild genommen hatte, wäre auch kein mildernder Umstand gewesen – im Gegenteil. Fast täglich meldeten die Zeitungen, wie durch „westliche Schund- und Schmutzliteratur“ Jugendliche in der DDR negativ beeinflußt und zu Straftätern wurden. Dabei spielten allerdings kriminelle Delikte eine weitaus größere Rolle als politische.

Gefährlich hätte mir mein Tagebuch werden können, aber das lag, wie ich hoffte, sicher versteckt hinter dem Bretterverschlag auf dem Heuboden. Kein Mensch kannte dieses Geheimnis, nicht einmal meinem Zellenkumpel Heinz hatte ich davon erzählt.

„Tja – Motiv?“ sagte ich und gab eine Antwort, die ihn zu befriedigen schien, da sie plausibel klang und gar nicht so sehr an den Haaren herbeigezogen war. Schließlich war es mein größter Traum, mir die Welt anzusehen. Selbst Heinz schwärmte ich vor, wie ich am Steuer eines amerikanischen Straßenkreuzers durch die unendlichen Weiten des Wilden Westens brausen würde. Aber es mußten nicht unbedingt die

Vereinigten Staaten sein. In meinem Kopf hatte ich mir vor Jahren eine Visitenkarte gedruckt, auf der ich mich als Einwohner von Rio de Janeiro auswies:

„Senhor Balduro Hasenso, Avenida Atlantica 105“ lautete meine Adresse. Der Strand von Copacabana war mein Zuhause.

Aber so ausführlich mußte der Dicke es nicht erfahren.

Frage: Warum haben Sie überhaupt derartige hetzerische und verleumderische Nachrichten nach Westdeutschland übermittelt?

Antwort: Diese Dinge habe ich getan, weil ich die Absicht hatte, in absehbarer Zeit nach Westdeutschland zu flüchten. Durch meine Übermittlung dieser Nachrichten wollte ich mir in Westdeutschland eine feste Basis schaffen. Ich glaubte, daß ich dadurch sofort als „politischer Flüchtling“ anerkannt werde und eine Arbeitsstelle erhalte. Desweiteren habe ich dies aus meiner feindlichen Einstellung zur DDR getan. Wie es zu dieser feindlichen Einstellung kam, habe ich in meinen vorherigen Vernehmungen bereits mehrmals dargelegt. ...

Immer mit den Wölfen heulen ist meine Parole. Es ist die einzige Möglichkeit, ungeschoren zu bleiben.
(George Orwell in „1984“ über Winston Smith)

Es war Anfang März geworden. Heinz und ich konnten den nahen Frühling nur erahnen. Wenn die Welt um unser Gefängnis untergegangen wäre, wir hätten es kaum bemerkt. Aktuelle Nachrichten über das, was sich in der DDR, in Europa oder irgendwo anders auf der Erde abspielte, hatte er seit Monaten – ich seit Wochen – nicht gehört. Von unseren Familienangehörigen waren keine Rückmeldungen eingegangen, wir wußten nicht, was zu Hause los war. Wir bekamen nichts zum Lesen, nicht einmal eine alte Zeitung, und ein Knastfunk war ebenfalls Illusion. Naturkatastrophen, Regierungswechsel, Unglücke, Revolutionen, Kriege, Attentate konnten sich irgendwo in der Welt ereignet haben – wir hätten kein

Wort darüber erfahren. Das Wachpersonal hatte keine Order, uns darüber zu informieren, und unsere Vernehmungsoffiziere interessierten sich nur für unsere Strafsachen, so als gäbe es nichts anderes. Dabei war das Nachbargebäude ein Filmtheater, aber wir hätten, wenn wir es nicht zufällig gewußt hätten, davon nichts bemerkt. Lediglich gegen Mitternacht, wenn die Spätvorstellung zu Ende war, drangen manchmal Stimmen von Passanten herauf zum Fenster unserer Zelle, aber was gesagt oder gerufen wurde, konnten wir nur, wenn überhaupt, bruchstückartig verstehen.

Die tägliche Bewegung im Freihof, die wir gemeinsam absolvieren durften, ermöglichte nur einen Blick auf ein paar ausbetonierte Quadratmeter zwischen Gefängniswänden und Mauern. Wir konnten uns vorstellen, daß selbst in der warmen Jahreszeit die Gefängnisleitung hier nichts duldete, woran sich ein Häftling hätte erfreuen können, keinen Löwenzahn, keinen Grashalm und kein Gänseblümchen.

Um diese Zeit, es war Mitte Februar geworden, deutete mir der Dicke an, daß die Ermittlungen nun bald abgeschlossen seien. Die Vernehmungen hatten fast den Charakter zwangloser Unterhaltungen angenommen. Es kam kaum noch ein verächtliches Wort aus seinem Mund. Mit Drohungen war er ohnehin zurückhaltend gewesen. In mir nagte jedoch die Ungewißheit über die Höhe der zu erwartenden Strafe.

„Mit wieviel muß ich denn ungefähr rechnen?“, fragte ich.

„Dazu kann ich keine verbindlichen Aussagen machen. Das werden die Richter entscheiden. Sage ich Ihnen jetzt, es können zwei Jahre werden, und es kommen mehr dabei heraus, werden Sie mich verfluchen. Sage ich aber vier Jahre und es sind dann weniger, schimpfen Sie auch auf mich, weil ich übertrieben hätte.“

„Bewährung ist wohl nicht drin?“

„Wo denken Sie hin, Sie haben zwei Verbrechen begangen! Mehr als zwei Jahre bekommen Sie bestimmt aufgebrummt. Da gibt es keine Bewährung mehr.“

„Ich habe aber Angst vor dem Zuchthaus.“

„Da kann ich Ihnen nicht helfen. Sie müssen nun die Suppe auslöffeln, die Sie sich eingebrockt haben.“

Dann redete er mir noch ins Gewissen, daß ich die Zeit des

Weggesperrtseins gut nutzen sollte. „Sie können, wenn Sie ehrlich alles bereuen und ihre Strafe verbüßt haben, neu beginnen," sagte er. „Und wenn Sie bereit sind, auf meinen Vorschlag einzugehen, Ihre eigenen Einlassungen zu schreiben, dann wird Ihr guter Wille vom Gericht belohnt werden."

Ich durfte mich an einen kleinen Tisch setzen, auf dem Schreibpapier und ein Füllfederhalter lagen.

„Was ist das, eigene Einlassungen?"

„Das ist die Darstellung Ihrer Straftaten aus Ihrer Sicht. Nehmen Sie sich ruhig Zeit mit Ihrer Niederschrift."

Nach wochenlanger Schreibabstinenz war ich froh über diese Vergünstigung. Ich griff zu und schrieb mir fast die Finger wund. Der Dicke saß am Schreibtisch und las in Akten. Hin und wieder warf er einen Blick zu mir herüber. Ich brachte meine Ausführungen auf 20 Seiten. Er las sie aufmerksam durch und beanstandete kein Wort. Wäre ich ein Schüler in einer Prüfung gewesen, der einen Aufsatz zu schreiben hatte und er mein Lehrer, so hätte er mich wegen meines Fleißes nicht weniger gelobt.

„Gut", sagte er, „das ist in Ordnung."

Ich hätte mich nicht gewundert, wenn er aus seinem Schreibtisch zwei Schnapsgläser und eine Flasche Wodka hervorgeholt und mit mir auf das Ende seiner erfolgreichen Ermittlungen angestoßen hätte.

Ich hatte geschrieben (Auszüge):

> Während meiner gesamten Funktion als FDJ-Funktionär habe ich ständig die Hetzsendungen des Londoner Rundfunks abgehört. Ebenso zog ich das Mäntelchen des fortschrittlichen Menschen nur in den Sitzungen und Versammlungen der FDJ-Organisation an. Das FDJ-Abzeichen habe ich ebenfalls nur bei diesen Anlässen getragen. Die schwankende Haltung gegenüber unserem Staat wandelte sich besonders nach meinen Besuchsreisen in Westdeutschland (in den Jahren 1956 und 1957) in offene Ablehnung um. Ich war in der Folgezeit so beeindruckt, daß ich kein fortschrittliches Buch las, ständig Westsender abhörte und die Sender der DDR nur bei Tanzmusik einstellte. Daher ist es leicht zu verstehen, daß ich mich mit der

> Absicht getragen habe, nach Westdeutschland zu flüchten.
> ...
> In dem Buch „1984“, das mir Marggraf geschickt hatte, wird Hetze gegen das gesamte sozialistische Lager getrieben. Ich fand es interessant und gewann die Ansicht, daß der Autor des Buches, George Orwell, in vielen Dingen recht behalten könnte.
> Mich persönlich bestärkte das Buch noch in meiner Einstellung und so konnte ich auch in einem meiner Hetzbriefe an Marggraf schreiben, daß das selbständige Denken ausgeschaltet wird. ...
> Ich sehe ein, daß es ein verwerflicher Charakterzug von mir war, eigener, persönlicher Vorteile willen, über die DDR in hetzerischer Art Unwahrheiten zu verbreiten.
> Baldur Haase

Reif für den Staatsanwalt

Erst Tage und Wochen nach dem Prozeß, als ich mich wieder allmählich in der Lage fühlte, nachzudenken, wurde mir bewußt, daß ich mit meinen Einlassungen selbst Teile meiner eigenen Anklageschrift und der Urteilsbegründung formuliert hatte. Der Staatanwaltschaft und dem Gericht hatte ich damit, aber auch durch meine umfassenden Geständnisse, Material zugespielt, mit dem sie hervorragend arbeiten konnten.

Während einer der letzten Sitzungen mit dem Dicken hatte er mich gefragt, ob ich selbst einen Anwalt als Verteidiger benennen möchte. Ein Pflichtverteidiger würde mich nichts kosten. Obwohl ich keinen Kontakt zu meinen Eltern hatte und sie nicht fragen konnte, war ich davon überzeugt, daß sie das Geld für einen Anwalt gern aufbringen würden, aber ich entschied mich für einen Pflichtverteidiger.

Zum Ende der ersten Märzwoche, etwa zehn Tage vor der Verhandlung, deutete der Schließer mit der Hornbrille, den wir „Professor“ nannten, an, daß ich verlegt würde und deshalb müßte ich meine Siebensachen zusammenraffen. Mit Heinz konnte ich nur noch ein schnelles „Machs gut“ wechseln. Zu mehr reichte die Zeit nicht. Wir sollten uns jedoch bald wiedersehen und dann zwei Jahre lang durch die gleichen Gitterstäbe blicken und im selben Schlafraum in die Schnarchkonzerte einer ganzen Knastologenschar einstimmen.

In der Einzelzelle wurde wieder der Kübel zu meinem einzigen Gefährten, dem ich meine Gedanken anvertrauen konnte. Diese drehten sich fast nur um den bevorstehenden Prozeß, bei dem mir die Hauptrolle zugedacht war. Auch über das, was mich an meinem nächsten Aufenthaltsort, dem Zuchthaus, erwarten würde, grübelte ich nach. Völlig offen war auch, in welchen Ort der DDR man mich nach der Verurteilung verfrachten würde.

Zwei Besuche erhielt ich in der Zelle. Mein erster Gast stellte sich als Staatsanwalt vor. Er hielt eine Moralpredigt, ähnlich der des Untersuchungsrichters, wobei er ebenfalls auf mein jugendliches Alter, meine Verderbtheit und Verkommenheit anspielte und den unermeßlichen politisch-ideologischen Schaden hervorhob, den ich angerichtet hätte. Er gab mir die Anklageschrift zum Lesen, aber ich überflog die Zeilen, ohne den Inhalt aufzunehmen. Ob ich etwas dazu zu sagen hätte, fragte er.

Ich schüttelte den Kopf.

Der zweite Besucher war mein Verteidiger, Rechtsanwalt G. aus Gera, der mich mit Vorwürfen weitgehend verschonte. Er erzählte mir, wie ich mich bei Gericht zu verhalten hätte. Das war alles. Der Staatsanwalt hatte am Revers seines Jacketts ein Parteiabzeichen der SED getragen. Der Anwalt trug es an der gleichen Stelle.

Kurzer Prozeß

Die Macht besteht darin, Schmerz und Demütigungen zufügen zu können. Macht heißt, einen menschlichen Geist in Stücke zu reißen und ihn nach eigenem Gutdünken wieder in neuer Form zusammenzusetzen.
(George Orwell: 1984)

Der Prozeß vor dem I. Strafsenat des Bezirksgerichtes Gera, der für Staatsverbrechen zuständig war, fand am 18. März 1959 statt. Die Urteilsverkündung erfolgte zwei Tage später.

In der Nacht davor konnte ich kein Auge schließen und wälzte mich auf meiner Pritsche umher. Bauchschmerzen und Durchfall plagten mich. Der Weckton klang mir durchdringender in den Ohren als sonst. Nachdem ich meine übliche Katzenwäsche beendet hatte, kaute ich an meinem Frühstücksbrot, brachte aber von der Henkersmahlzeit kaum einen Bissen hinunter.

Geräusche an der Tür: Ich sprang auf. Das Krachen der Riegel hörte sich an wie das Knallen von Gewehrschüssen bei einer Hinrichtung. Nach dem Öffnen erwartete ich den üblichen Befehl, daß ich, die Nummer 311, herauszutreten hätte. Stattdessen hörte ich eine freundliche, weiche Stimme, die gar nicht zum Gefängnis paßte: „So, kommen Sie bitte, Herr …"

Nach dem Umdrehen erkannte ich den „Opa". Er sah mich an, als ob er mir etwas zuflüstern wollte, was ihm in seiner Stellung jedoch verboten war. Vielleicht wollte er mir Glück wünschen hinsichtlich eines nicht zu hohen Strafmaßes. Über eine Vorschrift hatte er sich bereits hinweggesetzt, indem er mich nicht als Nummer angesprochen hatte. Ein Herr war ich schon wochenlang nicht mehr gewesen. Eine halbe Stunde später würde ich ein Angeklagter sein und dann für Jahre, wie ich befürchten mußte, wieder eine Nummer.

Er dirigierte mich in die Wachstube am Ende des Zellenganges. Ein Unter- und ein Oberfeldwebel erwarteten mich bereits. Sie legten mir einen Hemdlatz um, an dem eine Krawatte befestigt war. Bei zugeknöpftem Sakko sah es so aus, als würde ich ein ordentliches Herrenoberhemd mit Schlips tragen. Lediglich die Handschellen, mit denen sie mich fesselten, paßten nicht zu meiner vornehmen Erscheinung. Sie nahmen mich in ihre Mitte, ich warf dem Opa noch einen Blick zu, er nickte leicht. Wieder hatte ich weiche Knie wie bei der Verhaftung und dem Gang zu den Vernehmungen. Über Treppen und Gänge führten sie mich zum Gerichtssaal. In der Vorhalle erkannte ich plötzlich meinen Vater, der um Jahre gealtert zu sein schien.

„Mein Junge!“ rief er und ging auf mich zu.

„Halt, keinen Schritt weiter!“ schrie der Oberfeldwebel und griff an seine Pistolentasche. Mein Vater riß den Mund auf und blieb wie angewurzelt auf der Stelle stehen. Auf einer der Zuschauerbänke sah ich ihn dann wieder. Die Verhandlung war öffentlich. Trotzdem war nur ungefähr ein Dutzend Neugieriger erschienen, Rentner, die wohl nichts anderes zu tun und Langeweile hatten.

Meine Mutter hatte zu Hause bleiben müssen, sie war der Aufregung nicht gewachsen gewesen und auf halbem Wege zum Bahnhof wieder umgekehrt, wie ich 25 Monate später erfuhr.

Das Gericht hatte darauf verzichtet, die in der Anklageschrift genannten drei Zeugen zu laden, denn meine protokollierten Geständnisse, die eigenen Einlassungen und die als Beweismittel vorliegenden Erzeugnisse „westlicher Schund- und Schmutzliteratur“, darunter Orwells Roman „1984“, reichten aus, mich schuldig zu sprechen und zu verurteilen.

Der Prozeß begann um 8.15 Uhr und endete um 15.55 Uhr.

Ich erlebte den Vorgang, ähnlich wie es mir bei der Verhaftung ergangen war, wie einen Alptraum, aus dem mir nur Blitzlichter in Erinnerung geblieben sind – die aber umso unvergeßlicher.

Staatsanwalt und Richter schienen sich bei ihren Vorträgen in der Lautstärke gegenseitig überbieten zu wollen. Ihr Schreien sollte wohl eine moralische Wirkung auf mich ausüben, mich vollkommen einschüchtern und demütigen. Vielleicht waren es im Sinne der SED-Justiz gute Juristen, aber allgemein gesehen schlechte Psychologen, denn sie brüllten mir weiter in die Ohren, als ich bereits Rotz und Wasser heulte. In wenigen Minuten war mein Taschentuch durchnäßt.

Aus der Anklageschrift:

> Aktenzeichen I 24/59 vom 28.02.1959, Zeichen: Pe/Ir:
> Den Drucker Baldur Haase klage ich an:
> fortgesetzt handelnd durch Übermittlung von Nachrichten an Helfer von Agentenorganisationen, die Sicherheit der Deutschen Demokratischen Republik – und durch staatsgefährdende Hetze die grundlegenden gesellschaftlichen Verhältnisse – die politisch-ideologischen Grundlagen der DDR – in hohem Maße gefährdet zu haben. ...
> Der Beschuldigte Haase unterhielt seit April 1958 Beziehungen zu einem Funktionär der westdeutschen Jugendorganisation „Wandervögel" und übermittelte diesem fortgesetzt Berichte über die wirtschaftlichen und politischen Verhältnisse in der DDR. ... Der Beschuldigte führte weiter Hetzschriften aus Westdeutschland ein und gab diese Hetzschriften an andere Personen weiter.
> (Verbrechen nach §§ 15, 19 (1) Ziff. 2, Abs. 2 und 3 StEG i.V.m. § 74 StEG).

Als Beweismittel wurden meine eigenen Einlassungen aufgeführt, Zeugenaussagen, das Gutachten des Instituts für Zeitgeschichte in Berlin über „1984" und verschiedene Broschüren und ein Schreiben von „Hannibal".

> Der Beschuldigte hat sich seine Mitgliedschaft in der FDJ erschlichen, um sich persönliche Vorteile zu verschaffen. Das entgegengebrachte Vertrauen nutzte er skrupellos zur Feindtätigkeit gegen die DDR aus. In voller Erkenntnis der für ihn zu erwartenden schwerwiegenden Folgen gab Haase entstellte Berichte vom Treffen der Arbeiterjugend Ostern 1958 in Erfurt nach Westdeutschland. ...
> Nicht genug damit, daß Haase Nachrichten politischer und wirtschaftlicher Art an den Agenten Marggraf übermittelte, nein, er ließ sich auch Schriften und Bücher mit feindlichem Inhalt von Marggraf übersenden. So wurde Haase ein Buch „1984" von Georg Orwell, eine Broschüre „Max

Gera, den 9.4.1959

5

An den

Leiter der Strafvollzugsanstalt

in Gera

Betr.: Beurteilung des Häftlings Haase, Baldur

Der Häftling Haase befand sich in der Zeit von 13.1.1959 bis 28.3.1959 in Untersuchungshaft.

Auf Grund seiner Führung im Verlaufe der U.-Haft und im Ergebnis der geführten Ermittlungen kann der Häftling wie folgt beurteilt werden:

1. Aufrichtig — verstockt — brutal — kriminell oder politisch vorbestraft — Provokateur — Aufwiegler — neigt zur Gruppenbildung — starke feindliche Einstellung zur DDR.
2. Gefahr der Flucht — der Widersetzlichkeit — des Selbstmordes.
3. Seelisch oder geistig abartig — krank — ansteckende Krankheit — schwanger — Epileptiker.
4. Weitere Bemerkungen:

Abb. 28: Beurteilung durch den Vernehmungs-Offizier.

und Moritz" – Wahlpropaganda der übelberüchtigten Adenauerpartei und anderes mehr übersandt. ...
Mit diesen von Haase begangenen Verbrechen hat er unserer DDR einen hohen Schaden zugefügt und hat sich somit offen als Feind der DDR entlarvt und sich bereitwilligst als Handlanger imperialistischer Kriegstreiber ver-

dungen. ...
Haase hat mit diesen Taten die Tatbestandsmerkmale der Nachrichtenübermittlung und staatsgefährdenden Hetze erfüllt und muß sich nun vor einem Gericht unserer Arbeiter-und-Bauern-Macht verantworten. ...
In der Hauptverhandlung muß ihm durch das Gericht die richtige Antwort auf seine gemeinen Taten gegeben werden. ...
I.A. (Peter)
Staatsanwalt

Die Anklage vertrat Staatsanwalt Schöber von der Bezirksstaatsanwaltschaft Gera. Er warf mir sogar vor, Marggraf das Buch „Nackt unter Wölfen" geschickt zu haben. Es sei kennzeichnend für meine politische Einstellung, daß ich eine Tiergeschichte und nicht ein fortschrittliches Buch ausgewählt hätte, das unsere sozialistische Entwicklung dokumentiert. Er hatte offensichtlich keine Ahnung, wovon er da redete, denn „Nackt unter Wölfen" ist beileibe keine Tiergeschichte, sondern die Geschichte eines jüdischen Jungen im nationalsozialistischen KZ Buchenwald. Bruno Apitz, der Autor, hatte für den Roman 1958 den Nationalpreis der DDR erhalten.

Aber es wäre mir nicht in den Sinn gekommen, den Staatsanwalt auf seine kulturelle Bildungslücke hinzuweisen. Dazu fehlte mir der Mut.

Aus dem handschriftlichen Protokoll der Hauptverhandlung:
Öffentliche Sitzung Gera, 18.3.59
des 1. Strafsenats des Bezirksgerichtes
Es erscheint bei Aufruf der Angeklagte, vorgeführt aus der U-Haft, mit seinem Verteidiger, Rechtsanwalt (XXX) aus Gera.
Angeklagter: Ich war im Kulturbund seit 1955, in der FDJ seit 1955, in der DSF seit 1957.
Ich habe viele verschiedene Bücher gelesen und war in der Bücherei angemeldet. Besonders interessiert war ich an populärwissenschaftlichen Büchern und Reisebeschreibungen. Im Radio habe ich oftmals Westsender gehört, auch Kommentare.

Staatsanwalt: Zu Hause Theorien von Westsendern, in Schule und Betrieb andere Richtung, wurde schwankend.
Angeklagter: Klare Haltung für FDJ hatte ich nicht ... Ich hatte keine Gründe in die FDJ zu gehen. Ich habe Funktionen angenommen, um eventuell keine Nachteile zu erhalten. ...
Es stimmt, daß ich in meinen Briefen immer aggressiver wurde. Mit Eltern nicht darüber gesprochen. Ich habe bei Gespräch erwähnt, daß mit Jugendlichen aus Westdeutschland in Verbindung. Ansonsten aber nicht darüber gesprochen. ... Ich war mir im klaren, daß ich etwas Unrichtiges tue ... Ich hatte kein festes Bewußtsein zu unserem Staat. ...
Ich wollte in W-Deutschland Anerkennung als politischer Flüchtling finden. Ich wußte, daß man da besonderen Ausweis erhält und dadurch besondere Rechte genießt. ...
Antwort auf Fragen des Vorsitzenden zum Buch „1984“:
... Ich legte es auf die Art aus wie es im Buch steht. Das selbständige Denken (wird) ausgeschaltet. ...
Staatsanwalt: Im Buch („1984“) direkte Unwahrheiten gestanden. Jeder kann (in der DDR) ja mitarbeiten. ...
Antwort auf Frage des Verteidigers:
... Ernsthafte Gedanken über mein Handeln habe ich mir nicht gemacht. ...

Plädoyer des Staatsanwalts:
... Der Vertreter des Staatsanwalts erhält das Wort zu seinen Ausführungen. Er würdigt die Tat des Angeklagten im gesellschaftlichen Zusammenhang und unter Berücksichtigung der persönlichen Entwicklung desselben. Er stellt den Antrag, den Angeklagten nach § 15 StEG zu einer Zuchthausstrafe von zwei Jahren und drei Monaten und nach § 19 ... zu einer Zuchthausstrafe von einem Jahr und drei Monaten zu verurteilen. Hieraus beantragt er eine Gesamtstrafe von drei Jahren und drei Monaten Zuchthaus. Die Untersuchungshaft bittet er auf die zu erkennende Strafe anzurechnen.
Plädoyer des Offizialverteidigers:
... Der Verteidiger erhält das Wort zu seinen Ausführungen. Er bittet bei § 19 zu berücksichtigen die geringe Ver-

> breitung von diesem Roman. ... Weiter zu prüfen, ob es sich nicht allein um einen Fortsetzungszusammenhang bei Tat handelt. ...
> Zu berücksichtigen die ganze persönliche Entwicklung des Angeklagten. Ihn interessierte im großen Masse [gemeint ist Maße, B.H.] die ganze Entwicklung des Lebens, der Menschen. Durch das Abhören westlicher Sender und durch FDJ und durch Betrieb kam er dann zu Widersprüchen. 1957 besuchte er dann Personen, die die DDR verlassen hatten, in Westdeutschland und wird durch diese wohl auch noch bestärkt. Meinung, daß er sich Mitgliedschaft und Funktionen nicht erschlichen hat. Durch diese Widersprüche nicht mehr so aktiv in FDJ mitgearbeitet. Seine Handlungen damit ab September eingestellt. Angeklagter ansonsten ein guter Arbeiter gewesen. Begriff der Umerziehung in den Vordergrund zu stehen hat. Bei der Urteilsfindung zu berücksichtigen die bisherige persönl. Entwicklung des Angeklagten.

Mein jugendliches Alter und der Umstand, bisher nicht straffällig geworden zu sein, spielte in den Ausführungen der Prozeßbeteiligten keine Rolle. Die Hinweise des Verteidigers zu meinen Gunsten, daß der Roman „1984“ nur einen geringen Verbreitungsgrad habe, und daß ich mir die Mitgliedschaft und die ehrenamtlichen Funktionen in der FDJ nicht erschlichen hätte, wurden vom Gericht als unbegründet zurückgewiesen.

Die Konstruktion der Staatssicherheit, die Jugendorganisation Wandervogel stehe auf einer Stufe mit westdeutschen Agenten- und Spionageorganisationen, war System. Der Kalte Krieg zwischen Ost und West kennzeichnete den Alltag in der politischen Auseinandersetzung.

Ich mußte erkennen, daß mich mein Vernehmungsoffizier Leutnant Wunder mit dem Versprechen, durch Geständnisbereitschaft und Reue meine Lage verbessern zu können, aufs Glatteis geführt hatte. Die an den Haaren herbeigezogenen und unbewiesenen Behauptungen, Marggraf und der Wandervogel hätten es systematisch und planmäßig darauf abgesehen, die DDR zu schädigen und damit letztendlich ihre Existenz zu gefährden, führten dazu, daß das Gericht zu einem höheren Strafmaß fand. Dabei soll aber nicht übersehen werden, daß der mögliche Strafrahmen nicht ausgeschöpft wurde, das heißt, ich hätte durchaus zu einer noch höheren Strafe (fünf, sechs oder acht Jahre) verurteilt werden können.

Ich durfte ein letztes Wort äußern und sagte:

> Ich sehe ein, daß ich durch Handeln gegen Gesetze verstoßen habe und Schaden zugefügt habe. Ich sehe ein, daß ich bestraft werden muß. Nach Strafverbüßung werde ich ein neues Leben beginnen und die Lehren beachten.

Obwohl der Urteilsspruch noch ausstand, war ich von einer Ungewißheit befreit, die mich wochenlang geplagt hatte. Mit zirka drei Jahren, vielleicht etwas mehr oder weniger, mußte ich nun rechnen. Schlimme Aussichten, wenn ich daran dachte, wie die zwei Monate Untersuchungshaft bisher an mir genagt hatten.

Alle Anwesenden im Saal hatten sich erhoben. Mein Vater stand mit gesenktem Kopf in der ersten Reihe.

„Im Namen des Volkes!“ begann der Vorsitzende mit Nachdruck.

Das Volk aber war noch spärlicher vertreten als zur Eröffnung der Hauptverhandlung vor zwei Tagen. Es sollte noch mehr als 30 Jahre dauern, bis es in Massen auch an diesem Gericht vorbei demonstrieren würde mit dem Ruf: „Wir sind das Volk!“

Das Gericht entsprach mit seinem Urteil dem Antrag der Staatsanwaltschaft. Der Vorsitzende redete sich beim Verlesen der Urteilsbegründung immer mehr in Ekstase und schien sich an meiner Verzweiflung, die mir immer wieder die Tränen in die Augen trieb, zu weiden. Ich wünschte mir, daß sich eine Falltür unter meinen Füßen öffnen und ich in einen bodenlosen Raum stürzen möge. Dann kam ich mir plötzlich vor wie betäubt. Wenn mich meine beiden Bewacher in eine Folterkammer gezerrt, mir die Kleider vom Leibe gerissen, mich auf ein Streckbrett gespannt und am ganzen Körper mit glühenden Zangen gezwickt hätten, ich hätte nichts gespürt.

Mein Verteidiger deutete mit einem Kopfnicken an, daß er mir noch etwas zu sagen habe.

„Sie können das Rechtsmittel der Berufung in Anspruch nehmen. Dann wird das Urteil vom Obersten Gericht der DDR geprüft. Ich rate Ihnen jedoch nicht, diesen Schritt zu gehen. Es gibt Fälle, wo das Oberste Gericht die Urteile kassiert und eine höhere Strafe ausspricht."

Ich erwiderte nichts, brachte kein Wort über die Lippen. Er wertete mein Schweigen wohl als Zustimmung, und die Protokollantin vermerkte:

> Der Angeklagte nimmt um 15.55 Uhr das Urteil an. Der Staatsanwalt gibt keine Erklärung ab.

Mein Vater näherte sich der Anklagebank. Die Feldwebel warfen sich in die Brust und musterten ihn.

„Wieviel?" fragte er, „ich habe es nicht verstanden."

„Drei Jahre und drei Monate Zuchthaus", antwortete der Anwalt an meiner Stelle, da ich immer noch schwieg.

Mein Vater zuckte zusammen wie von einem Peitschenhieb getroffen.

Auszüge aus dem Urteil, Aktenzeichen 1 BS 19/59 – I 24/59:

> Der Angeklagte verschaffte sich westliche Schund- und Schmutzliteratur und hat diese auch gelesen. ... Er erhielt gelegentlich von Marggraf das Buch „1984". Der Autor des Buches ist George Orwell und es wird als utopischer Roman bezeichnet. Aus dem vorliegenden Schriftgutachten des Deutschen Instituts für Zeitgeschichte in Berlin ergibt sich jedoch, daß der Inhalt des Buches nicht nur staatsgefährdend ist, sondern in der Hand seines Lesers staatsfeindliches, besonders gegen die UdSSR und alle sozialistischen Länder gerichtetes Hetzmaterial darstellt. ...
>
> Von der üblen Hetze und Nachrichtenübermittlungen hat er nicht abgelassen, weil er durch das ständige Abhören westlicher Rundfunkstationen und den Berichten des Marggraf in seiner falschen Meinung bestärkt wurde und er auch immer haßerfüllter gegen alle Maßnahmen der DDR geworden wäre. ...
>
> Die Verteidigung des Angeklagten spricht sich grundsätzlich für die Anwendung der genannten Gesetze aus. Sie ist der Ansicht, daß wohl mehr eine planmäßige Tat vorliege und stellt in Zweifel, daß sie im Auftrag der in § 14 [Spio-

nage, B.H.] genannten Stellen begangen wurde. Eine solche Meinung ist nach Meinung des Senats nicht konsequent, wenn sich die Verteidigung für die Anwendung des § 15 StEG [Sammlung von Nachrichten, B.H.] ausspricht. Wegen der Bildung des Strafmaßes werden keine Einwendungen gemacht. ...
Jede weitere Zeile von Marggraf und die lügenstrotzenden Kommentare verschiedener Westsender machten den Angeklagten zum Feind der DDR und so leistete er bereitwillig Handlangerdienste für den westdeutschen Nato-Staat.
...
Der Angeklagte hat gewußt, daß diese Organisation „Wandervogel“ ihre Fühler gegen die Errungenschaften unseres Staates ausstreckt und daß sie Agentenorganisationen keineswegs nachsteht. Es geht dieser Jugendorganisation darum, noch schwankende Bürger der DDR auf ihre Ideologie zu ziehen, damit sie gleichwohl den Kampf gegen unseren Staat fortführen. Durch Lüge und Verleumdung hat Haase mitgeholfen, daß wiederum westdeutsche Bürger in ihrer Meinung zur DDR mißtrauisch werden oder gar eine gegnerische Stellung zu uns einnehmen. ...
Aus diesen Gründen hat auch der Senat dem Antrag der Staatsanwaltschaft zugestimmt, um unseren Staat vor derartigen Anschlägen zu schützen, jedoch auch mit dem Ziel, den Angeklagten im Strafvollzug wieder zu einem vollwertigen Mitglied unserer Gesellschaft erziehen zu können.
Lätsch Heinig Neumann

In der „Sammelzelle“

Nun war ich ein rechtskräftig verurteilter Staatsverbrecher, auf den der Knast wartete. Meine Erwartung, bereits am nächsten Tag mit einer „Grünen Minna“ an ein unbekanntes Ziel abtransportiert zu werden, erfüllte sich nicht. Ein jüngerer Schließer befahl mir, meine Habseligkeiten aufzunehmen und mitzukommen. In einer anderen Zelle traf ich auf drei Mithäftlinge, die mich, nachdem die Tür zugekracht war, mit Handschlag begrüßten und ihre Vornamen nannten. Jeder von ihnen hätte mein Vater sein können, denn sie waren schon über Fünfzig. Auf meine verwunderte Frage, wo ich mich nun befände, erklärten sie mir, daß dies eine Sammelzelle sei. In derartigen Räumen würden Abgeurteilte auf ihren gemeinsamen Abtransport in ein Arbeitslager oder Zuchthaus warten. Wo in der DDR überall Zuchthäuser zu finden waren, wußte ich noch nicht. Diese Bildungslücke sollte sich bald schließen.

Die Zeit des Grübelns in Einzelhaft war vorbei. Wir konnten uns unterhalten und sogar Bücher lesen, allerdings keine westliche Schund- und Schmutzliteratur, sondern Werke von Dichtern und Schriftstellern, die in der sozialistischen Welt erlaubt waren. Nach so langer Leseabstinenz griff ich zu Maxim Gorki, dem Begründer des sozialistischen Realismus, dessen Buch „Die Mutter“ Pflichtlektüre in der Schule gewesen war. Mit dem proletarischen Schriftsteller Hans Marchwitza beschäftigte ich mich zum ersten Mal, und ich las seine Romantrilogie „Die Kumiaks“. Der Dicke hätte seine Freude daran gehabt.

Er war wohl inzwischen mit einem anderen Fall betraut und mußte sich womöglich mit einem verstockten, widerspenstigen Burschen herumärgern, der sich weigerte, die von ihm so trefflich formulierten Vernehmungsprotokolle zu unterschreiben. Da würde er andere Seiten aufziehen müssen und, wie es um diese Zeit einem Häftling G. aus Eisenberg passierte, eine glimmende Zigarette auf der Haut des Staatsfeindes ausdrücken. Nur zu diesem Zweck würde er sich eine anzünden, denn er war Nichtraucher. Oder er würde, wie es auch nachweislich geschah, anordnen, daß man dem Verstockten, bis zum Bauch im Wasser stehend, in der „Wasserzelle“ Gelegenheit zum Nachdenken geben müsse.

Von der Außenwelt waren wir auch hier in der Sammelzelle abgeschnitten. Wenngleich wir nun im Quartett, im Rahmen des Möglichen, ein geselliges Zellenleben entfalten konnten, war doch der Nachteil zu verspüren, daß vier Menschen mit ihren Ausscheidungen den engen Raum in eine stinkende, kaum gelüftete Kloake verwandelten.

Meine Zellenkumpel waren verurteilt worden, weil sie ebenfalls *Gedankenverbrechen* begangen hatten. Lediglich ich konnte mich damit rühmen, gleich gegen zwei Paragraphen des Strafrechtsergänzungsgesetzes verstoßen zu haben. Dem Einfallsreichtum des Dicken hatte ich es zu verdanken, daß ich mich nun als Doppelverbrecher präsentieren konnte.

Auf die Fragen, was mich hinter diese Mauern geführt habe, erzählte ich das, was beim Prozeß zur Sprache gekommen war, aber nur wenig über Orwells Roman, der der Auslöser gewesen war. Zu den Männern fand ich nicht das Vertrauen, das mich mit Heinz verbunden hatte. Auch sie erzählten mir, weshalb sie hier waren.

Manfred [dieser und die folgenden Namen geändert, B.H.] aus Gera, einer untersetzten, kernigen Erscheinung, sah man auf den ersten Blick an, daß er einen militärischen Beruf ausgeübt hatte. Bei der Hitler-Wehrmacht hatte er es bis zum Oberstleutnant und Bataillonskommandeur gebracht und sich nach dem Krieg davon überzeugen lassen, daß die Nazis Unrecht und bisher nie dagewesene Verbrechen an der Menschheit begangen hatten. Bei der Nationalen Volksarmee war er mit seinen Kenntnissen und Erfahrungen zum Major aufgestiegen und dann in Ungnade gefallen. Zuvor hatte er einen ihm unterstellten Offizier öfters zur Verantwortung ziehen müssen, weil dieser sich im Dienst häufig betrank.

Bei einer Staatsfeier zum 9. Jahrestag der Gründung der DDR soll es dann passiert sein, daß er selbst einmal zu viel Wodka und Bier getrunken hatte und vergaß, wo er lebte und welche Stellung er bekleidete. Er habe einem an der Wand hängenden Bildnis des Genossen Walter Ulbricht zugeprostet und sich im Suff zu herabwürdigenden Äußerungen, auch gegenüber anderen Repräsentanten der Partei- und Staatsführung, hinreißen lassen. Dafür habe er nun seine gerechte Strafe erhalten, was er auch einsehe. Angeschwärzt aber habe ihn wahrscheinlich aus Rache jener von ihm gemaßregelte Offizier – ein Oberleutnant. Drei Jahre Zuchthaus hatte Manfred nun abzusitzen.

Bei Bernd aus dem kleinen ostthüringischen Städtchen Ranis hatte es den Anschein, als habe die Stasi die Ermittlungsakten von der GESTAPO einfach übernommen. Mit seinem losen Mundwerk hatte er, wie er zugab, sich schon bei den Nazis keine Freunde gemacht und in der heutigen Zeit eben auch nicht. Näheres, wörtliche Zitate seiner lästernden Aussprüche, behielt auch er für sich und war gut beraten damit.

Ob man im Knast einen politischen Witz erzählte oder einen Schließer in den Hintern trat, kam auf dasselbe heraus. Mit beiden Handlungen konnte man sich „Nachschlag“ einhandeln.

Joachim, der Dritte in der Zelle, kam aus Eisenberg, hatte noch mehr Knasterfahrung als Bernd und sagte zu meinem Erstaunen frei heraus, daß er nichts bereue, noch nie etwas bereut habe und nie etwas bereuen werde. Was man ihm vorwerfe, werde er immer wieder tun. Das habe er seinem Vernehmer, dem Staatsanwalt und dem Gericht gesagt. Man möge ihn von ihm aus zu hundert Jahren Zuchthaus verurteilen, das sei ihm egal. Die „Zeit des Endes“ sei gekommen, und in der bald stattfindenden „Schlacht von Harmageddon“ werde Christus alle Menschen vernichten, nur nicht die Zeugen Jehovas. Er werde, sobald er seine viereinhalb Jahre abgesessen habe, wieder andere Menschen bekehren, den „Wachturm“ und „Erwachet!“ verteilen, bis man ihn wieder verhaften und verurteilen würde. Darauf sei er stolz.

Ich bewunderte ihn ein bißchen. Worauf hätte ich stolz sein können? Daß ich den Mut gefunden hatte, es *Winston Smith* nachzumachen, ein bißchen gegen die Diktatur unseres *Großen Bruders* im Untergrund aufzubegehren? Dann hätte ich aber nicht abschwören dürfen wegen einer niedrigeren Zuchthausstrafe. Mir würde sich keine höhere Erlösung öffnen, wenn ich auf die Idee käme, ebenfalls in die Rolle eines Märtyrers zu schlüpfen. Über viele Jahre hinweg, womöglich ganz und gar, würde ich mein Leben zerstören. Ich hatte nur dieses eine, irdische, an dem ich doch noch hing.

Joachim versuchte nicht, uns von seinem Glauben zu überzeugen. Dagegen war ein beliebter Gesprächsstoff der drei ihre Kriegserlebnisse. Auch Joachim war Soldat gewesen und erst nach dem Krieg zu den Zeugen Jehovas gestoßen, die, wie er sagte, in jeder Diktatur verfolgt würden.

Im Zuchthaus Waldheim (1959 – 1961)

„Ihre Umerziehung geht in drei Etappen vor sich", sagte O'Brien. „Lernen, Verstehen und Bejahen."
(George Orwell: 1984)

Der 17. April wurde für uns zum Tag des Abschieds. Die Anstaltsleitung schien eine halbe Kompanie Wachpersonal auf die Beine gestellt zu haben, um uns und die Abgeurteilten aus benachbarten Verwahrräumen zu beaufsichtigen, als wir im Gänsemarsch, mit Handschellen gefesselt, hinunter in den Hof liefen, in dem eine „Grüne Minna" vom Typ „W 50" auf uns wartete. Der Gang war ein moralischer Spießrutenlauf. Die Aufpasser schlugen zwar nicht mit Ruten oder Gummiknüppeln nach uns, konnten sich aber höhnische Bemerkungen nicht verkneifen:

„Dalli, dalli" ... „Beeilung, ihr Vögel!" ... „Bewegt eure lahmen Knochen!" ... „Zehn Mörder sind mir lieber als einer von euch!"

An der hinteren Tür des Kastenwagens war eine eiserne Treppe angebracht, wie die Gangway zu einem Flugzeug. Das Fahrzeug schien eigens für den Transport von Schwerverbrechern entworfen und gebaut worden zu sein, von Konstrukteuren und Handwerkern mit einer Vorliebe für sadistische Experimente.

Im Innern waren Stahlblechkammern installiert, die kaum größer waren als mein Spind im Umkleideraum der Leipziger Druckerei. Sie erinnerten mich an aufrecht stehende Särge. Ich konnte nicht gerade sitzen, mußte die Beine anziehen und den Oberkörper nach vorn beugen. Einer der Wachposten, die uns mit Maschinenpistolen bewaffnet begleiteten, verriegelte und verschloß die Tür. Den Gedanken an eine Flucht hätte sogar ein ausgekochter sizilianischer Mafiaboß aufgeben müssen.

Auf der Fahrt durch Gera überraschte mich eine aus der Fotografie bekannte optische Erscheinung. Meine Minizelle hatte sich in eine Camera Obscura verwandelt, und ich erkannte die Umrisse einer skurrilen Umgebung: auf dem Kopf stehende Häuser, Bäume und Menschen. Vollführte da nicht der Dicke einen Kopfstand? Vielleicht hatte er gerade einen freien Tag oder feierte seine Überstunden ab, sofern es diese Möglichkeit bei der Stasi gab. Winkte er mir nicht zu, um mir eine erfolgreiche Umerziehung zu wünschen?

Ich wußte nicht, wie lange die Fahrt gedauert hatte. Eine Stunde, zwei oder drei? Ebensowenig kannte ich das Datum und den Wochentag. Erst nach 1990 war es mir möglich, diese Einzelheiten zu recherchieren. Ich wußte auch nicht, wohin man uns transportierte, in welche Himmelsrichtung wir fuhren.

Da schien unser rollender Kerker endlich sein Ziel erreicht zu haben und hielt. Die Wächter befreiten uns aus unseren Konservenbüchsen. Wieder mußten wir uns beeilen, obwohl jeder von uns mindestens zwei Jahre Knast, also genügend Zeit und Langeweile, im Gepäck hatte.

„Raus mit euch!“ ... „Ihr hattet bis jetzt Zeit zum Schlafen!“ ... „Lahme Säcke!“

Nun sah ich zum ersten Mal in meinem Leben eine Zuchthausmauer von innen. Stacheldrahtverhaue, Wachtürme, hoch aufragende Gebäude mit vergitterten Fenstern. Ein Fluchtversuch würde den sicheren Tod bedeuten.

Wir standen in einer Reihe nebeneinander. Von den Fesseln befreit, rieb ich mir die Handgelenke und verschränkte, wie die anderen, gewohnheitsgemäß, die Arme auf dem Rükken, was sofort einen Anpfiff eines VP-Unterleutnants, von der Volkspolizei also, zur Folge hatte.

Ob wir etwas zu verstecken hätten, solche Faxen gäbe es hier nicht, schrie er uns an. Die Genossen vom Ministerium für Staatssicherheit grinsten. Wir beeilten uns, die Hände nach vorn zu bringen. Major a.D. Manfred tat es zackig, Bernd mit einem Achselzucken und Joachim erst, nachdem ihn ein strafender Blick des Offiziers getroffen hatte.

Der Offizier stand vor einer Pfütze, die ein Regenschauer hinterlassen hatte. Wenn der Befehl zum Hineinwerfen gekommen wäre, hätte ich keine Sekunde gezögert. Nur Joachim wäre stehengeblieben, wie ich vermute.

„Rechts um!" kam ein Kommando. „Ohne Tritt Marsch!"

Ein Wachtmeister kommandierte uns in die Gemeinschaftsdusche und danach in die Kleiderkammer, wo wir unsere Sträflingskleidung empfingen. Es waren ausgediente, dunkelblau gefärbte Armeeuniformen. An Beinen, Armen und auf dem Rücken waren sechs Zentimeter breite knallgelbe Streifen aufgenäht. Eine ebenso farbig markierte Kopfbedeckung, die wie eine Baskenmütze aussah, vervollständigte die Oberbekleidung. Die blau-weiß gestreifte Unterwäsche bestand aus einer langen Hose und einem langärmeligen Hemd, denn der rauhe Uniformstoff hätte die Haut zerkratzt. Ein paar wollene Socken, Schnürschuhe und ein Taschentuch vervollständigten die Ausstattung.

Ein breitgesichtiger Strafgefangener mit einer Boxernase musterte mich kurz und warf die für mich bestimmten Utensilien auf den Tisch.

„Paßt!" rief er und wandte sich dem nächsten zu. Seinem Gesichtsausdruck war anzusehen, daß er keinen Widerspruch duldete.

Wir zogen die Zivilkleidung aus und schlüpften in die Sträflingskluft. Persönliches Eigentum, in eine Liste eingetragen, kam zu den Effekten. Die Boxernase hatte mir beim Umkleiden kurze Blick zugeworfen und dabei gegrinst. Ich sah mich um. Einen Spiegel gab es nicht.

Als hätte er meine Gedanken erraten, rief mir der Kleiderbulle zu: „Sind wir hier bei Hertie oder wat?" Er lachte auf, als ich bemerkte, daß nur eine Hosentasche funktionstüchtig war. Nur in dieser konnte ich mein Taschentuch unterbringen.

„Es jibt nur eene Tasche in deiner Hose, da mußte allet rinstecken, was de hast – ooch deine Jummifufftscher." Das war die damals übliche scherzhafte Bezeichnung für Kondome.

Nach dem Einkleiden erfuhren wir offiziell, daß wir uns in der Strafvollzugsanstalt Waldheim befänden. Meine Gefangenen-Nummer war: 546/59.

Das Städtchen Waldheim trägt den Beinamen „Perle des Zschopautales" und liegt im Kreis Döbeln im Freistaat Sachsen. Zu DDR-Zeiten gehörte es zum Bezirk Leipzig. Nach dem „Kleinen Brockhaus“ (Leipzig 1926) hatte es damals 11.200 Einwohner, ein Amtsgericht, Serpentinsteinbrüche und ein Zuchthaus.

Nach „Meyers Neues Lexikon“ (Leipzig 1964) hat es noch seine Steinbrüche, auch ein FDGB-Ferienheim, aber dafür kein Zuchthaus mehr. Der Leser erfährt lediglich, daß während der Zeit des Faschismus (1933 – 1945) in Waldheim zeitweise ein Konzentrationslager bestand. Dennoch beherrschte und beherrscht der riesige Gefängniskomplex das Stadtbild, denn die DDR hatte, obwohl es die Machthaber nach Möglichkeit verschwiegen, hier eine ihrer größten Strafvollzugsanstalten unterhalten und nicht etwa beseitigt. Die Anstalt war und ist einer der größten Arbeitgeber der Region und wird von den Einwohnern weitgehend als solcher angenommen.

In Waldheim gibt es heute noch eine Schloßstraße, obwohl das einstige Jagdschloß 1716 auf Anweisung des sächsischen Kurfürsten Friedrich August I., „August der Starke“, in das „Zucht-, Waisen- und Armenhaus zu Waldheim“ ungewandelt wurde. Das Gebäude bildete nach dem Umbau die Grundlage für alle weiteren Straf-, Erziehungs- und Krankenanstalten im Land.

> „Die heutige Justizvollzugsanstalt Waldheim ist die älteste deutsche Einrichtung dieser Art, die vom Tag ihrer Gründung an bis heute am gleichen Ort ohne wesentliche Unterbrechung demselben Zweck dient.“

(aus: „Kurzinformation über die Justizvollzugsanstalt Waldheim“, herausgegeben von der JVA im Mai 2002).

243 Jahre nach der Gründung der Anstalt betrat ich mit einem Bündel über der Schulter, in das ich meine Habseligkeiten eingewickelt hatte, als unfreiwilliger neuer Schloßbewohner meine Unterkunft und somit historischen Boden

Den alten Brauch des „Willkomms“, mit dem jeder Zögling im großen Schloßhof aufgenommen wurde, gab es schon seit fast hundert Jahren nicht mehr. An der Züchtigungssäule mußte damals der Delinquent mit hochgezogenen Händen zwölf bis vierundzwanzig Streiche mit der Karbatsche auf den nackten Rücken ertragen. Die Anzahl der Schläge richtete sich nach der Schwere der begangenen Tat und dem Straf-

Abb. 29: Zuchthaus Waldheim (Teilansicht), Aufnahme vor 1945. Foto: Archiv des Museums der JVA Waldheim.

maß. Sämtliche Zuchthäusler mußten einen Kreis bilden und zusehen. Nur schwangere Frauen und stillende Mütter blieben von der Tortur verschont.

Die männlichen Insassen trugen in jener Zeit eiserne und die weiblichen hölzerne Klötze an den Füßen.

Damit verglichen war der „sozialistische Strafvollzug“ in der DDR wesentlich humaner geworden, wovon ich mich nun selbst überzeugen konnte.

Im „Intelligenz-Saal“

Verwundert mußte ich feststellen, daß ich nicht, wie erwartet, in eine Zelle eingesperrt wurde. Ich kam in einen Saal in der dritten Etage des Schlosses, und nur die Gitter vor den Fenstern gemahnten daran, daß ich hier nicht meinen Urlaub als Werktätiger der DDR verbringen würde. Es war ein Aufenthaltssaal mit Tischreihen, an denen bei voller Auslastung bis zu hundert Gestalten in Sträflingskleidung saßen. An einem der Tische bekam ich meinen Platz zugewiesen, den ich nur mit Erlaubnis des Aufsichtspersonals wechseln durfte. In einem kleinen Schränkchen mit den Ausmaßen von etwas 40 mal 50 Zentimetern, das nicht verschlossen werden konnte, durfte ich meine wenigen persönlichen Dinge aufbewahren.

Ein benachbarter Saal diente als Schlafraum, er war mit Doppelstockbetten ausgestattet, und in einem anderen Saal befand sich die Arbeitsstätte. Das war die bereits seit 1734 bestehende Druckerei. Hier war ich zur Arbeit eingeteilt und hatte somit das Glück, in meinem erlernten Beruf tätig sein zu können. Der Betrieb war eine Zweigstelle des VEB Druckhaus Münzstraße in Berlin.

Von Mithäftlingen, von denen mich sogleich einige auszuhorchen begannen, erfuhr ich, daß ich mich im „Intelligenz-Saal" befände, was allerdings kein Grund war, die Nase höher zu tragen. Mir war bewußt, daß mich die Anstaltsleitung wegen meines Berufsabschlusses und nicht wegen meines Intelligenzquotienten hierhin eingeteilt hatte. Der Raum verdankte seinen inoffiziellen Namen der Tatsache, daß hier zahlreiche Personen einsaßen, die es in ihrem Zivil- oder Militärleben zu etwas gebracht hatten. Akademiker der verschiedenen Wissenschaftszweige, mit und ohne Doktortitel, Lehrer, höhere Angestellte, Offiziere, Geschäftsleute waren meine Nachbarn am Tisch, im Bettenraum und an der Druckmaschine. Nicht wenige waren „Artikelsechser", so genannt nach dem Artikel 6 der ersten DDR-Verfassung über die Boykotthetze, insbesondere solche, die nach dem gescheiterten „faschistischen Putschversuch" am 17. Juni 1953 verhaftet und abgeurteilt worden waren. Hier lernte ich auch echte „westliche Spione und Agenten" kennen, so wie Rainer Marggraf einer gewesen sein sollte.

Es dauerte nicht lange, und ich wurde an die Vorwürfe erinnert, die ich in Gera über mich hatte ergehen lassen müssen, daß ich noch so jung, aber schon so „versaut" sei. Und tatsächlich war ich, wie ich bald feststellen konnte, bei meiner Einlieferung der jüngste Verbrecher im Saal. Nach zwei Jahren trat ich diese zweifelhafte Ehre an andere ab. Für mich wirkte sich meine Jugend jedoch nicht nachteilig aus. Ältere Männer, selbst solche mit krimineller Vergangenheit, entdeckten ihren Vater- und Großvaterinstinkt, halfen mir mit gutgemeinten Ratschlägen und Hinweisen und erleichterten mir das Eingewöhnen. Und ein Akklimatisieren war erforderlich, wenn man die Zeit einigermaßen unbeschadet überstehen wollte. Eine „Knastmacke" würde ich trotzdem davontragen, sagten mir einige, dazu reichten weniger als drei Jahre aus.

Eine Besonderheit war allerdings die Höhe meiner Strafe unter den Politischen, die etwa die Hälfte der Saalbesatzung ausmachten. War ich doch einer der wenigen, die mit einer so niedrigen Freiheitsstrafe aufwarten konnten. Häufig mußte ich mir deshalb spöttische, aber nicht böse gemeinte Bemerkungen anhören. Das bißchen Zeit könnte ich auf einer halben Gesäßbacke vor dem Zuchthaustor absitzen, hieß es da. Oder, ob ich mir nicht gleich eine Rückfahrkarte nach Hause gekauft hätte.

Bald merkte ich, daß das Leben unter so vielen Häftlingen in einem größeren Raum vorteilhafter war als ein Zellendasein. In der Zelle nämlich, zusammengepfercht mit acht oder mehr anderen, war die Bewegungsfreiheit noch eingeschränkter. Dort war es unmöglich, einem Menschen, den man nicht riechen konnte, aus dem Weg zu gehen.

Im Saal konnten wir in unserer Freizeit Spaziergänge unternehmen, an den Tischreihen entlang, allein oder in ein Gespräch mit einem Mithäftling vertieft, mit dem man sich gut verstand. Dabei bestand kaum die Gefahr, von anderen belauscht zu werden, denn es waren nicht selten zwanzig oder dreißig gleichzeitig unterwegs, wodurch ein allgemeines Gemurmel entstand.

Als eine zusätzliche, allerdings unbeabsichtigte Strafe konnte man die Arbeit in der Druckerei jedoch ansehen, denn hier wurden unter den Druckerzeugnissen für das Ministerium des Innern auch die Entlassungsscheine für Strafgefangene für sämtliche Strafvollzugs-Anstalten der DDR hergestellt. Man konnte sich einen Jux daraus machen und den eigenen Namen auf einem Makulaturblatt eintragen. Nur leider hatte dieser Schein keine Gültigkeit.

Mit meiner Arbeit hier hatte ich in mehrfacher Hinsicht das große Los gezogen. Andere Arbeiten, wie die der Schleifer für den VEB Döbelner Beschläge- und Metallwerke, waren schmutzig und teilweise gesundheitsschädlich. Hinzu kam, daß die Atmosphäre, die man im Zivilleben als „Betriebsklima“ bezeichnen würde, gut war. Der Druckereileiter, VP-Meister P., war ein sachlicher, ruhiger Mensch, und wenngleich er in seiner Funktion als Parteisekretär uns Politische nicht besonders mochte, so habe ich doch während der zwei Jahre, die ich dort zubrachte, nie ein lautes oder gar böses Wort von ihm gehört.

Die tägliche Arbeit hatte den Vorteil, daß die Zeit schneller verging. Man war gezwungen, sich auf bestimmte Handgriffe zu konzentrieren und das Grübeln, das der Psyche hätte schaden können, war begrenzt.

Ich persönlich habe – zu jener Zeit, an diesem bestimmten Ort – keine spürbaren, auffälligen Benachteiligungen der politischen Häftlinge gegenüber kriminellen Straftätern erfahren. Das schließt nicht aus, daß andere Politische in dieser oder anderen Strafvollzugsanstalten schlimme Erfahrungen machen mußten. Ebenso gibt es zahlreiche Augenzeugenberichte darüber, daß es vor allem in den 50er Jahren, aber auch noch später, zu Mißhandlungen Strafgefangener durch Angehörige des Wachpersonals in DDR-Haftanstalten kam.

Jetzt, zum erstenmal, bestand die Möglichkeit, allen Untertanen nicht nur vollkommenen Gehorsam gegenüber dem Willen des Staates, sondern auch vollkommene Meinungsgleichheit aufzuzwingen.
(George Orwell: 1984)

Die Tage, Wochen und Monate vergingen eintönig. Nach dem Wecken um sechs Uhr stauten sich die Schlangen vor den Klosett- und Waschbecken. Saß man endlich, mußte man sich mit seiner Notdurft beeilen und manche Pöbelei erdulden. Eine Intimsphäre gab es nicht, weder hier noch beim wöchentlichen Gemeinschaftsduschen. Immer und überall waren fremde Augen gegenwärtig. Allein und ohne Beobachter und Lauscher war man nirgends, auch nicht in einer Einzelzelle. Da-

Abb. 30: Die Linde wurde kurze Zeit nach der Gründung der Anstalt 1716 gepflanzt. Im Hintergrund die ehemalige, 1500 erbaute Waldheimer Schloß- bzw. Anstaltskirche.

für sorgte dort der Spion an der Tür. Deshalb wünschte ich mir nach einiger Zeit nichts sehnlicher, als wieder einmal irgendwo allein sein zu können.

Von der Verpflegung konnte ich, der ich kein Vielfraß war, satt werden, zumal es erlaubt war, sich von seinem verdienten Geld im Monat für etwa 30 Mark zusätzliche Lebensmittel zu kaufen. Da ich als Nichtraucher auf die drei erlaubten

Zigaretten pro Tag verzichtete, war mein Guthaben im HO-Laden etwas größer. Schokolade, die ich gern aß, gab es leider nicht. Das einzige Getränk, mit dem man den Durst löschen konnte, war Tee, stets von derselben Sorte. Es war die Rede davon, daß er aus den Gräsern gebrüht wurde, die rund um die Zuchthausmauer wuchsen. Eine besondere Delikatesse gab es nur ein einziges Mal: es war eine Tasse Bohnenkaffee, und der Anlaß war der 10. Jahrestag der Gründung der DDR, der 7. Oktober 1959.

Zum Geburtstag und zu Weihnachten war es erlaubt, von Zuhause ein Päckchen zu empfangen. Meine Eltern bestückten die Sendungen stets mit Salamiwürsten, die hier als besondere Leckerbissen angesehen waren. Nachdem ich einmal ein solches Paket erhalten hatte, sah ich, wie Schließer „Hasenpfote" eine Schrankkontrolle durchführte und eine Weile kopfschüttelnd vor meinem Schränkchen stehenblieb. Er war eine unfreundlicher, wortkarger Mann, der einen Arm stets angewinkelt hatte, daher sein Spitzname. Wenn er überhaupt etwas äußerte, dann immer nur: „Awet is Awet.", gut sächsisch für „Arbeit ist Arbeit". Damit erinnerte er mich an den Spruch, den die Nazis am Eingangstor zum KZ Auschwitz angebracht hatten: „Arbeit macht frei!"

Schreiben durfte man nur einmal im Monat und zwar einen Brief. Ebenfalls einmal im Monat durfte man einen Brief empfangen. In beiden Fällen waren nur maximal 30 Zeilen gestattet. Papier und Schreibmaterial war wieder abzuliefern. Es war nicht erlaubt, sich irgendwelche Aufzeichnungen zu machen. An diesen Vorschriften hatte sich in den letzten hundert Jahren nichts geändert. Auch Karl May, der von 1870 bis 1874 als Häftling Nummer 402 in Waldheim wegen Betrugs einsaß, durfte sich dort nicht schriftstellerisch betätigen.

Erlaubt war es, im Spind eine persönliche Fotografie von Familienangehörigen, Verwandten oder Bekannten aufzubewahren. Das Foto durfte gelegentlich gegen ein anderes ausgetauscht werden.

Die Freizeitgestaltung war auf wenige Tätigkeiten beschränkt. Neben Gesprächen und dem Spazierengehen im Saal konnte man sich Bücher aus der Gefängnisbibliothek ausleihen. Das Angebot war gut, und ich las Werke von Thomas und Heinrich Mann, Charles Dickens, Theodor Fontane und anderen bekannten Schriftstellern. Wem etwas an einer guten Beurteilung durch die Anstaltsleitung lag, der war gut beraten, eine der beiden hier erhältlichen Zeitungen zu abonnieren. Angeboten wurden das Neue Deutschland und die Leipziger Volkszeitung, das Zentral- bzw. Bezirksorgan der SED. Andere Informationsquellen über das, was in der DDR und der Welt geschah, gab es nicht.

Glücksspiele waren verboten, Schach war erlaubt.

Obligatorisch war der tägliche halbstündige Rundgang im Gänsemarsch auf dem Gefängnishof.

Einem Strafgefangenen war viermal im Jahr Besuch gestattet. Mich besuchten abwechselnd meine Mutter, mein Vater und meine Schwester. Auf die Anfrage, ob ich es wünschte, daß mich auch mein Schwager einmal besuchte, reagierte ich gefühlsmäßig ablehnend, obwohl ich damals noch nicht wußte, daß er an meinem Hiersein nicht ganz unschuldig war. Die Gespräche waren auf eine halbe Stunde beschränkt. Für diese halbe Stunde waren meine Angehörigen zehn Stunden unterwegs. Als mich einmal meine Schwester besuchte, verlängerte der aufsichtführende Leutnant die Besuchszeit um fünf Minuten, worüber wir uns sehr freuten. Besprochen werden durften nur allgemeine und familiäre Angelegenheiten. Wenn man Angehörigen unzensierte und unerlaubte Mitteilungen übermitteln wollte, mußte man auf die Möglichkeit hoffen, daß ein in der Nähe wohnender Entlassungskandidat sich bereit erklärte, „schöne Grüße" auszurichten.

Zu den wöchentlichen Filmvorführungen mußten wir im Marschblock und Gleichschritt marschieren. Gezeigt wurden Dokumentar- und Spielfilme, hergestellt in der DDR und anderen sozialistischen Ländern, die dem Ziel entsprachen, uns Strafgefangene von den Vorzügen des Sozialismus zu überzeugen. Ein anderer Teil des Filmangebots waren Streifen über den Großen Vaterländischen Krieg der Sowjetunion und das Niederringen des Hitlerfaschismus. Ebenfalls der politischen Bildung dienten die populär- und gesellschaftswissenschaftlichen Vorträge. Andere Arten der politischen Meinungsbildung sind mir nicht bekanntgeworden.

Abb. 31: Zuchthaus Waldheim, Unterbringungssaal im ehemaligen Schloß. Aufnahme vor 1945. Foto: Archiv Museum der JVA Waldheim.

Sonntage sowie Fest- und Feiertage waren arbeitsfrei, genau wie „draußen". Das bedeutete jedoch nicht, daß gefeiert werden durfte. Zu Ostern, Advent und Weihnachten erinnerte kein Grün und kein Zweig an das, woran sich die Menschen jenseits der Zuchthausmauern erfreuten.

An einem Nachmittag im Winter 1960 drang wiederholtes Knallen aus der Stadt herein, worüber ich mich wunderte. War da etwa ein neuer 17. Juni im Gange? Ich fragte Heinz, meinen Zellenkumpel aus der U-Haft, der auch in der Druckerei gelandet war, was das zu bedeuten hätte.

„Mensch, heute ist doch Silvester", sagte er.

Bloß keinen „Nachschlag" holen

Das Wort „Nachschlag" bedeutete in der Gefangenensprache nicht, sich eine zusätzliche Kelle von der Nudelsuppe aus dem Kübel einschenken zu lassen. Es war die Umschreibung da-

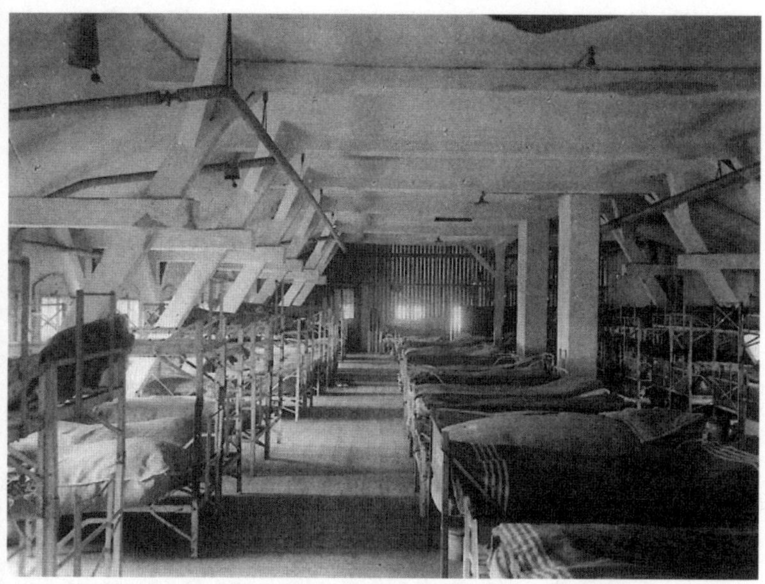

Abb. 32: Zuchthaus Waldheim, Schlafsaal im ehemaligen Schloß. Aufnahme vor 1945. Foto: Archiv Museum der JVA Waldheim.

für, daß sich jemand wegen einer im Gefängnis begangenen Straftat wieder vor einem Gericht zu verantworten hatte und eine weitere Freiheitsstrafe erhielt. Das passierte hauptsächlich wegen politischer Vergehen und Verbrechen und weniger wegen krimineller Delikte. So habe ich persönlich nicht erlebt, daß es „Kameradendiebstahl" gegeben hätte, Körperverletzungen, Sachbeschädigungen, Geiselnahmen oder Ausbruchsversuche. Ehe man sich's versah, konnte man wegen staatsgefährdender Propaganda und Hetze und Staatsverleumdung wieder mit der Staatssicherheit zu tun bekommen, die in den Vollzugsanstalten über fest angestellte Mitarbeiter, aber auch über Zuträger und Spitzel unter den Wachmannschaften und sogar unter den Gefangenen verfügte. Von einem „politischen" Haftkameraden wußte ich, daß er sich zu seinen vier Jahren noch drei „hinzuverdient" hatte, weil er abfällige Bemerkungen über Maßnahmen der DDR-Regierung gemacht hatte. Und einen Fall hatte es in unserem Saal gegeben. Ein Gefangener schob einem anderen das Neue Deutschland mit den Worten über den Tisch:

„Kannste mal lesen!“

„Laß mich mit dem verlogenen Dreckblatt in Ruhe“, war die Antwort. Am nächsten Tag rief ihn ein Schließer zu sich und befahl ihm, seine Sachen zu packen und mitzukommen. Wir sahen ihn nie wieder.

Ein anderer hatte sich über die in unserer Druckerei hergestellte Propagandabroschüre aus dem Ministerium des Innern kritisch geäußert. Die Broschüre über den Bundesgrenzschutz hieß: „BGS – Banditen, Gangster, Söldner“. Darin war von den Autoren behauptet worden, daß, wenn ein BGS-Angehöriger einen DDR-Grenzer erschießt, er ein Mörder sei, weil er einer schlechten Sache, der des „kriegslüsternen Imperialismus“ diene. Im umgekehrten Fall jedoch sei es eine „gute Tat“, denn die DDR-Grenztruppen würden den Frieden und unsere DDR schützen.

„Wenn zwei dasselbe tun, ist es also noch lange nicht dasselbe. Das soll einer verstehen“, hatte der Mitgefangene gesagt. Er verschwand spurlos aus unserer Mitte

Diese ständig lauernden Gefahren hätten mir ebenfalls zum Verhängnis werden können. Ein unbedachtes Wort war schnell gesagt, noch dazu zu einem Spitzel, der sich zu tarnen verstand und damit schnell seine Opfer fand. Politische Mithäftlinge gaben mir, mehr durch die Blume als direkt, zu verstehen, daß ich meine Zunge hüten sollte. Die Gefahr, wegen staatsfeindlicher Äußerungen denunziert zu werden, gehe zu 99 Prozent von Mitgefangenen aus, da es mit dem Wachpersonal kaum eine Kommunikation gab, die über die notwendigen Informationen des alltäglichen Zuchthauslebens hinausging. Um festzustellen, welche Loyalität Strafgefangene gegenüber der DDR bekundeten, war die Anstaltsleitung auf Zuträger angewiesen, wie ich später in meinen Akten selbst nachlesen konnte:

StVA Waldheim *Waldheim, 17.10.1960*

Beurteilung des Strafgefangenen Haase, Baldur

Seine Einstellung zur DDR ist nicht genau zu erkennen, da er mit seinen Mitgefangenen nur über allgemeine Din-

Abb. 33: Zuchthaus Waldheim. Zellenbau, von den Häftlingen spöttisch als „Die Bremen" bezeichnet, nach dem 1929 gebauten Schnelldampfer des Norddeutschen Lloyd. Aufnahme vor 1945.
Foto: Archiv Museum der JVA Waldheim.

ge spricht. Er gibt an, daß sein politisches Wissen noch nicht ausreicht, um darüber diskutieren zu können. In negativer Weise hat er sich noch nicht gegenüber unserem Staat ausgesprochen. ...
Er ist Bezieher der Leipziger Volkszeitung, äußert sich aber nicht über das Zeitgeschehen. ...
Leiter der Strafvollzugsanstalt
Schulze
Oberstleutnant der Volkspolizei

Die natürlichste Sache der Welt

Einen duftenden Fliederbusch oder ein Mädchen aus Fleisch und Blut hatte ich achtzehn Monate nicht aus der Nähe gesehen, lediglich aus der Ferne, wenn ich aus dem Toilettenfenster der Druckerei hinunter auf einen kleinen Platz sah. Dort trafen sich manchmal Liebespärchen, um zu schmusen. Doch die Entfernung war zu groß, um sich am Spannen befriedigen zu können, und die Gefahr, entdeckt zu werden, war immer da.

„Achtzehn Monate kein Mädchen gesehen?“ fragte mich Gunzel [Name verändert], ein Berliner. „Ich weiß schon gar nicht mehr, daß es zweierlei Menschen gibt.“

Er soll am 17. Juni 1953 einem Polizisten das Gewehr weggenommen, aber damit nicht geschossen, sondern es nur in die Spree geworfen haben. Zwei Jahre müßte er noch absitzen, wenn keine Amnestie käme.

Die Möglichkeiten, in sexuellen Phantasien zu schwelgen, waren begrenzt. Die beiden SED-Zeitungen brachten täglich Erfolgsmeldungen aus der Welt des Sozialismus und Hiobsbotschaften aus der des Kapitalismus. Auf Pressefotos waren fast immer nur Politiker zu sehen, und wenn schon einmal Frauen, dann nur bis oben hin zugeknöpfte Kranführerinnen, LPG-Bäuerinnen, „Aktivistinnen“ oder Verdiente Lehrerinnen des Volkes.

Die könne man nicht als Vorlage verwenden, meinte Gunzel. Ob ich nicht zu Hause ein Foto von meiner Iris hätte, von der ich ihm erzählt hatte und die, wenn ich nicht geschwindelt hätte, einen so tollen Oberbau habe. Er beschwor dabei mit seinen Händen einen weiblichen Busen in der Luft.

Ich sagte ihm, sie habe mir einmal ein Foto von ihrem Ostsee-Urlaub geschickt, auf dem sie in einem tollen, knappen Badeanzug aus dem Westen zu sehen sei.

„Unbedingt versuchen, daß du das Bild hier rein kriegst. Mir borgst du es zuerst.“

Als ich ihm beichtete, ich hätte sämtliche Fotos von ihr in den Ofen geworfen, um besser über das Ende unserer Beziehung hinwegzukommen, sagte er nur ein Wort: „Rindvieh!“

Ich war ihm nicht böse deswegen, bereute ich doch selbst, damals so impulsiv gehandelt zu haben und versprach ihm, meine Eltern um ein Foto zu bitten, auf der junge Frauen aus meiner Verwandtschaft zu sehen waren. Fünf Wochen später überreichte mir „Hasenpfote“ das Foto von den Töchtern

Abb. 35: Die Töchter meiner Kusine aus dem Schwarzwald: Trudel (links) und Karin, 1959, erfreuten mit diesem Foto manche meiner Kollegen „Knastologen", nachdem es die Zensur der Anstaltsleitung passiert hatte.

meiner Kusine, die im Schwarzwald wohnte und die ich selbst nicht kannte. Da das Bild bei der Anstaltsleitung keinen Anstoß erregte und nicht die Gefahr bestand, daß es unmoralische Gedanken und Gefühle aufkommen ließ, passierte es die

Zensur. Außerdem war es mir gelungen, unseren Aufpassern zu verheimlichen, daß es sich bei den abgebildeten Personen um „Klassenfeindinnen“ handelte, die im NATO-Staat Westdeutschland wohnten. Dem Aussehen nach hätten es auch herausgeputzte Dreherinnen einer volkseigenen Werkzeugmaschinenfabrik sein können, die gerade für ihre „hervorragenden Leistungen im sozialistischen Wettbewerb“ mit Medaillen und Urkunden ausgezeichnet worden waren. Nicht nur Gunzel, auch andere meiner Kollegen „Knastologen“ erfreuten sich am Anblick der beiden feschen Schwarzwaldmädel.

Sexuelle Erlebnisse, größtenteils auch aus der Wehrmachtszeit im Krieg in besetzten Ländern, waren ständiger Gesprächsstoff, bei dem ich zu dauerndem Zuhören verurteilt war.

Max Gunzel war auch ein toller Casanova gewesen, er hatte eine Freundin gehabt, die dann einen anderen heiratete. Aber am Tag vorher, zum Polterabend, schlief er noch einmal so richtig mit der Braut des anderen. In allen Einzelheiten schilderte er den Liebesakt, und mancher der Zuhörer konnte das Ende der Geschichte kaum erwarten, um mit seiner loszulegen. Das Repertoire an Zoten und schweinischen Witzen kannte ich bald auswendig. Die Wirtinnen-Witze waren noch die harmlosesten.

Homosexualität spielte dagegen in meinem Umfeld keine Rolle, und ich wurde damit nicht konfrontiert. Das lag wohl mit daran, daß sie in der DDR strafbar war und man sich damit „Nachschlag“ einhandeln konnte.

Nachts lag ich zumeist noch einige Zeit wach, wenn hundert Nasen bereits um die Wette schnarchten. Alfons unter mir, er war schon über siebzig, stammte aus der Magdeburger Börde und hatte viereinhalb Jahre Zuchthaus, weil er mit seiner Schreibmaschine Flugblätter angefertigt hatte, auf denen er gegen die LPG-Gründungen protestierte.

Zu späterer Stunde quietschte und wackelte manches Bett. Da wußte man, daß „Fräulein Faust“ bei einem zu Besuch war.

Es wäre ja ein Wunder gewesen, wenn mich Iris in Frieden

gelassen und mich nicht auch weiterhin in meinen Träumen besucht hätte. Es gab ja nur dieses eine Mädchen für mich, an das ich tagsüber oft dachte. Dann passierte es mir eben auch. Man könne es nicht durch die Rippen schwitzen, war Gunzels Meinung.

Alfred, mein väterlicher Freund

Das Leben im Saal war von ständigem Kommen und Gehen geprägt, von Neuzugängen, Verlegungen und Entlassungen. Mit manchem der Mithäftlinge habe ich nie ein Wort gewechselt, hatte aber bald einen kleinen Kreis von Arbeitskollegen, Bekannten und Vertrauten. Mit der Zeit wurde mir bewußt, daß keiner, nicht einmal mehrfach vorbestrafte Kriminelle und hartgesottene Burschen, von sich sagen konnte, nie einen „Moralischen" zu haben und von depressiven Stimmungen verschont zu bleiben.

Nicht wenige waren verheiratet und Väter von Kindern, die sie zum letzten Mal als Säuglinge gesehen hatten, und die nun in die Schule gingen. Zum Glück war ich ledig und ungebunden und mußte mich nicht darum sorgen, ob eine Frau oder Freundin draußen mir jahrelang treu sein würde. Hätte mir Iris nicht den Laufpaß gegeben, sondern mich geheiratet, wäre sie, wie es nicht selten geschah, von der Staatssicherheit so lange bearbeitet worden, bis sie sich entschlossen hätte, sich von mir zu trennen. Auf mich warteten meine Eltern, sonst niemand, und ich wußte, daß sie mich nicht als ungeratenen Sohn verstoßen würden.

Dennoch gab es Tage, an denen ich alles satt hatte, auch mein Leben. In einer solchen Situation wäre es mir egal gewesen, plötzlich tot umzufallen. Aber da spürte ich nicht selten einen leichten Schlag auf der Schulter und hörte eine Stimme einen Spruch sagen wie: „Trübsal blasen bringt nichts ein, du mußt ein froher Knastologe sein!"

Es war Alfred Klemt, mein Schichtmeister, auch er war ein politischer Häftling. Fast zwanzig Jahre älter als ich, war er bald so etwas wie ein väterlicher Freund für mich geworden, der mir gegenüber nicht mit Fingerzeigen und teilweise heimlichen Ratschlägen sparte und mich, den naiven Neuling im

St. V. A. Waldheim, III. Kdo. Waldheim, d. 1. 2. 61.

Führungsbericht

Strfg. Haase, Baldur Nr. 5461/9, geb. am 19. 6. 39 3 Jhr. 3 Mon. Z. § 19 Hetze.
TB 20. 3. 59 TE 14. 4. 62.

Der Strfg. H. befindet sich seit 17. 4. 59 in der St. V. A. Waldheim und ist seit 23. 4. 59 in der Druckerei als Drucker zur Arbeit eingesetzt. Seine Arbeitsleistung liegt knapp über dem Durchschnitt, könnte noch etwas besser sein, ist mitunter sehr zerstreut und ängstlich, bemüht sich aber, seine Arbeit gewissenhaft und zufriedenstellend auszuführen, da er auch arbeitswillig ist. Auch seine Führung und Disziplin ist am Arbeitsplatz und auf der Belegschaft nicht zu beanstanden. Er verhält sich ruhig und anständig, befolgt willig die Anweisungen des Aufsichtspersonals, hetzt nicht gegen andre Strfg., ist verträglich, sauber und ordentlich und hält die Bekleidungsordnung ein, sodaß noch keine Hausstrafen ausgesprochen werden brauchten.

Zu seiner Straftat gibt er an, daß er sich zu Recht verurteilt fühlt, seine Straftat bereut und wieder gutmachen will, was auch seiner Führung und Arbeitsleistung entspricht.

Seine Einstellung zur D.D.R. ist als loyal zu bezeichnen. Er verhält sich ruhig und zurückhaltend, diskutiert wenig mit seinen Mitgefangenen und spricht nicht über das Zeitgeschehen und politische Probleme, hat sich aber auch nicht in negativer Weise über unseren Arbeiter- und Bauernstaat ausgesprochen. Er bezieht die Leipziger Volkszeitung und liest aus der Gefangenen-Bibliothek Fachbücher von der Druckerei. An der Polit-Information nimmt er teil, außer wenn er durch Schichtarbeit verhindert ist.

Seine Entlassungsanschrift lautet: Unterwellenborn, Langenschader Str. 16.

Auf Grund seines gesamten Verhaltens ist über den Strfg. H. zu sagen, daß der Umerziehungsprozeß gute Fortschritte macht. Da seine Straftat viel seinem jugendlichen Alter zuzuschreiben ist, wird bedingte Strafaussetzung nach § 346 der St. P. O. von hier aus befürwortet.

3 J. 3 Mon. ... = 1 J. Stationsleiter: Gast, VP. Mstr.

Herkunft Arbeiter – Z = Drucker

Abb. 34: Mein Führungsbericht aus dem Zuchthaus Waldheim vom 1. Februar 1961

Knast, sicher damit vor mancher lauernden Gefahr schützte. Das Wichtigste, daß er mir beibrachte, war, anderen Häftlingen gegenüber nicht zu vertrauensselig zu sein und meine Zunge zu hüten. Es mache keinen Sinn, hier großartige Freundschaften zu schließen, meinte er. Manche würden ohnehin Freundschaft nur vortäuschen, um den anderen besser aushorchen zu können.

Nach seinem Dialekt und Temperament hätte man ihn für einen Berliner halten können, wogegen er sich jedoch stets verwahrte. Im brandenburgischen Königs Wusterhausen geboren, war er während des Zweiten Weltkrieges als Marineoffizier zur See gefahren und hatte danach als Rechtsberater gearbeitet.

Über das, was er ausgefressen haben sollte, wußte ich zunächst nicht mehr als das, was mir von anderen Politischen bekannt war. Er mußte wegen Boykotthetze zehn Jahre absitzen und hatte, als wir uns kennenlernten, bereits fast sieben Jahre verbüßt. Bevor er in die Druckerei kam, war er Kartoffelschäler und „Karnickelfriseur" gewesen, d.h. er mußte von Kaninchenfellen die Haare entfernen.

Wer nicht wußte, daß Alfred zehn Jahre Zuchthaus mit sich herumschleppte, hätte meinen können, er sei nur zu einer Stippvisite hier, denn er schien der Spaßmacher vom Dienst zu sein, der es darauf abgesehen hatte, andere zum Lachen zu bringen. Ständig hatte er Sprüche, Redensarten und Witze auf den Lippen und sorgte damit, wenn kein Wachpersonal in der Nähe war, für eine nicht gerade gefängnismäßige Stimmung. So wie ich anfangs, mag sich wohl mancher Mithäftling darüber gewundert haben, wie Alfred seine lange Zeit mit Spaß und Humor zu tragen imstande war. Nach einigen Monaten vermutete ich, daß sein Possen- und Witzereißen eine bestimmte Taktik sein könnte, eine sich selbst auferlegte Therapie, um das Zuchthausleben möglichst ohne größere psychische Schäden zu überstehen. Doch auch er war der Meinung, daß jeder der hier Einsitzenden mit einer mehr oder weniger großen „Knastmacke" versehen wieder in die Freiheit gelangen würde.

Wenn es damals in der DDR Menschen gab, die den Tod des greisen, 1876 geborenen Staatspräsidenten Wilhelm Pieck herbeisehnten, so waren es bestimmt die Strafgefangenen. Auch bei uns im Saal hoffte jeder, ohne zu wagen, es laut auszusprechen, daß der „Dicke“ bald „seinen Löffel abgeben“ möge, denn dann käme gewiß eine Amnestie. Und dann war es plötzlich soweit. Am 7. September 1960 verstarb er, so als hätte eine höhere Macht die Stoßgebete hinter Gitterstäben erhört. Die Amnestie ließ nicht lange auf sich warten und wurde am 1. Oktober wirksam. Meine Hoffnungen, darunter zu fallen, wurden enttäuscht. Alfred aber durfte am 30. November sein Bündel schnüren und sich nach acht Jahren und fünf Monaten endlich wieder wie ein Mensch bewegen, dem nicht jeder Schritt vorgeschrieben ist und der auch einmal etwas tun kann, wobei ihn niemand beobachtet. Auf der Suche nach dem richtigen Zug auf dem Bahnhof in Waldheim lief er auf den Schienen umher. Eisenbahner, die ihn beobachteten, nahmen es ihm nicht übel. Sie sahen ihm wohl an, woher er kam.

Erst im Sommer 2002 erfuhr ich die meisten Details über sein Leben bei einem Besuch in Brasilien. Seine Witwe Greti Klemt hat sie mir erzählt und gleichzeitig gestattet, daß ich darüber schreibe.

Anfang der 50er Jahre war Alfred Rechtsberater der Landeszentrale der Deutschen Notenbank in Potsdam gewesen. Seine Eltern lebten in ihrem Haus in Zeesen bei Königs Wusterhausen, wo sein Vater Bahnhofsvorsteher war. 1951 suchte er von sich aus Verbindung zum Untersuchungsausschuß Freiheitlicher Juristen (UFJ) in Westberlin.

Diese 1949 gegründete Organisation verstand sich als Einrichtung, die Unrechtstaten, vor allem im Justizwesen der SED-Diktatur, zusammentrug und anprangerte. Dies geschah durch Flugblätter und Zeitungen, zugeschnitten für jeden der 14 DDR-Bezirke. So deckte der UFJ unter anderem auf, daß in der sich antifaschistisch gebärdenden DDR zahlreiche frühere Nazis, Mitglieder der NSDAP, wieder in Amt und Würden waren. Von den damaligen Volkskammerabgeordneten hatten 47 einst Hitler treuergeben gedient. In der Bundesrepublik selbst leistete der UFJ Rechtshilfe bei der Anerkennung der nach Strafverbüßung in den Westen geflohenen ehemaligen politischen Häftlinge.

Bis zum Bau der Berliner Mauer am 13. August 1961 holten sich hier unzählige Besucher aus der DDR Rat und Hilfe. (Nach Friedrich-Wilhelm Schlomann: „Mit Flugblättern und Anklageschriften gegen das SED-Regime"; hrg. vom Landesbeauftragten für die Unterlagen des SSD der ehemaligen DDR, Schwerin 1998.) Kein Wunder, daß der UFJ, der bis 1969 bestand und dann im „Gesamtdeutschen Institut" aufging, bei den Herrschenden in der DDR als „Spionage- und Sabotageorganisation" verflucht war. Wenn es dem Staatssicherheitsdienst gelang, sogenannte „Agenten" festzunehmen, bekamen diese den ganzen Haß zu spüren. In Schauprozessen, in denen nicht selten Generalstaatsanwalt Melsheimer die Anklage vertrat, wurden Kontaktpersonen des UFJ zu hohen Freiheitsstrafen verurteilt.

Alfred übermittelte auf freier Basis, ohne Bezahlung, dem UFJ unter anderem Informationen über ihm bekanntgewordene Gesetzesverletzungen und Rechtsbeugungen des SED-Regimes. So meldete er auch, wenn Anweisungen von DDR-Behörden eingingen, Bankkonten bestimmter Personen einzufrieren oder zu sperren. Ihm war bekannt, daß in solchen Fällen Verhaftungen aus politischen Gründen bevorstanden. Über den UFJ gelang es zumeist, die Betreffenden rechtzeitig zu warnen, so daß sie fliehen konnten. Ihn selbst warnte niemand. Der Staatssicherheitsdienst verhaftete ihn am 7. Juli 1952 in Potsdam. Als ich ihn einmal fragte, woher die Narbe über seinem linken Auge stamme, antwortete er, daß dies keine Kriegsverletzung sei. Am 11. November verurteilte ihn das Bezirksgericht in Halle wegen Boykott- und Kriegshetze sowie Sabotage und Gefährdung des Weltfriedens zu zehn Jahren Zuchthaus und fünf Jahren Sühnemaßnahmen. Zu „verdanken" hatte er seine Verhaftung und Verurteilung der später als Stasi-Agentin enttarnten Ruth S., die als Sekretärin beim UFJ angestellt gewesen war.

Alfred hatte seine Eltern gebeten, ihn während seiner gesamten Haftzeit nicht zu besuchen, weil er befürchtete, daß sein Vater dadurch seine Stellung bei der Deutschen Reichsbahn einbüßen könnte. Vermutlich hätten ihn die zuständigen DDR-Behörden schon vor der Amnestie auf Bewährung vorzeitig entlassen, wenn er den Werbungsversuchen der Stasi, denen er während seiner Haft mehrmals ausgesetzt war, nachgegeben hätte.

Wenige Tage nach seiner Entlassung floh Alfred mit der S-Bahn nach Westberlin. Er hatte nur ein kleines Täschchen bei sich, womit er bei Ostberliner Grenzpolizisten den Eindruck erwecken wollte, er sei ein Pendler, der in den Westteil der Stadt zur Arbeit fuhr. In der Freiheit angekommen, gründete er bald eine eigene Familie und ging 1962 zur Bundeswehr, die er 1977 als Fregattenkapitän verließ. 1980 wanderte er mit Frau und Tochter nach Brasilien aus, wo er 1996 verstarb. 1992 hatte ihn das Landgericht Halle rehabilitiert, danach erhielt er weitere Haftentschädigungen nach den vom Deutschen Bundestag beschlossenen beiden SED-Unrechtsbereinigungsgesetzen.

Bemühungen um vorzeitige Freilassung

Meine Eltern ließen nichts unversucht, um mich vorzeitig herauszuholen. Ich hatte noch nicht einmal die Hälfte meiner Strafe verbüßt, da schrieben sie bereits Bittstellungen an die Geraer Staatsanwaltschaft, die für vorzeitige Entlassungen zuständig war. Nach den einschlägigen Bestimmungen war eine Strafaussetzung auf Bewährung unter bestimmten Bedingungen – man durfte nicht vorbestraft sein und mußte sich gut geführt haben – nach dem Verbüßen von zwei Dritteln der Strafe möglich. Die Absagen, die sie erhielten, waren mit dieser Frist begründet. Diese Regelung bezog sich offiziell auf alle Strafgefangenen. Tatsächlich aber waren politische Häftlinge davon in der Regel ausgenommen.

Um den Staat gnädiger zu stimmen, verrichteten sie freiwillige Aufbaustunden im NAW, und das neben ihrer beruflichen Tätigkeit. Mein Vater übte in der Maxhütte im Dreischichtsystem als Schrottbrenner eine körperlich sehr schwere Arbeit aus.

Ab Herbst 1960, einige Monate vor einer möglichen vorzeitigen Entlassung, nahmen sie die Hilfe eines Rechtsanwalts in Anspruch, der nun in ihrem Auftrag mit der Staatsanwaltschaft verhandelte. Diese beantwortete die Anfragen zunächst abschlägig. In meinen Akten fand ich interne, nicht dem An-

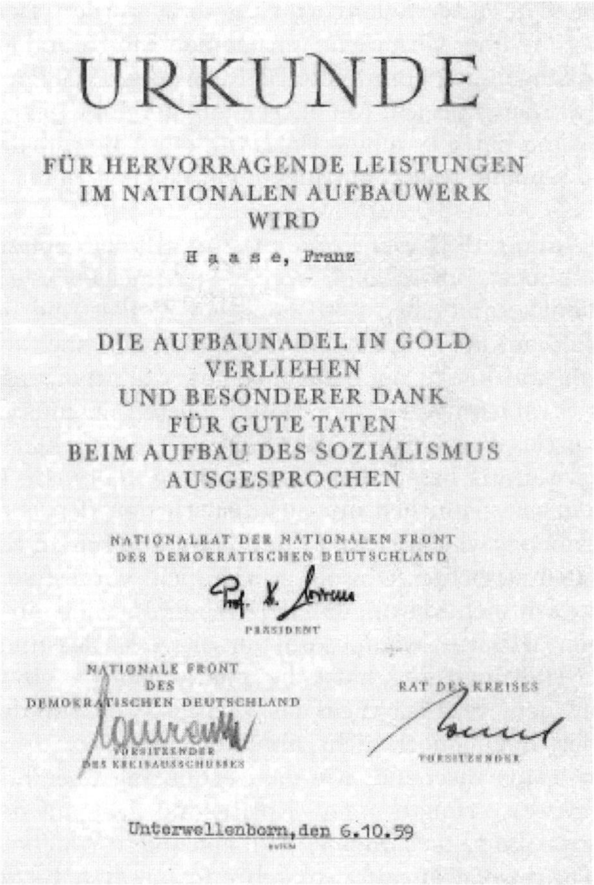

URKUNDE

FÜR HERVORRAGENDE LEISTUNGEN
IM NATIONALEN AUFBAUWERK
WIRD

H a a s e, Franz

DIE AUFBAUNADEL IN GOLD
VERLIEHEN
UND BESONDERER DANK
FÜR GUTE TATEN
BEIM AUFBAU DES SOZIALISMUS
AUSGESPROCHEN

NATIONALRAT DER NATIONALEN FRONT
DES DEMOKRATISCHEN DEUTSCHLAND

Prof. K. Correns

PRÄSIDENT

NATIONALE FRONT
DES
DEMOKRATISCHEN DEUTSCHLAND

VORSITZENDER
DES KREISAUSSCHUSSES

RAT DES KREISES

VORSITZENDER

Unterwellenborn, den 6.10.59

Abb. 38: Urkunde meines Vaters für Leistungen im Nationalen Aufbauwerk. Er hatte gehofft, unter anderem damit meine vorzeitige Entlassung bewirken zu können.

walt mitgeteilte Hinweise darauf, daß die Staatsorgane, einschließlich das MfS, befürchteten, ich könnte sofort nach der Freilassung „republikflüchtig" werden. Zu verdanken hatte ich dies einem Stasispitzel, der während meiner Haftzeit bei meinen Eltern verkehrte. Er war ein „Heimatfreund" aus dem Sudetenland und stammte aus demselben Ort wie wir.

Nachdem er seine Dienstjahre als Berufsoffizier bei der NVA hinter sich gebracht hatte, war er als stellvertretender Bürgermeister in Unterwellenborn eingesetzt worden. Dem MfS berichtete er über Gespräche mit meinen Eltern und äußerte Befürchtungen, ich könnte die DDR verlassen wollen, sobald ich auf freiem Fuß sei. Mit dieser aus der Luft gegriffenen Behauptung hätte er meine Entlassung auf Bewährung verhindern können, was zum Glück nicht der Fall war.

Es war Anfang 1961. Der Polizeimeister mit dem Spitznamen „Knödelhuber“ führte mich ins Verwaltungsgebäude. In einem Dienstzimmer begrüßte mich ein Zivilist und bot mir freundlich an, mich zu setzen. Er fragte mich nach meinem Befinden und klärte mich darüber auf, wie unangenehm es sei, als Strafgefangener sein Dasein fristen zu müssen. Ich hörte wortlos zu und verzichtete darauf, ihm zu erklären, daß ich dies weitaus besser beurteilen könne als er. Er kannte Zuchthäuser vermutlich nur aus dienstlichen Besuchen und konnte abends wieder seine Frau küssen und seinen Kindern übers Haar streichen. Obwohl er sich nicht vorgestellt hatte, zweifelte ich nicht daran, daß der Geheimnisvolle ein Mitarbeiter des MfS war. Wenn es um vorzeitige Entlassungen politischer Häftlinge ging, hatte die Staatssicherheit ein wichtiges Wörtchen, wenn nicht gar das wichtigste, mitzureden. Das wußte ich damals noch nicht, ahnte es aber.

Ebenso überraschend, wie die Verhaftung über mich gekommen war, erfolgte meine Entlassung, fast auf den Tag genau zwei Jahre nach meiner Einlieferung in Waldheim. Die Bewährungszeit war auf zwei Jahre festgesetzt. Es war der 14. April 1961. Zwei Tage vorher wurde ich in die Entlassungszelle verlegt, versprach aber vorher meinem Geraer Zellenkumpel Heinz, seine Familie, Frau, Sohn und Mutter, aufzusuchen und beste Grüße zu übermitteln. Er hatte nicht so viel Glück wie ich und mußte von seinen vier Jahren drei Jahre und neun Monate absitzen.

Bevor sich das Zuchthaustor für mich in die Freiheit öffnete, waren einige Formalitäten zu erledigen. Die Entlassungspapiere wurden ausgestellt, und ich konnte endlich die Sträflingskleidung mit meiner zivilen tauschen. Dann mußte ich noch eine Zeremonie über mich ergehen lassen, eine abschließende „Hirnwäsche“, wie sie mir aus der Untersuchungshaft

Entlassungsschein

Herr
Frau H a a s e, Baldur, geb. am 19.6.1939
Fräulein
in Markausch/CSSR wurde am 14. April 19 61

aus der - dem Strafvollzugsanstalt Waldheim nach Unterwellenborn

Langenschaderstr. 16 entlassen.

Gebühren zur Aufrechterhaltung der Rentenanwartschaft wurden in der Zeit vom 17. April 1959

bis 14. April 1961 durch die Verwaltung Strafvollzug entrichtet.

Folgende Hilfsmittel wurden ausgegeben: .... am ....

Verpflegt bis einschließlich ....

Eigengeld, Arbeitsbelohnung sowie Reisegeld in Höhe von 155,– DM ~~und Fahrkarte bis zum Entlassungsort~~ erhalten

Ein Betrag von etwa 690,– DM wird noch bis 20.4.61 überwiesen.

Er – Sie ist nicht im Besitz eines gültigen PA der DDR.

Der Entlassungsschein hat Gültigkeit als vorläufiger Ausweis bis 17. April 61 (3 Tage).

SV 26 (67/11) 7187 11.59 Ag 464/59 bitte wenden!

Abb. 36 und 37: Vorder- und Rückseite meines Entlassungsscheins vom 14. April 1961 in Waldheim.

Beurteilung des beruflichen Werdeganges und der Arbeitsleistungen:
(Vermerke über erlernte Kenntnisse und Fähigkeiten während der Haftzeit)

Der Strafgefangene Haase war in der hiesigen Strafvollzugsanstalt in der Druckerei tätig. Seine Arbeitsleistungen können als gut bezeichnet werden. Für gute Arbeitsleistung und gute Führung konnte er mehrmals mit einer Geldprämie ausgezeichnet werden.

Leiter der Strafvollzugsanstalt

(Dienstsiegel) (Unterschrift)

Rat des Kreises Saalfeld/S.
– Abt. Innere Angelegenheiten –

Abt. Innere Angelegenheiten beim Rat des Kreises gemeldet am 17.4.61

Polizeilich gemeldet am .... in ....

(Entlassungsschein sorgfältig aufbewahren, bei Verlust kein Ersatz) nicht unbekannt war. Wieder saß ich vor einem Schreibtisch, dahinter ein Offizier.

Der Hauptmann hielt mir eine Moralpredigt, zu der ich ständig mit dem Kopf nickte, in der Hoffnung, er würde bald enden. Er hielt sich jedoch an sein vermutlich auswendig gelerntes Manuskript. Zum unzähligsten Mal erfuhr ich, daß ich dem Arbeiter-und-Bauernstaat schweren ideologischen Schaden zugefügt hätte. Wenn ich nun auf Bewährung vorzeitig auf freien Fuß käme, so sei das eine großzügige Geste des Staates und der Gesellschaft, der ich mich würdig erweisen müßte. Im Gegensatz zum unmenschlichen System des untergehenden Imperialismus, wo ein straffällig gewordener Mensch ein Ausgestoßener bleibe, könne ich mich glücklich schätzen, in einem Staat zu leben, der dem Sozialismus entgegenstrebe. Nur dort sei die wahre Menschlichkeit zu finden. In der DDR werde keiner so schnell fallengelassen, das müsse ich mir immer vor Augen halten. Ich versprach es, und er entließ mich mit einem strengen Blick.

Im Büro nebenan fertigte eine Polizistin meine Entlassungspapiere aus, die mich berechtigten, bis nach Unterwellenborn zu meinen Eltern zu fahren. Es dauerte ein paar Minuten, ich durfte mich setzen, und als sie mir die Unterlagen überreichte, sah sie mich einige Augenblicke an.

„Wenn ich Sie so vor mir sehe, kann ich kaum glauben, daß Sie hier ein Strafgefangener waren“, sagte sie.

Ein einziger Satz, der mir unter die Haut ging, während die Rede des Hauptmanns an mir abgeprallt war.

Vor dem Tor wartete mein Vater auf mich. Nun durfte er mich in die Arme schließen, ohne daß Stasimänner mit den Händen an die Pistolentaschen fuhren.

In Leipzig mußten wir umsteigen. Es war ein milder Frühlingstag, und ich sah Mädchen in wippenden Petticoats wie Schmetterlinge umherschwirren. Schade, daß ich keinen Fotoapparat dabei hatte, um eine der mir geheimnisvoll vorkommendenErscheinungen zu knipsen und das Bild Gunzel zu schicken. Er könnte die Fremde als seine Nichte ausgeben, das Foto in den Spind neben seine Blechtasse stellen und damit vor anderen prahlen.

Dreißig Jahre im Zeitraffer (1961–1991)

Die Wiedereingliederung entlassener Strafgefangener war in der DDR gesetzlich geregelt und rief nicht selten Mißfallensäußerungen anderer Bevölkerungsgruppen hervor, vor allem wegen der bevorzugten Vergabe von Wohnraum, der in der DDR keine Markt- sondern Mangelware war und staatlicher Reglementierung unterlag.

Ich zog wieder in die Wohnung meiner Eltern ein, und da mir die Druckerei, zu der auch mein ehemaliger Ausbildungsbetrieb in Saalfeld gehörte, nicht gekündigt hatte, hätte ich dort wieder arbeiten können. Diese Möglichkeit nahm ich jedoch nicht wahr, sondern begann am 2. Mai eine Tätigkeit im VEB Verpackungsmittelwerk Saalfeld. Da die DDR unter Facharbeitermangel litt (die Grenzen waren noch offen), war es kein Problem, in diesem Bereich eine Arbeit zu finden.

Zu schaffen machten mir dagegen die plötzlich aufbrechenden psychischen Probleme. Meine charakterlich bedingte Zurückhaltung steigerte sich in Menschenscheu. Mir war jeder Kontakt zuwider, und ich ging am liebsten stundenlang allein im Wald spazieren. Nicht selten plagten mich sogar Weinkrämpfe und Angstzustände. Selbst bei Lappalien fürchtete ich, wieder verhaftet zu werden. Da ich täglich mit dem Personenzug zur Arbeit fuhr, passierte es einmal, daß mich eine Schaffnerin wegen einer Kleinigkeit zurechtwies. Allein ihre Dienstuniform löste in mir Assoziationen aus, und ich befürchtete tagelang, sie könnte mich anzeigen, obwohl ich nichts Strafbares getan hatte.

Während der ersten Wochen in der Freiheit konnte ich das bedrückende Gefühl nicht loswerden, alle Leute wüßten, daß ich aus dem Zuchthaus komme. Hinter jedem noch so flüchtigen Blick eines mir unbekannten Menschen vermutete ich diesen Vorwurf.

Angst hatte ich auch, daß uns die Staatsorgane wieder vorwerfen könnten, „Westsender“ zu empfangen. Inzwischen hatten sich meine Eltern einen Fernsehapparat zugelegt und sahen neben dem DDR-Fernsehen auch die Sendungen der ARD. Die „Ochsenkopfantenne“ hatte einer meiner ehemaligen Schulfreunde auf dem Dach installiert; sie war so benannt nach dem Berg Ochsenkopf im Fichtelgebirge mit seinem Fernsehumsetzer. Es war nicht die einzige von ihm angebrachte Westantenne im Ort. Ihn ließ die Stasi in Frieden. Er verdiente sich durch seine Feierabendtätigkeit bald eine goldene Nase und besaß ein Personenauto, was damals, und in der DDR noch lange, nichts Alltägliches war.

Wenn ich nach Hause kam und bemerkte, daß meine Eltern „den Westen“ eingestellt hatten, so machte ich keinen Hehl daraus, daß ich große Angst hatte, es könnte uns jemand anzeigen.

Wegen meiner psychischen Probleme begab ich mich in fachärztliche Behandlung, verschwieg aber die Ursache, nämlich daß ich aus politischen Gründen gesessen hatte. Der Arzt verordnete mir Autogenes Training, was dann einigermaßen half.

Etwa vier Wochen nach meiner Entlassung stieg ich mit Beil und Zange bewaffnet auf den Heuboden und öffnete den Verschlag, in dem ich vor drei Jahren mein Tagebuch in einer Papiertüte versteckt hatte. Ich war allein zu Hause und entfachte im Küchenherd ein loderndes Holzfeuer. Ohne noch einmal hineinzuschauen, warf ich das Tagebuch in die Flammen. Die Asche entsorgte ich sofort in der Abfallgrube. Nun konnte der Dicke mir nichts mehr am Zeug flicken.

Um diese Zeit geschah es, daß ich in Saalfeld nach Feierabend auf dem Weg zur Bushaltestelle von einem etwa zwölfjährigen Mädchen angesprochen wurde. Es hatte eine Liste in der Hand und fragte mich, ob ich bereit sei, eine Protestresolution zu unterzeichnen.

„Um was geht es?“ fragte ich.

„Wir sammeln Unterschriften für die politischen Gefangenen in Westdeutschland. Die sind unschuldig eingesperrt, sagt unser Lehrer. Wir wollen, daß sie freigelassen werden.“

Ich unterschrieb das Blatt, auf dem ein paar unleserliche Namen standen. Heute vermute ich, daß dies eine Finte der Staatssicherheit gewesen war, um meine Reaktion zu testen.

Abb. 39: Die Aufnahme von mir entstand kurze Zeit nach der Entlassung aus Waldheim, Ende April 1961 in Leipzig, durch einen Straßenfotografen.

In der Druckerei, in der ich nun arbeitete, hatte ich Jürgen, einen Bekannten wiedergetroffen, den ich von der gemeinsamen Lehrzeit her kannte. Er lud mich zu einem Glas Bier ein und verriet mir, daß im Mai 1958, zwei Monate nach meiner Verurteilung, im „Klubhaus der Jugend“ in Saalfeld ein Staatsanwalt meinen Fall ausgewertet habe. Dabei habe er gesagt, daß ich Spionage für den Westen betrieben und dazu ein Tonbandgerät benutzt hätte. In meinem ganzen Leben hätte ich noch kein derartiges Gerät benutzt, ich wüßte gar nicht, wie man damit umgeht. Für mich liegt es auf der Hand, warum der Staatsanwalt, der auch mein Ankläger während der Verhandlung war, ein solches Märchen erzählte. Hätte er die Wahrheit berichtet, wäre dies zumindest bei einem Teil der Zuhörer auf Unverständnis gestoßen. Und so mußte eine Agentengeschichte herhalten.

In meinen Stasiakten fand ich dazu Unterlagen. Am 6. April 1959 hatte Staatsanwalt Schöber an die FDJ-Kreisleitung von Saalfeld ein Schreiben mit folgendem Inhalt geschickt, der hier auszugsweise wiedergegeben ist:

> Werte Jugendfreunde!
> Am 18. und 20.3.59 verurteilte der 1. Strafsenat des Bezirksgerichtes Gera den o.a. Haase Baldur wegen verschiedener Staatsverbrechen zu einer Strafe von drei Jahren und drei Monaten Da der Verurteilte vor Jahresfrist in der FDJ-Stadtleitung Saalfeld Funktionen innehatte und ich daran interessiert bin, über jedes Urteil in dem Kreis der Freunde Klarheit zu schaffen und um die Freunde zur Wachsamkeit zu erziehen, halte ich eine Auswertung des Urteils für richtig.
> Ich bitte deshalb mir Gelegenheit zu geben, im Rahmen einer Versammlung darüber zu sprechen. ...

Die Auswertung fand am 22. Mai statt. Schöber schreibt dazu am nächsten Tag folgenden handschriftlichen „Vermerk“:

> Am 22. 5. fand in einer erweiterten Stadtleitungssitzung und in Gegenwart von Vertretern des Betriebes dem der Verurteilte angehörte eine Auswertung statt. In längeren Ausführungen erklärte ich im Anschluß an die Erörterung die gegenwärtige Lage im Straffall und fand dabei sehr interessierte Zuhörer.
> Teilnehmer: 56. Diskussionsbeiträge gab es 7. Die Beiträge befaßten sich mit der Strafsache selbst. Die Auswertung kann als sehr positiv eingeschätzt werden. ...

Rainer Marggraf, alias Hannibal – der „Agent“

An die Agentenstory glaubten anfangs auch meine Eltern. Da mein Vater den Prozeß gegen mich als Zuschauer verfolgt hatte, kannte er zunächst lediglich die Version der Staatssicherheit, der SED-Justiz.

Er setzte sich zu Hause hin und schrieb an Rainer einen Brief, in dem er seine Empörung ausdrückte. Rainer antwortete, daß die Vorwürfe nicht wahr seien. Er sei nie für westdeutsche Agenten- und Spionageorganisationen tätig gewesen und habe mich auch nicht absichtlich in eine solche Lage bringen wollen. Mit einer derartigen Reaktion der DDR-Behörden habe er nicht gerechnet und bedauere, was mir widerfahren sei.

Da meine Eltern ohnehin kein Vertrauen zum diktatorischen Staat hatten und ihnen die Methoden bei den Haussuchungen und Vernehmungen noch in unangenehmer Erinnerung waren, glaubten sie den Erklärungen Rainers und nicht den Behauptungen des MfS und der Justizorgane. Sie hielten auch während meiner Haftzeit schriftlichen Kontakt mit ihm. Das Risiko, das sie damit eingingen, erkannten sie nicht. Selbst wenn die inoffizielle Postkontrolle aufgehoben war, gab es noch ihren Schwiegersohn, den GI „Oelmann“, der dies seinen Auftraggebern nicht verschwieg.

Er nahm sogar Post mit zu den „Treffs“ mit seinem Führungsoffizier. Es handelte sich um Briefe, die seine Frau, meine Schwester Sieglinde, von dem 1956 republikflüchtig gewordenen Alfed H. (GI „Kumla“ a.D.) erhielt, der ein Arbeitskollege von ihr gewesen war.

In den Westen abhauen?

Gelegentlich dachte ich nach meiner Entlassung an eine Flucht in den Westen. Noch stand die Mauer nicht. Aber ich wollte meine Eltern, die sich für mich abgeplagt hatten, nach der langen Trennung nicht schon wieder alleinlassen. Es mußte gut überlegt sein. Wäre ich in die Bundesrepublik gegangen, so hätte das bedeutet, daß wir uns sehr lange Zeit oder womöglich nie wiedersehen würden. Ein weiterer wichtiger Grund, nicht einen Zug nach Berlin zu besteigen und dort eine S-Bahn nach Westberlin, war die Furcht vor dem zu großen Risiko. Wäre ich dabei ertappt worden, so hätte mir wegen „versuchter Republikflucht“ eine Strafe von drei Jahren gedroht. Insgesamt wären es vier Jahre geworden, da ich obendrein gegen die Bewährung verstoßen hätte. Nach einer erneuten Verurteilung wären alle Bemühungen, nochmals vorzeitig entlassen zu werden, gescheitert, da ich vorbestraft war.

Vom 1. bis zum 13. August besuchte uns mein Vetter Emil aus Bayern. Mit ihm besprach ich dieses Thema ebenfalls. Er riet mir ab, die DDR zu verlassen, und nach seiner Abreise war die Sache ohnehin nicht mehr aktuell, weil der Mauerbau in Berlin jeglichen Fluchtplan vereitelte.

Meine Träume, ferne Länder zu entdecken, konnte ich nun für immer begraben, wie es aussah.

Im Herbst 1961 nahm ich an einem Lehrgang an der Volkshochschule teil, bei dem man in den Hauptfächern die Mittlere Reife erlangen konnte.

Obwohl ich allmählich weniger unter Angstpsychosen litt, verhielt ich mich anderen Menschen gegenüber weiterhin sehr zurückhaltend und reserviert. An Gesprächen und Diskussionen, vor allem, wenn es um politische Fragen ging, beteiligte ich mich nicht.

Ich hatte nicht, wie dies von anderen politischen Häftlingen abverlangt wurde, eine Schweigeverpflichtung unterschreiben müssen. Dennoch war es nicht ratsam, anderen Personen, mit denen man nicht näher bekannt oder befreundet war, von der Haftzeit zu erzählen. Daran hielt ich mich.

Eine generelle Regel war, daß an Personen, die aus politischen Gründen verurteilt waren, die schriftlichen Urteile nicht ausgehändigt wurden. Offiziell war dies in der Strafprozessordnung § 184, Abs. 5 geregelt:

> ... Das Gericht kann anordnen, daß es ihm nicht zuzustellen, sondern nur zur Kenntnis zu bringen ist, wenn die Sicherheit des Staates oder die Geheimhaltung bestimmter Tatsachen das erfordern. ...

Abb. 40: August 1961 – mein Vetter Emil Haase aus Gröbenzell bei München ist bei uns zu Besuch, Bildmitte mit meiner Nichte Monika. Im Hintergrund meine Eltern, links meine Schwester Sieglinde und rechts Schwager Wolfgang, zu dieser Zeit noch inoffizieller Mitarbeiter des MfS mit dem Decknamen „Otto Oelmann".

Ich erhielt Kopien meines Urteils und der Anklageschrift erst 1990 durch einen Erlaß der letzten und einzigen frei gewählten Volkskammer der DDR. Mit dem zuvor praktizierten Nichtaushändigen der Urteile wollten die Machthaber der SED-Diktatur den in die Bundesrepublik gelangten politischen Häftlingen die staatliche Anerkennung erschweren.

Nachdem die DDR 1962 die Wehrpflicht eingeführt hatte, wurde ich im selben Jahr zur Musterung bestellt, erhielt jedoch einen „Ausschließungsschein". Als ein unter Bewährung stehender Staatsverbrecher war ich nicht „wehrwürdig", was mir der Leiter der Kommission, ein sich nach altpreußischer

Manier gebärdender Hauptmann, theatralisch zu verstehen gab. Offenbar meinte er, daß ich deshalb zerknirscht sein müßte. Ich freute mich jedoch wie alle anderen, die nicht zur sogenannten Fahne mußten. Elf Jahre später aber holte mich das Schicksal wieder ein. Nach einer neuen Bestimmung wurden in diesen Jahren alle männlichen Personen meines Alters, die vorher, auch aus gesundheitlichen Gründen, zurückgestellt worden waren, eingezogen und mußten einen Grundwehrdienst von sechs Monaten ableisten. Ich diente von November 1973 bis Mai 1974 im Pionierregiment II in Storkow bei Königs Wusterhausen.

Heirat nach Jena

Im Mai 1963 hatte ich in Jena bei einem Tanzabend eine junge Frau kennengelernt. Ein Jahr später zog ich zu ihr, und im selben Jahr heirateten wir. Die Hochzeitsreise sollte uns zu Verwandten von mir in die CSSR führen. Wir hatten die dafür erforderlichen Einladungen und beantragten unser Visum. Das meiner Frau Eva-Maria wurde genehmigt, meins jedoch abgelehnt. Der ABV, der für unser Wohngebiet zuständig war, antwortete mir auf meine Frage, weshalb meine Frau ins sozialistische Nachbarland reisen dürfe und ich nicht: „Das können Sie sich doch denken!“

Selbstverständlich konnte ich das, denn nach dem Mauerbau versuchten viele DDR-Bürger über die ČSSR in die Bundesrepublik oder nach Österreich zu flüchten. Ich fragte daher, was ich tun könnte.

„Beim Leiter für Paß- und Meldewesen des Volkspolizei-Kreisamtes vorsprechen“, war die Antwort. Der Abteilungschef ließ sich davon überzeugen, daß es doch etwas kurios sei, wenn ein Brautpaar seine Flitterwochen getrennt verleben würde und gab auch mein Visum frei. Er mußte nicht um seinen Posten fürchten, wir kamen beide aus dem Riesengebirge zurück in die DDR.

Ein Jahr zuvor hatte die Polizei in Saalfeld jedoch schon die erste Auslandsreise meines Lebens genehmigt. Es war eine Touristen-Flugreise nach Rumänien gewesen, das die DDR-Behörden als „sicher“ einstuften.

Abb. 41: Meine Eltern und meine Schwester Sieglinde Mitte der 60er Jahre bei einem Besuch bei uns in Jena.

In der Jenaer Druckerei „Magnus Poser“ konnte ich zum Buchdrucker umschulen. Wegen meiner Berufserkrankung war mir die Arbeit als Offsetdrucker überhaupt nicht mehr möglich. Aber auch der Buchdruck machte mir gesundheitlich mit der Zeit zu schaffen, weshalb mir die Ärzte rieten, eine Tätigkeit in einem Büro zu suchen, bei der ich nicht mit chemischen Verbindungen und Druckfarben in Berührung käme.

In dieser Zeit betätigte ich mich ehrenamtlich an der betrieblichen Kulturarbeit und war ab 1968 Mitglied des Zirkels schreibender Arbeiter des VEB Carl Zeiss Jena. Durch einen Zufall erfuhr ich, daß das Literaturinstitut „Johannes R. Becher“ in Leipzig beabsichtigte, 1969 einen Fernstudienkurs einzurichten, der sich über einen Zeitraum von drei Jahren erstreckte. Ich bewarb mich und wurde immatrikuliert, worüber ich mich sehr wunderte. Das Studium schloß ich 1972 ab. Die Lehranstalt war eine Einrichtung des Ministeriums für Kultur.

1968 war meine Vorstrafe im Zentralen Strafregister der DDR getilgt worden, das heißt, ich galt nicht mehr als vorbestraft und durfte Fragen in Personalbögen entsprechend beantworten.

1970 erhielt ich ein Stellenangebot des Bezirkskabinettes für Kulturarbeit Gera, einer Einrichtung der Abteilung Kultur des Bezirksrates, deren Aufgabe es war, das kulturelle und künstlerische Volksschaffen sowie die Klubarbeit zu fördern, also die laienkünstlerische Betätigung. Hier war ich bis zum Ende der DDR als Fachmethodiker und Redakteur kultureller Fachpublikationen beschäftigt.

Wir vernichten unsere Feinde
nicht nur, sondern machen
andere Menschen aus ihnen.
(Orwell: 1984)

Ich hatte nun sowohl Peitsche als auch Zuckerbrot der Weltanschauungs- und Erziehungsdiktatur zu spüren bekommen. Das Interesse an einer Beschäftigung mit Politik war mir gründlich ausgetrieben worden, andererseits aber war ich gezwungen, mich als Redakteur kultureller Publikationen doch wieder damit zu befassen. Und somit spielt auch ein komisches Element in diese Entwicklung hinein.

Nach der Lektüre des Buches „1984“ war ich davon überzeugt, daß die SED ihre Untertanen als Privateigentum ansieht und entsprechend behandelt. Bei Orwell las ich:

> „Was immer die Partei für Wahrheit hält, ist Wahrheit. Es ist unmöglich, die Wahrheit anders zu sehen als mit den Augen der Partei. ... Zu guter Letzt würde die Partei behaupten, daß zwei mal zwei gleich fünf sei und man würde es glauben müssen.“

Ich konnte dem weiterhin nur zustimmen, allerdings heimlich, nur in Gedanken. Während des Fernstudiums war ich jedoch gezwungen, mich mit den Theorien des Marxismus-Leninismus eingehender zu beschäftigen und durfte diese nicht infrage stellen. An dieser sogenannten „Dichterschule" der DDR galten Fächer wie Dialektischer und Historischer Materialismus, Wissenschaftlicher Sozialismus und Politische Ökonomie als wichtigster Lehrstoff.

Das eigentliche Handwerkszeug, das man zum Schreiben braucht, war zur Nebensache abgestempelt. Beispielsweise wurden der Stilistik weniger Unterrichtsstunden eingeräumt, als der politisch-ideologischen Ausrichtung. Diese Tendenz stand ganz im Einklang mit den Sprüchen führender Partei- und Kulturfunktionäre, an die ich mich noch gut erinnere:

„Wer schreiben will, muß im Kopf sauber sein!"

Auch während meiner Tätigkeit als Mitarbeiter im Kulturbereich konnte ich nicht umhin, die Kulturpolitik der Partei, deren Feind ich laut Anklageschrift und Gerichtsurteil einmal gewesen war, mit umsetzen zu helfen. Sympathiebekundungen mit jenen mutigen Kultur- und Kunstschaffenden und Schriftstellern, die sich im Herbst 1976 gegen die Ausbürgerung von Wolf Biermann ausgesprochen hatten, wären mir zum Verhängnis geworden. Wenngleich die Gefahr, wieder im Vernehmungszimmer des Dicken zu landen, nicht allzu groß war, so hätte ein solcher Fehltritt dennoch meine sofortige Entlassung bewirkt.

Geliebt habe ich unsere beiden „Großen Brüder" Ulbricht und Honecker nie, im Gegensatz zu *Winston Smith* nach seiner Umerziehung. Geliebt habe ich auch nie die Partei, in die ich zum Glück nicht eintreten mußte.

Mein Vater hat mich zeitlebens davor gewarnt, in einer Diktatur Mitglied einer Partei zu werden, denn es könnte immer wieder einmal „andersherum" kommen. Er, ein Arbeiter, ein Mensch ohne höhere Schulbildung, der aber sehr belesen war und sich für Geschichte interessierte, vertrat stets die Meinung, daß auch die kommunistischen Systeme, die nach dem Zweiten Weltkrieg im Machtbereich der Sowjetunion entstanden waren, keinen ewigen Bestand hätten. Das „Tausendjährige Reich" Hitlers habe sogar nur zwölf Jahre existiert.

Ich hätte ihm den Triumph gegönnt, das Jahr 1989/90 miterleben zu können.

Wenn ich die DDR und ihre Herrschenden nicht geliebt habe, so habe ich sie jedoch auch nicht gehaßt, obwohl ich allen Grund dazu gehabt hätte. Im Laufe der Jahre hatte sich Gleichgültigkeit in mir ausgebreitet.

Man könnte es auch als stumpfsinnige Anpassung bezeichnen. Da ich mit meiner Familie aus dem Land nicht ohne Gefahr für Leib und Leben herausgekommen wäre, sah ich mich gezwungen, das Beste aus den Gegebenheiten zu machen.

Weil ich mich gern mit Geschichte beschäftigte, wußte ich, daß es bisher kein noch so großes Reich eines mächtigen Herrschers gegeben hatte, das nicht eines Tages untergegangen wäre. Deshalb war ich fest davon überzeugt, daß auch die Welt- und damit die DDR-Geschichte nicht den vom Marxismus-Leninismus vorgezeichneten Weg gehen würde. Aber daß ich einen Systemwechsel selbst noch erleben würde, daran habe ich nicht geglaubt.

Gehofft habe ich auf eine Liberalisierung der Verhältnisse und mehr persönliche Freiheiten, wenn eines Tages die alten Funktionäre, die sich größtenteils aus Vertretern der Vorkriegs-Generation zusammensetzten, nicht mehr da wären.

Ebenfalls nicht geliebt habe ich den Sozialismus, so wie er real existierte, nämlich als Diktatur. Mit einem Sozialismus, getragen vom Willen der Mehrheit der Bevölkerung, auf wirklich demokratischer Basis, hätte ich mich anfreunden können.

Eine solche Staatsform wird, wie ich meine, Illusion bleiben, weil man den Menschen nicht ihre Individualität rauben und sie gleichschalten kann. Es ist zu befürchten, daß es eines Tages irgendwo auf der Welt ein real existierendes Orwellsches *Ozeanien* geben könnte. Aber auch dem wird mit der Gründungsurkunde der Untergang vorgezeichnet sein.

Die „Wende“

Ich persönlich benutze das Wort für dieses historische Ereignis nur mit dem Hinweis, daß es von Honeckers Nachfolger Erich Krenz geprägt wurde, einem Starrkopf, der glaubte, die total verfahrene Kiste Sozialismus in eine andere Richtung wenden zu können.

An den Montagen ab Mitte Oktober 1989 reihte ich mich in Jena in die friedlichen Demonstrationszüge mit ein, die an der Stadtkirche begannen. Die Menge gab mir ein Gefühl der Sicherheit und nahm mir die Angst vor der Stasi mit ihren Verhaftungs- und Haussuchungskommandos, zumal auch der Ruf erklang: „Stasi in die Produktion!"

Am 10. November, die Mauer war gefallen, aber noch saß der Dicke an seinem Schreibtisch in der MfS-Bezirksbehörde Gera, schrieb ich einen Brief an die Zentrale Erfassungsstelle der Landesjustizverwaltungen in Salzgitter. Die Tätigkeit dieser Einrichtung war mir seit Jahren durch Sendungen des Westfernsehens bekannt, und ich wußte, daß dort auch politische Gerichtsverfahren registriert wurden. Sie war 1961 gegründet worden, um Menschenrechtsverletzungen an der innerdeutschen Grenze, begangen durch die SED-Diktatur, zu dokumentieren. In allen Einzelheiten schilderte ich, was mir passiert war.

Das Antwortschreiben erhielt ich aus Sicherheitsgründen in einem neutralen Umschlag zugeschickt. Herr Dr. Hans-Jürgen Grasemann, heute als Oberstaatsanwalt in Braunschweig maßgeblich an der Darstellung des SED-Unrechts und der DDR-Justiz mitbeteiligt, bedankte sich für meine Informationen zu dem, was mir in der DDR durch politische Verfolgung passiert war und versprach mir, daß meine Hinweise beachtet und sorgfältig bearbeitet würden.

Da ich aus bitterer Erfahrung jedoch vorsichtiger geworden war und selbst mit der Maueröffnung die Lage in der DDR noch nicht stabil und sicher war, hielt ich es für ratsam, alle Beweisstücke zu vernichten, die meinen Kontakt mit der Erfassungsstelle belegen könnten. Erst mit der vollständigen Entmachtung des Staatssicherheitsdienstes fielen alle Ängste von mir ab.

Von Dr. Grasemann erhielt ich später auf meine Bitte hin weitere Informationen, wem es (nach seiner Kenntnis) in der DDR wegen der Beschäftigung mit Orwells Werken ähnlich ergangen war wie mir.

Die Ereignisse überschlugen sich zum Jahreswechsel, und ich konnte, wie bereits vor achtundzwanzig Jahren nach der Entlassung aus dem Zuchthaus, meiner Tränen nicht Herr

Abb. 42: Ende Januar 1990 besuchte ich meinen ehemaligen Brieffreund Rainer Marggraf, rechts im Bild, in Wallenhorst bei Osnabrück. Foto: Neue Osnabrücker Zeitung vom 27.01.1990.

werden. Die Freudentränen vergoß ich an manchen Tagen im Zug zwischen Rudolstadt, meinem Arbeitsort, und dem dreißig Kilometer entfernten Wohnort Jena.

Es gelang mir, Rainer Marggraf wieder ausfindig zu machen, eine Aktion, die bis vor kurzem noch gefährlich gewesen wäre. Er war inzwischen Hochschullehrer an der Universität Osnabrück. Ende Januar 1990 reiste ich erstmals zu ihm. Aus der Brieffreundschaft von damals, als staatsfeindlich angesehen und bestraft, wurde eine echte Männerfreundschaft, und wir besuchten uns mit unseren Familien bald gegenseitig. Wir nannten unsere Begegnungen spaßhaft „Agententreffen".

Er war es auch, der mich in meinen Bemühungen um eine Rehabilitierung unterstützte, indem er den zuständigen Senat beim Bezirksgericht Gera über unsere damalige Korrespondenz aus seiner Sicht informierte.

Im Frühjahr 1994 verstarb er überraschend.

Der lange Schatten der Stasi

Wenngleich ich seitens der Staatssicherheit von 1961 an bis zu ihrem Ende in meinem persönlichen Leben nicht mehr spürbar behindert wurde, wirkte das Organ jedoch im Geheimen weiter. Obwohl keine neuen, mit Spitzelberichten versehenen Akten von mir angelegt wurden und ich seit 1968 nicht mehr als vorbestraft galt, so war ich dennoch als „Staatsverräter“ in einer Registratur erfaßt.

Das Schockierendste für mich aber war die Entdeckung, daß meine Post weiterhin kontrolliert wurde. Darunter fiel auch die Korrespondenz meiner Frau und die meiner 1968 bzw. 1971 geborenen Kinder Torsten und Annett, die mit gleichaltrigen Verwandten in der Bundesrepublik einen belanglosen Briefwechsel über Teenager-Probleme führten.

Als ich im Sommer 1988 mit meiner Frau und unserer Tochter an der polnischen Ostseeküste zwei Urlaubswochen verlebte, schickte ich von dort einen Brief an meine Kusine Trudi in Gröbenzell bei München. Ich wollte sie zu ihrem 65. Geburtstag im Dezember besuchen. Dieses Thema war Inhalt meines Briefes. Auf dem Umschlag gab ich als Absender meine DDR-Anschrift an und steckte den Brief in meinem Urlaubsort in Polen in den Briefkasten.

Zu meinem Entsetzen fand ich eine Kopie davon in meinen Stasiakten. Für mich ist dies ein Beweis, daß die Zusammenarbeit des polnischen Geheimdienstes mit dem MfS hervorragend funktionierte. Das Öffnen des Briefes war durch die Stasi so fachmännisch ausgeführt worden, daß meine Kusine keinen Verdacht schöpfte. Da ich seit 1959 auf staatsfeindliche Bemerkungen verzichtete, erteilte die Stasi hinter den Kulissen die Erlaubnis zur Reise in die Bundesrepublik, und ich durfte zum Jahresende meiner Kusine persönlich gratulieren. Im Jahr darauf wurde mir auch erlaubt, gemeinsam mit meiner Frau, „in dringenden Familienangelegenheiten“ in die Bundesrepublik zu reisen.

Der letzte Hinweis auf eine Postkontrolle, gefunden in meinen Akten, bezieht sich auf ein Schreiben an einen Brieffreund in Niedersachsen mit dem Poststempel vom 7. Juli 1989.

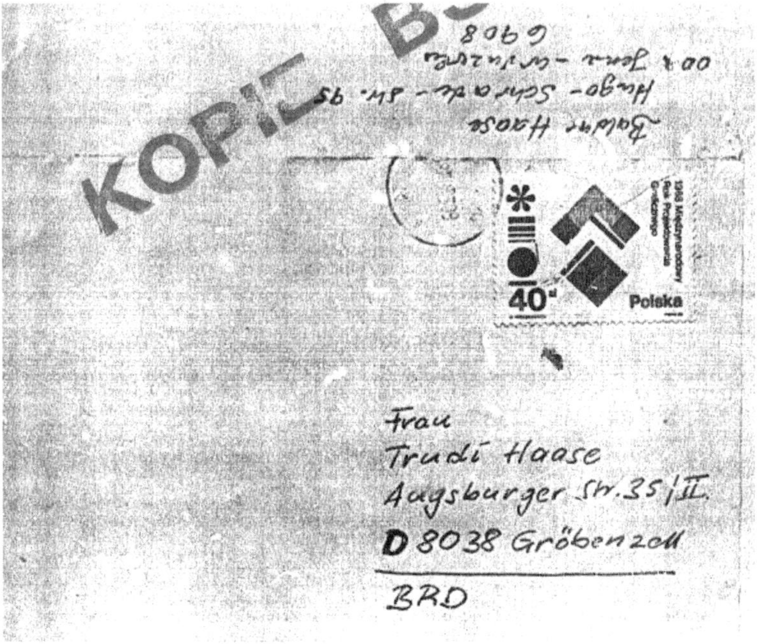

Frau
Trudi Haase
Augsburger Str. 35/II.
D 8038 Gröbenzell
BRD

Von weiteren Schnüffeleien wurde die Stasi offensichtlich abgelenkt, denn es kamen allmählich schwerwiegendere Probleme auf sie zu, wie die Öffnung der Grenze zwischen Ungarn und Österreich, was unzählige DDR-Bürger zur Flucht nutzten.

Sieben Jahre lang hatte die *Gedankenpolizei* in *Ozeanien Winston Smith* „wie einen Käfer unter der Lupe beobachtet."

Die Gedankenpolizei der Staatsfirma Honecker & Mielke beobachtete mich sogar zweiunddreißig Jahre.

Abb. 44: linke Seite, oben:
Kopie des Briefumschlages aus dem Sommer 1989, abgeschickt von der polnischen Ostseeküste an meine Kusine in der Bundesrepublik, vom polnischen Geheimdienst an das MfS übermittelt, und von diesem geöffnet und kontrolliert.

Abb. 45: linke Seite, unten:
Kopie meines letzten Briefes, der durch die Hände der Staatssicherheit ging. Er wurde am 7. Juni 1989 abgestempelt.

Verwendete Abkürzungen und Begriffe

Abt. V MfS-Abteilung, in den 50er Jahren verantwortlich für Volkswirtschaft und Staatsapparat
Abt. IX MfS-Abteilung (Untersuchungsbehörde)
ABV Abschnittsbevollmächtigter der Deutschen Volkspolizei
BDM Bund Deutscher Mädel (Nationalsozialistische Organisation)
BStU Bundesbeauftragte(r) für die Unterlagen des Staatssicherheitsdienstes der ehemaligen Deutschen Demokratischen Republik
BV Bezirksverwaltung des MfS
ČSR Tschechoslowakische Republik (Staatsbezeichnung bis 1960)
ČSSR Tschechoslowakische Sozialistische Republik (Staatsbezeichnung ab 1960)
DSF Gesellschaft für Deutsch-Sowjetische Freundschaft
FDGB Freier Deutscher Gewerkschaftsbund
FDJ Freie Deutsche Jugend
Gen. Genosse (Mitglied der SED)
GESTAPO Geheime Staatspolizei (Nationalsozialistischer Polizeiapparat)
GI Geheimer Informant (ab 1968 IM: Informeller Mitarbeiter)
GST Gesellschaft für Sport und Technik (diente der vormilitärischen Ausbildung in der DDR)
IM Informeller Mitarbeiter
IP Internationaler Paß
Junge Welt Zeitung des Zentralrates der FDJ
KD Kreisdienststelle des MfS
KgU Kampfgruppe gegen Unmenschlichkeit (Westberliner Organisation)
M-Auszug Inoffizielle Postkontrolle der Staatssicherheit
MfS Ministerium für Staatssicherheit („Stasi“)

NAW	Nationales Aufbauwerk (nach dem Zweiten Weltkrieg in der DDR zur Beseitigung der Kriegsschäden gegründet, später „freiwillige Arbeitsstunden“, auch zur Verschönerung der Umwelt)
NVA	Nationale Volksarmee
Op. Gruppe	Operative Gruppe des MfS (hier in einem Großbetrieb wirksam)
Pimpfe	Untergliederung der Hitler-Jugend für Jungen zwischen zehn und vierzehn Jahren.
PM 12	Personen, die aus dem paß- und visafreien Verkehr ausgeschlossen wurden und somit nicht aus der DDR ausreisen durften.
Praktica	In der DDR hergestellte Kleinbild-Spiegelreflex-Kamera
SSD	Staatssicherheitsdienst (in den 50er Jahren häufig verwendete Bezeichnung für MfS)
UfJ	Untersuchungsausschuß Freiheitlicher Juristen (Westberliner Organisation)
U-Leutnant	Unterleutnant (niedrigster Offiziersdienstgrad in der DDR)
VEB	Volkseigener Betrieb
VPKA	Volkspolizei-Kreisamt
WD	Westdeutschland (Bundesrepublik)
W 50	LKW-Typ aus dem Fahrzeugwerk Ludwigsfelde

Literaturempfehlungen

Furian, Gilbert: Der Richter und sein Lenker. Politische Justiz in der DDR. Verlag Das Neue Berlin, Berlin 1992.

Gieseke, Jens: Mielke-Konzern. Die Geschichte der Stasi 1945 – 1990. Deutsche Verlagsanstalt, Stuttgart/München 2001.

Gieseke, Jens: Die DDR-Staatssicherheit, Schild und Schwert der Partei. Bundeszentrale für politische Bildung, Bonn 2000.

Herz, Hanns-Peter: Freie Deutsche Jugend, Juventa Verlag, München 1964.

Im Namen des Volkes? – Über Justiz im Staat der SED. Ausstellung des Bundesministeriums der Justiz. Wissenschaftlicher Begleitband. Forum Verlag, Leipzig 1994.

Jesse, Eckhard (Hrsg.): Totalitarismus im 20. Jahrhundert. Bundeszentrale für politische Bildung, Bonn 1996.

Politische Strafjustiz in der früheren DDR. Dargestellt an ausgewählten Einzelbeispielen. Zusammengestellt durch die Landesjustizverwaltungen der neuen Bundesländer. Hrsg. Thüringer Ministerium für Justiz und Europangelegenheiten. Erfurt 1996.

Sauerland, Karol: 30 Silberlinge. Denunziation – Gegenwart und Geschichte. Verlag Volk & Welt, Berlin 2000.

Schroeder, Klaus: Der SED-Staat. Geschichte und Strukturen der DDR. Bayerische Landeszentrale für politische Bildungsarbeit, München 1998.

Shelden, Michael: George Orwell. Eine Biographie. Diogenes Verlag, Zürich 1993.

Werkentin, Falco: Politische Strafjustiz in der Ära Ulbricht. Ch. Links Verlag, Berlin 1995.

Werkentin, Falco: Recht und Justiz im SED-Staat. Bundeszentrale für politische Bildung, Bonn 1998.

Eigene Veröffentlichungen

Baldur Haase: Orwells DDR – Briefe, die ins Zuchthaus führten. Jasmin Eichner Verlag, Offenburg 1998. (nicht mehr lieferbar; nicht identisch mit dem vorliegenden Buch)

Baldur Haase: Die Kartenlegerin von Suhl: ‚Ich bin bei der Stasi gefangen'. Herausgeber: Der Landesbeauftragte des Freistaates Thüringen für die Unterlagen des Staatssicherheitsdienstes der ehemaligen DDR (TLStU), Erfurt 1998.

Baldur Haase: Kasper kontra Mielke – die Geraer Puppenbühne und die unabhängige Friedensbewegung,
Hrsg.: TLStU, Erfurt 1999.

Baldur Haase: Mielke kontra Pegasus – Berufs- und Laienautoren, Literaturinteressierte des ehemaligen Bezirkes Gera im Visier des Ministeriums für Staatssicherheit,
Hrsg.: TLStU, Erfurt 2001.

„Stasi und Volkskunst im ehemaligen Bezirk Gera". Beitrag in: „Der Schein der Normalität, Alltag und Herrschaft in der SED-Diktatur." OLZOG Verlag, München 2002.

Zum Autor

Baldur Haase, geboren 1939 in Markausch, Riesengebirge, damals Sudetenland. Kindheit und Jugend ab 1947 in Unterwellenborn, Thüringen. Ausbildung zum Drucker. 1959–1961 politische Haft in der DDR. 1969–1972 Fernstudium am Institut für Literatur „Johannes R. Becher" in Leipzig. 1970–1990 Mitarbeiter und Redakteur beim Bezirkskabinett für Kulturarbeit in Gera. Danach zeitweilige Tätigkeiten auf ABM-Basis bei kulturellen Vereinen in Jena. Seit 2000 im Ruhestand, als freier Gerichtsreporter und Autor tätig.
Weitere Informationen im Internet unter www.antsta.de

Abb. 45: War alles für die Katz'?
In den 70er Jahren war im Stadtzentrum von Gera eine Mauer errichtet worden mit der Inschrift: „Der Kommunismus beginnt dort, wo einfache Arbeiter, in selbstloser Weise, schwere Arbeit bewältigend, sich Sorgen machen um die Erhöhung der Arbeitsproduktivität. Lenin" Mit dem Verschwinden der SED-Diktatur Ende 1989 schwand auch der Respekt der Geraer vor diesem Propaganda-Monument. Es war bald mit rechten wie linken Parolen übersät, und die Einwohner nannten es „Klagemauer". Es ist inzwischen abgerissen.
Das Bauwerk verdeutlicht den Untergang einer Ideologie, mit der Fanatiker, die alles besser zu wissen glaubten, hunderttausendfaches Unrecht begingen.

Bisher erschienen in der Reihe ZEITGUT

Stöckchen-Hiebe
Kindheit in Deutschland 1914–1933
52 Geschichten und Berichte von Zeitzeugen
336 Seiten mit vielen Abbildungen,
Ortsregister, Klappenbroschur.
Band 3
ISBN 3-933336-02-3, EUR 18,90

Pimpfe, Mädels & andere Kinder
Kindheit in Deutschland 1933–1939
55 Geschichten und Berichte von Zeitzeugen
322 Seiten mit vielen Abbildungen,
Ortsregister, Klappenbroschur.
Band 4
ISBN 3-933336-03-1, EUR 18,90

Heil Hitler, Herr Lehrer!
Kindheit in Deutschland 1933–39
50 Geschichten und Berichte von Zeitzeugen
360 Seiten mit vielen Abbildungen,
Ortsregister, Chronologie, Klappenbroschur.
Band 13
ISBN 3-933336-12-0, EUR 18,90

Gebrannte Kinder
Kindheit in Deutschland 1939–1945
61 Geschichten und Berichte von Zeitzeugen
368 Seiten mit vielen Abbildungen,
Ortsregister, gebunden.
Band 1
ISBN 3-933336-25-2, EUR 18,90

Weitere Informationen unter www.zeitgut.com

Bisher erschienen in der Reihe ZEITGUT

Gebrannte Kinder. Zweiter Teil
Kindheit in Deutschland 1939-1945
36 Geschichten und Berichte von Zeitzeugen
334 Seiten mit vielen Abbildungen,
Ortsregister, Chronologie, gebunden.
Band 7
ISBN 3-933336-26-2, EUR 18,90

Nachkriegs-Kinder
Kindheit in Deutschland 1945–1950
67 Geschichten und Berichte von Zeitzeugen
424 Seiten mit vielen Abbildungen,
Ortsregister, Klappenbroschur.
Band 2
ISBN 3-933336-01-5, EUR 18,90

Lebertran und Chewing Gum
Kindheit in Deutschland 1945–1950
55 Geschichten und Berichte von Zeitzeugen
361 Seiten mit vielen Abbildungen,
Ortsregister, Chronologie, gebunden.
Band 14
ISBN 3-933336-23-6, EUR 18,90

Schlüssel-Kinder
Kindheit in Deutschland 1950–1960
46 Geschichten und Berichte von Zeitzeugen
336 Seiten mit vielen Abbildungen,
Ortsregister, Klappenbroschur.
Band 6
ISBN 3-933336-05-8, EUR 18,90

Weitere Informationen unter www.zeitgut.com

Bisher erschienen in der Reihe ZEITGUT

Wir wollten leben
Jugend in Deutschland 1939–1945
40 Geschichten und Berichte von Zeitzeugen
344 Seiten mit vielen Abbildungen,
Ortsregister, gebunden.
Band 5
ISBN 3-933336-24-4, EUR 18,90

Wir sollten Helden sein
Jugend in Deutschland 1939–1945
38 Geschichten und Berichte von Zeitzeugen
331 Seiten mit vielen Abbildungen,
Ortsregister, Klappenbroschur.
Band 12
ISBN 3-933336-11-2, EUR 18,90

Hungern und hoffen
Jugend in Deutschland 1945–1950
48 Geschichten und Berichte von Zeitzeugen
361 Seiten mit vielen Abbildungen,
Ortsregister, Chronologie, Klappenbroschur.
Band 10
ISBN 3-933336-06-6, EUR 18,90

Zwischen Kaiser und Hitler
Kindheit in Deutschland 1914–1933
47 Geschichten und Berichte von Zeitzeugen
368 Seiten mit vielen Abbildungen,
Ortsregister, gebunden.
Band 15
ISBN 3-933336-16-3, EUR 18,90

Weitere Informationen unter www.zeitgut.com

Bisher erschienen in der Reihe ZEITGUT

Täglich Krieg
Deutschland 1939–1945
41 Geschichten und Berichte von Zeitzeugen
362 Seiten mit vielen Abbildungen,
Ortsregister, Chronologie, gebunden.
Band 9
ISBN 3-933336-34-1, EUR 18,90

Und weiter geht es doch
Deutschland 1945–1950
45 Geschichten und Berichte von Zeitzeugen
361 Seiten mit vielen Abbildungen,
Ortsregister, Chronologie, Klappenbroschur.
Band 8
ISBN 3-933336-10-4, EUR 18,90

Von hier nach drüben
Grenzgänge, Reisen und
Fluchten 1945–1961
38 Geschichten und Berichte von Zeitzeugen
332 Seiten mit vielen Abbildungen,
Ortsregister, Chronologie, Klappenbroschur.
Band 11.
ISBN 3-933336-13-9, EUR 18,90

Getäuscht und verraten
Jugend in Deutschland 1933–1939
43 Geschichten und Berichte von Zeitzeugen
320 Seiten mit vielen Abbildungen,
Ortsregister, Chronologie, gebunden.
Band 16
ISBN 3-933336-07-4, EUR 18,90

Weitere Informationen unter www.zeitgut.com

Halbstark und tüchtig
Jugend in Deutschland 1950–1960
48 Geschichten und Berichte von Zeitzeugen
320 Seiten mit vielen Abbildungen,
Ortsregister, Chronologie, gebunden.
Band 17
ISBN 3-933336-17-1, EUR 18,90

ZEITGUT Auswahl

Ein Stück Berlin
Jugend-Erinnerungen 1918–1945
ZEITGUT Auswahl 1
184 Seiten mit vielen Abbildungen,
13 x 21 cm, gebunden.
ISBN 3-933336-21-X, EUR 9,80

Nichts führt zurück
Flucht und Vertreibung 1944–1948
in Zeitzeugen-Erinnerungen.
ZEITGUT Auswahl 2
208 Seiten mit vielen Abbildungen,
13 x 21 cm, gebunden.
ISBN 3-933336-22-8, EUR 14,80

Bisher erschienen in der Reihe ZEITGUT

ZEITGUT Spezial

mit CD-ROM

Sei tausendmal gegrüßt
Feldpost-Briefwechsel
Irene und Ernst Guicking
1937-1945
In Kooperation mit Feldpost-Archiv Berlin und Museum für Kommunikation.
184 Seiten, viele Fotos und
1.600 Briefe auf beiliegender CD-ROM.
13 x 21 cm, gebunden, Schutzumschlag.
ISBN 3-933336-20-1, EUR 18,90

Schreib so oft Du kannst
Feldpostbriefe
des Lehrers Gerhard Udke
1940-1944
Herausgegeben von Dr. Gerwin Udke
240 Seiten, viele Fotos, gebunden.
ISBN 3-933336-33-3, EUR 18,90

ZEITGUT Schicksale

Ulrich Steinhilper
Die gelbe Zwei
Erinnerungen und Einsichten
eines Jagdfliegers
1918-1940

Erinnerungen des Jagdfliegers Ulrich Steinhilper, der im Oktober 1940 beim Luftangriff über England abgeschossen wurde und in britische Gefangenschaft geriet.

384 Seiten, viele Fotos, gebunden.
ISBN 3-933336-30-9, EUR 24,80

Weitere Informationen unter www.zeitgut.com